智·慧·商·业
创新型人才培养系列教材

营销策划

慕课版

王晓华 戚萌 / 主编

曹瀚心 王连海 / 副主编

人民邮电出版社

北京

图书在版编目（CIP）数据

营销策划 ：慕课版 / 王晓华，戚萌主编. -- 北京 ：
人民邮电出版社，2021.8
智慧商业创新型人才培养系列教材
ISBN 978-7-115-56094-0

Ⅰ．①营… Ⅱ．①王… ②戚… Ⅲ．①营销策划—教
材 Ⅳ．①F713.50

中国版本图书馆CIP数据核字(2021)第041112号

内 容 提 要

本书系统介绍了营销策划的相关知识，包括营销策划认知，营销战略策划，营销组合策划，企业形象策划，品牌策划，广告策划，商业活动策划，新媒体营销策划，营销策划书写作，营销策划的实施、控制与评估修正。本书还配套了丰富的案例和扩展资源，以培养读者的实际分析与应用能力，读者扫描书中二维码即可查看。同时，本书配套了完整的慕课视频，读者可跟随视频自学书中知识。

本书可作为高等院校市场营销、广告策划、网络营销等专业相关课程的教材，也可供从事营销策划相关工作的社会人士使用。

◆ 主　　编　王晓华　戚　萌

　　副 主 编　曹瀚心　王连海

　　责任编辑　楼雪樵

　　责任印制　王　郁　焦志炜

◆ 人民邮电出版社出版发行　北京市丰台区成寿寺路 11 号

　　邮编　100164　电子邮件　315@ptpress.com.cn

　　网址　https://www.ptpress.com.cn

　　固安县铭成印刷有限公司印刷

◆ 开本：787×1092　1/16

　　印张：14.25　　　　　　　　2021 年 8 月第 1 版

　　字数：363 千字　　　　　　2024 年 12 月河北第 6 次印刷

定价：49.80 元

读者服务热线：(010)81055256　印装质量热线：(010)81055316
反盗版热线：(010)81055315
广告经营许可证：京东市监广登字 20170147 号

党的二十大报告指出，加快发展数字经济，促进数字经济与实体经济深度融合，打造具有国际竞争力的数字产业集群。如今，随着时代和社会的发展，营销的方式也发生了改变，以社交媒体为载体的数字化的营销逐渐成为营销的主流形式。"互联网＋"、新媒体等技术与理念的融入，使营销人员在策划过程中越来越注重创意和创新。而目前市面上的营销策划书大多是基于传统市场营销理论编写的，无论是结构框架，还是具体内容，都不能满足当前环境读者对相关内容的需求。读者迫切需要一本既有充实的理论，又与时俱进的书来指导自己。本书就是在这样的定位下编写的。

本书立足于市场营销理论，结合了当下新媒体环境，对营销策划的各环节进行分解、整合，以对营销策划所涉及的内容进行全面介绍。本书不仅理论知识丰富，能满足读者对营销策划专业知识的需求，还有大量的案例、练习，能帮助读者更好地将理论知识与具体的营销策划工作相结合。

本书具体来说具有以下特点。

（1）思路清晰，知识分布合理。本书从宏观出发，合理布局，对支撑营销策划的各项内容进行全面介绍。本书先从营销策划的基础知识开始，循序渐进，逐渐深入营销策划具体工作的各个环节，包括营销战略策划，产品、价格、渠道、促销等策划方式，再到对企业形象、品牌、广告、商业活动、新媒体等的策划，然后以营销策划书的形式将这些策划方案整理成书面文档，训练读者综合运用营销策划方法的能力。最后本书还对营销策划的实施、控制与评估修正作了介绍，让读者对营销策划的完整流程有清晰的认知，帮助读者形成更宽阔的视野。

（2）案例丰富，且来源于实践。本书每章均以案例导入，以生动的案例提高读者的阅读兴趣，让读者可以通过案例对该章所讲解的重点内容有直观的了解；同时章节中还增加了"课堂案例"模块，以典型案例结合相应的理论知识辅助教学，帮助读者更好地理解与掌握知识。

（3）学习与练习相结合。本书除了介绍营销策划的基本理论外，还在章节中设计了"课堂练习"模块，以训练读者的实际动手能力和对知识的掌握能力。章末设计了"课后思考"模块，让读者可以化被动为主动，在思考题目的同时重温该章知识，在解答题目的过程中，主动掌握和巩固知识。

（4）补充大量拓展资料。本书设置了"提示"模块，对与正文相关的内容进行了补充，使读者能够更全面地掌握相关知识。本书还配套了拓展阅读材料，对书中知识点进行补充和说明，读者可扫描二维码查看，加深理解。

（5）配套完整的慕课视频。本书为理论内容配套了完整的视频课程，读者可扫描封面二维码获

前言 FOREWORD

取课程资源。

　　（6）配套资源丰富。本书不仅提供精美的PPT课件、教学大纲等资源，还提供模拟题库、电子教案，有需要的读者可以到人邮教育社区（www.ryjiaoyu.com）搜索本书书名免费下载。

　　由于编者水平有限，书中难免存在不足之处，欢迎广大读者、专家给予批评指正。

编者

2023 年 3 月

　　特别说明：本书所有提到的产品和案例均为举例、教学使用，并非为产品做广告。除本书提到的产品和案例外，该品牌或商家的其他产品、宣传方式、言论内容等，均不代表作者及出版社立场。

CONTENTS 目 录

目录 CONTENTS

目录 CONTENTS

第 1 章

营销策划认知

学习目标

/ 了解什么是营销策划。
/ 了解营销策划的要素。
/ 了解营销策划的原则和类型。
/ 了解营销策划的认知误区。
/ 掌握营销策划的程序。
/ 熟悉营销策划中的创意策划。
/ 了解营销策划行业的发展与从业者的职业素养。

📋 引导案例

　　某市记者从该市人力资源公共服务中心获悉，为了更好地落实 2020 年该市高校毕业生的就业工作，该市将于 2020 年 1 月 11 日在大学生创业园区举办针对营销、管理等就业方向的专场招聘会。

　　据悉，该场招聘会拟设 78 个展位，参加招聘会的用人单位有国有企业、外资企业、民营企业等。求职者只需持二代身份证即可进入招聘会场参与本次招聘会。据该市人力资源公共服务中心预估，本次针对高校毕业生的招聘会将招聘到大批营销、策划、管理专业的人才。

　　由此可以看出，各高校营销策划专业的毕业生人数多，这从侧面反映了营销策划专业的前景广阔，市场需求量大。本章将对营销策划的相关知识进行介绍，帮助读者深入了解营销策划，做好针对营销策划岗位的学习与求职准备。

🔍 本章要点

营销策划的要素	营销策划的原则	营销策划的类型
营销策划的认知误区	营销策划的创意	营销策划岗位的职业素养
营销策划岗位的职业技能		

1.1 了解营销策划

　　营销策划不仅是企业开展营销活动的前提，也是决定企业经营发展方向的重要因素。营销策划是根据企业的营销目标，通过设计和规划企业的产品、服务、创意、产品或服务价格、渠道、促销等策略来实现营销的过程。营销策划是企业经营发展的一项重要战略，下面对营销策划的基础知识进行介绍，包括什么是营销策划、营销策划的要素、营销策划的原则、营销策划的类型和营销策划的误区 5 个方面。

1.1.1　什么是营销策划

　　营销策划是企业为了改变现状，达到预定的营销目标，通过科学的方法对企业的内外部环境进行分析和研究，然后创意性地整合与运用企业的有效资源，对企业将要发生的营销活动、行动方针、目标战略等进行规划，最终形成一套系统的、可行的营销方案的活动过程。

　　营销策划不仅可以对事关企业发展的全局营销策略进行策划，也可以对某项具体的营销项目进行策划，它承接着企业的整体与局部的发展战略，是推动企业不断发展的动力。特别是在当下的新媒体环境下，市场竞争日益激烈，营销策划作为指导企业经营发展的重要战略，越来越受到企业的重视，营销策划岗位的人才招聘也成为企业人力资源管理中的重要内容。总的来说，营销策划的作用主要表现为以下 6 点。

（1）增强企业的竞争力。营销策划是一种整体性和前瞻性的计划，它会充分考虑企业的自身情况、市场情况、竞争者情况，并针对这些情况制定超前的战略措施，从而使企业在市场竞争中获得优势，增强企业的综合竞争力。

（2）降低企业的经营风险。企业要想长远、持久地发展，就必须降低经营的风险。通过营销策划，企业不仅可以基于对营销环境的深刻认识，预测企业目前可能存在的风险，制定相应的措施防患于未然，还能在营销策划的指引下开拓新的市场，降低企业的经营风险。

（3）明确企业的发展方向。营销策划是基于企业营销目标制定的，这个目标是企业营销活动的方向。有了方向，企业就有了发展的动力，就可以促使企业积极地朝着这个方向不断努力。营销策划本质上就是确定企业未来市场营销的行动方案，它一旦确定就会成为企业未来一段时间市场营销的行动计划，企业的所有营销工作都必须在它的指导下有条不紊地开展。并且，实施营销策划的过程也是实践并完善企业发展方向的过程，它不仅决定了企业营销活动的方向，也指明了企业未来的发展方向。

（4）明确企业的业务框架。营销策划不仅明确了企业的业务发展方向，还明确了企业的业务框架。它明确规定了企业的核心业务、增长业务等，能够帮助企业更快速地选择有利于实现企业战略目标的业务，降低企业领导层和管理层业务决策的难度。

（5）加强企业员工的凝聚力。营销策划是一项系统工程，它需要企业的所有部门、所有员工都为实现企业的营销目标而努力工作。在这个过程中，企业管理者要制定合理的规章、计划，企业员工要谨遵各项规章制度，紧紧围绕营销策划开展工作。企业的所有员工都必须各司其职、紧密配合、协调一致，这会加强企业员工对企业的归属感，增强员工的凝聚力，更好地进行企业建设。

（6）增强企业的资源整合能力。要达到企业未来一段时间的营销目标，企业就必须根据战略需要，前瞻性地组织和整合企业的有效资源，合理分配资源并应用到合适的地方，这样才能充分发挥营销策划的作用，增强企业的核心竞争力。同时，资源的整合与合理利用又能避免盲目行动带来的成本损失，大大节约企业的成本。

1.1.2　营销策划的要素

营销策划的要素包括营销策划目标、营销策划主体、营销策划信息、营销策划资源和营销策划方案，下面分别进行介绍。

1. 营销策划目标

营销策划目标是进行营销策划的前提。营销策划目标与企业的经营发展密切相关，它可以是单一目标，也可以是复合目标，企业应根据实际需求进行确定。营销策划目标是企业希望达到的结果，一般是影响企业全局发展的重点、难点问题，但同时，它又具有一定的可操作性，是企业通过实际努力就能够达到的。

提示

营销策划是为了达到企业的营销目标而进行的创造性思维活动，营销策划目标既是企业营销策划努力的方向，也是衡量和评价营销策划效果的标准。

2. 营销策划主体

营销策划主体一般是指营销策划的策划者，是提出营销策划方案、构思营销策划的个人、机构或组织。对企业来说，营销策划主体既可以考虑由企业内部员工担任，也可以考虑由企业外部的个人、机构或组织担任。在新媒体环境下，已经有大量专门从事营销策划的公司，它们作为服务方为有营销策划需求的企业提供服务，帮助企业实现营销目标。但若采用这种方式，企业需要支付的费用较高，不建议中小企业采用。不管由谁担任营销策划主体，都要考虑其文化、能力、素质等因素。

3. 营销策划信息

营销策划的开展与实施离不开信息。首先，开展营销策划需要搜集与营销策划相关的各项信息，然后通过对信息的分析、比较和研究来进行营销策划的设计和规划。营销策划信息主要包括企业内部信息、市场环境信息、消费者需求信息、竞争者信息等。对这些信息进行充分搜集、筛选，能确保营销策划的可操作性与正确性。

4. 营销策划资源

企业开展任何营销活动都需要资源。人力、财力、物力等资源支撑着企业的经营发展，营销策划需要最大限度地整合企业的这些资源，以尽量少的投入获得尽量高的回报。

5. 营销策划方案

营销策划是对企业预期目标的计划和规划，营销策划方案（也叫营销策划书）就是指导落实营销策划的具体实施过程的行动指南，它是企业开展营销策划活动的蓝本和指路灯，也是一份帮助企业更好地开展营销策划的书面文档。

1.1.3 营销策划的原则

营销策划的原则有战略性、导向性、系统性、可操作性、时效性、创新性和信息性，下面分别进行介绍。

1. 战略性原则

营销策划是对企业的营销目标、营销手段等进行的事先规划和设计。企业未来一段时间的发展情况、经营方向、营销手段等都要依据营销策划来确定，因此，营销策划必须从战略的高度进行审视，且在策划过程中务必保证科学、认真、细致、周密、完善，以形成较稳定的、能够长远指导企业发展的战略方针。否则，将会导致企业资源的巨大浪费。

2. 导向性原则

企业的营销活动通常是围绕市场和消费者展开的，营销策划作为指导企业营销活动的战略方针，当然也离不开市场和消费者。市场和消费者的需求是丰富多变的，企业不可能完全满足，因此营销策划的一个重点工作就是通过一定的方法来引导市场和消费者的需求。

（1）对市场的导向

市场导向是指企业按照与自身实力相匹配的目标市场和目标消费群体的要求设计、生产、交付产品与服务。营销策划对市场的导向主要表现在：通过一定的标准对市场进行细分，在综合企业自身实力的基础上，对该细分市场进行分析与评价，选择出适合企业发展的细分市场，将该细分市场作为企业的目标市场，并对企业的品牌进行定位。

课堂案例——麦当劳市场细分策略

　　麦当劳是全球零售食品服务业的领头羊，它始创于 1955 年，截至 2017 年年底，全球有超过 38 000 家麦当劳餐厅，它们每天为 100 多个国家和地区的 6 900 万名顾客提供高品质的食品与服务。麦当劳在全球最具价值品牌排行榜（BrandZ）中连续 13 年排名前 10。2020 年，麦当劳在该榜单排名第 9 位，是榜单前 10 强中唯一一家餐饮服务企业，品牌价值超过 12 093 亿美元。麦当劳能在全球市场上取得成功，离不开其精准的市场细分和产品定位。

　　麦当劳从地理、人口和心理 3 个要素来细分市场，并分别在这 3 个方面实施了相应的营销战略，最终使企业的发展蒸蒸日上。

　　① 根据地理要素细分市场

　　从全球范围来看，麦当劳的市场非常大，并且不同国家、不同地区的人有不同的文化背景和饮食习惯。为了更好地在各个国家和地区开拓市场，麦当劳通过地理环境来进行市场细分，对各地区消费者的消费习惯、文化差异等进行分析，将市场细分为不同的地理单位进行经营，因地制宜地开展营销活动。例如，麦当劳在刚进入我国市场时，通过对我国消费者的分析得知，我国消费者更偏爱鸡肉，因此，麦当劳将原本的牛肉汉堡改良成了鸡肉汉堡，这是麦当劳能够在我国市场上快速发展的关键原因之一。

　　② 根据人口要素细分市场

　　麦当劳从年龄的角度对人口市场进行细分，如儿童市场、青年市场和老年市场等。根据不同年龄段的消费者的特征来提供产品或服务，如赠送小朋友印有麦当劳标志的气球、折纸等小礼物，开展"叔叔俱乐部"活动，增强消费者的忠诚度等。

　　③ 根据心理要素细分市场

　　消费者对快餐的潜在需求主要表现为方便和休闲。麦当劳也针对这两个方面进行了市场细分。在方便需求上，麦当劳提出了"59 秒快速服务"，即从消费者开始点餐到拿着食品离开柜台的时间为 59 秒，不超过一分钟。在休闲需求上，麦当劳精心布置了餐厅环境，尽量给消费者舒适、自在的体验。

　　（2）对消费者的导向

　　营销策划要做到以消费者需求为导向，就要先了解消费者的需求、引导消费者需求，并学会创造需求和满足消费者的需求。

　　◈　**了解消费者的需求**。企业产品或服务的目标对象是消费者，如果企业不了解消费者的需求，只一味地按照自己的想法来生产产品或提供服务，就无法吸引消费者，从而导致产品或服务的滞销。因此，了解消费者的需求是对消费者导向的第一步，一般来说，消费者希望企业能够提供优质、低价的产品，一流的服务和良好的购物环境。

　　◈　**引导消费者的需求**。消费者的需求影响其消费决策，但消费者的需求不是固定不变的，感觉、情感、认知等的变化都会使消费者的需求发生改变。企业可以对这些影响消费者需求的因素进行营销策划，引导消费者改变需求，从而改变其消费决策。

　　◈　**创造消费者的需求**。当消费者没有表现出明显的需求，或不知道自己的需求时，企业就可以通过营销策划创造需求，主动向消费者展示他们缺少某种事物或迫切需要解决的问题，从源头上塑造消费者对需求的认知。

　　● **满足消费者的需求**。了解、引导和创造需求后，企业还要满足消费者的需求，以提升消费者对企业的好感度、信任度，从而提高企业知名度和美誉度。若只挖掘了消费者的需求，不切实解决消费者的问题，会让消费者转而寻找其他企业，影响企业的经济效益。

课堂案例——海尔定制产品营销

　　经济的快速发展使市场的产品种类越来越丰富，消费者的选择也越来越多。在这种环境下，海尔推出了"定制冰箱"服务。所谓"定制冰箱"，就是消费者自己设计需要的冰箱，海尔则根据消费者的设计需求来定做冰箱。该服务一经推出，仅仅一个月海尔就接到了100多万台"定制冰箱"的订单。"定制冰箱"服务是一种定制营销策略，它将每一个消费者都看作一个单独的细分市场，使企业能更好地为消费者服务，但这会造成营销工作的复杂化，也会增加企业的营销成本和营销风险。

　　定制营销需要过硬的企业实力，以及完整的设计、生产、配送、支付、服务等管理体系做支撑。特别是新媒体快速发展的背景下，消费者的需求越来越多样化和个性化，一味地单方面满足消费者的需求，不仅会增加企业的经营成本，还会让消费者觉得企业没有创新。作为以质量和服务闻名的企业，海尔深知引导消费者需求的重要性，也一直在经营的过程中不断进行完善和发展。新媒体时代，海尔充分结合新媒体营销的各种优势，对消费者的需求进行引导。如海尔的"众创意，智爱家"活动，该活动邀请了演员、设计师和艺术家组成了"设计天团"，该"设计天团"以了解消费者的需求，帮助消费者寻找潜在设计灵感为角度，通过线上互动、创意众筹活动等方式展开。

　　在这个活动中，"设计天团"还将消费者的需求进行了整合包装，策划了"童话智爱家"方案，并且海尔还将整个策划过程以MV《智爱狂想曲》进行记录展示，如图1-1所示。这部MV不仅体现了海尔"智爱家"的活动理念，还进一步引导了消费者对家的设想，激发了消费者的消费意愿。

图1-1　MV《智爱狂想曲》

此外，海尔还在北京世贸天阶发布了"创见生活感动——众创意，智爱家"主题活动，以及根据消费者需求制作"定制化"产品。借这个活动，海尔希望向消费者传达家电不仅是功能的集成，还是陪伴家人的伙伴的理念。

最后海尔还推出了"众创汇定制平台"，通过模块定制、众创定制和专属定制 3 种方式引导消费者参与家电个性化定制，从而很好地激发消费者的创作热情，让消费者主动参与产品的设计制作，最终进行消费。

3. 系统性原则

营销策划是一个系统工程，其系统性表现在以下 3 个方面。

（1）营销策划的目标要与企业的营销目标一致

不管是决定企业未来发展方向的全局性战略规划，还是促销活动策划、新产品上市策划、企业形象策划等局部策划，营销策划的目标都要与企业的经营目标一致。

（2）营销策划的开展离不开企业的系统支持

营销策划是企业经营的一个部分，但不是全部。营销策划必须从企业经营战略的高度进行设计与实施，且要与企业经营管理的其他活动关联起来，此外，营销策划的开展还需要企业其他部门的共同协助与支持。

（3）营销策划环境的复杂与系统性

营销策划不是单一的方案，它需要系统地分析、研究可能造成影响的诸多环境因素，如政治、经济、文化、科技、市场、竞争者、消费者等，并对这些因素进行恰到好处的综合利用，这样才能保证营销策划的顺利实施。

4. 可操作性原则

营销策划作为指导企业未来发展的整体规划和策略，在实际操作中必须具有可操作性。如果营销策划不便于企业实际操作，或在操作过程中出现大量无法解决的问题，则必然会造成企业资源的浪费。因此，营销策划应尽量具体，不能太抽象、笼统或脱离现实。

5. 时效性原则

时效是指时机和效果。营销策划既要把握好策划与实施的时间，又要注重其能够达到的效果。一般来说，当发现市场机会或存在有利于企业发展的情况时，企业要立即组织相关部门和人员开展营销策划工作，以快速抓住机会，确立竞争优势。营销策划的时机对其效果的影响较大，其效果会随着时间的推移而发生变化，因此一定要注意把握时机，最大化实现营销效果。

提示

营销策划的时间安排也是很重要的，不管是营销策划每一个环节的时间长短，还是策划方案内容的具体实施时间，都要有周密的计划。

6. 创新性原则

在当下，市场环境、消费者需求、竞争者情况等无一不在发生变化，企业要想获得竞争优势，必须摒弃陈旧的营销观念，结合当下的营销环境，在营销策划的内容、方案、技术创意、表现手法等方面做创新，这样才能出奇制胜，快速获得消费者的青睐。创新的原则是"人无我有，人有我优，人优我新，人新我变"，企业只有谨遵该原则才能具备竞争力。

7. 信息性原则

信息作为营销策划的要素之一，其重要性不言而喻。要想做好营销策划，信息的搜集、加工、传递、储存、检查、输出与反馈是必不可少的。信息的搜集、加工和使用需要满足以下要求。

（1）信息搜集要全面、真实和准确

影响营销策划的因素很多，为了避免营销策划的片面性和盲目性，提高决策的准确性，企业要从图1-2所示的3个方向进行信息的全面搜集。

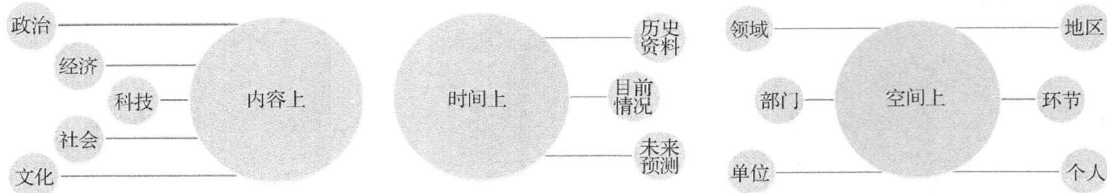

图1-2　信息搜集的方向

同时，新媒体时代是信息爆炸的时代，企业不仅要在自己搜集信息时注意核查信息的真实与准确，在通过市场调查公司搜集信息时，也要注意甄别信息的真实可靠性。

（2）信息加工要及时、准确且适用

搜集完信息后需要及时对信息进行加工。由于信息的量大、随机性强等问题，企业还应分配专业的营销策划人员来进行信息的处理，对杂乱无章的信息去伪存真、去粗取精，使信息的针对性更强，成为营销策划的有用资源。

（3）使用信息时要注意甄别是否适用

在营销策划的过程中使用信息时，还要注意甄别信息是否适用，只有与企业的营销目标一致的信息才是适合企业的，不要乱用、混用。

1.1.4　营销策划的类型

按照不同的标准，可以对营销策划的类型进行分类，下面从策划主体与策划客体的角度对营销策划类型进行介绍。

1. 按照策划主体进行划分

按照策划主体进行划分，营销策划可以分为企业自主型策划和外部参与型策划两种。

（1）企业自主型策划

企业自主型策划是指由企业内部的营销策划部门（如策划部、企划部、营销部、销售部、公关部等）承担营销策划职能，开展营销策划工作。企业自主型策划有其特有的优点和缺点，分别介绍如下。

● **优点**。企业内部人员不仅了解市场状况、行业情况，还对企业内部的资源和条件非常熟悉，因此营销策划的可操作性较强。

● **缺点**。企业内部人员可能会因受到企业领导人、管理体制、企业文化等的影响，不具有否定意识，制定的营销策划可能缺乏创意。

（2）外部参与型策划

外部参与型策划是指企业委托专门从事营销策划的公司或组织（如营销策划公司、管理咨询公司、广告公司等）为企业提供营销策划服务，制定营销策划方案。外部参与型策划也有其优点和缺点，分别介绍如下。

◈ **优点**。从事营销策划的公司或组织较专业，具有较高的职业素养和较强的营销策划能力，他们往往有着独特的视角、新颖的创意，能够保障企业的收益。

◈ **缺点**。从事营销策划的公司或组织缺乏对企业所处的行业、市场以及营销方式的深入、细致的了解，其制定的方案的可操作性可能不够强。

2. 按照策划客体进行划分

按照策划客体划分，营销策划可分为营销战略策划和营销战术策划。

（1）营销战略策划

营销战略策划是对企业生存、发展的重大营销问题及营销总体组合做出的全局的、长期的、整体的、系统的策划。它注重企业总体战略与营销活动的联系，主要解决的问题有：企业未来做什么、如何做；企业该在市场中如何取得竞争优势；企业的竞争者是谁、该采取什么竞争战略；企业如何传达自己的形象；等等。根据对这些主要问题的提炼，营销战略策划可以分为以下 4 个策划类型。

◈ **企业发展战略策划**。企业发展战略策划是对企业一定时期内的发展方向、发展速度与质量、发展点及发展能力的重大选择和规划，如企业做什么、怎么做、靠什么做等。对企业发展战略进行策划，可以指引企业的长远发展方向，明确企业发展目标，并确定企业需要的发展能力。企业发展战略策划需要合理的规划、安排，以保证企业发展的整体性、长期性和稳定性。

◈ **企业市场定位策划**。企业市场定位策划是企业根据发展战略和经营目标对市场进行细分，选择要进入的目标市场，并为产品和企业自身进行定位的过程。其内容主要包括市场细分、目标市场选择、产品定位、竞争者定位、消费者定位等。

◈ **企业竞争战略策划**。企业竞争战略策划是对企业所处的竞争环境（如内部环境、外部环境等）进行分析，以找出企业核心竞争力的过程。企业竞争战略策划的最终目的是制定竞争战略，以明确企业自身的优势，提高竞争力。

◈ **企业形象策划**。企业形象策划是对企业的内部形象与外在行为表现进行策划，以综合反映和体现企业的产品、服务和行为，使其在消费者的心中留下印象的过程。企业形象策划对企业的品牌建设、形象塑造起着重要作用，是营销战略策划的一大要点。

（2）营销战术策划

营销战略策划主要是从总体性的角度进行策划，而营销战术策划则主要围绕产品、价格、渠道、促销这 4 个方面展开策划，它是对营销管理中的 4P（Product，产品；Price，价格；Place，渠道；Promotion，促销）策略的具体策划，具有短期性、局部性、个别性、具体性等特点，下面分别进行介绍。

◈ **产品策划**。产品是企业经营发展的基石，是企业创造价值并满足消费者需求的前提。产品策划是企业在顺应消费者与市场需求的前提下，对企业的产品与产品组合方案进行的开发、设计与谋划。产品策划涵盖产品从研发到消费者购买的全过程，它可以细分为产品研发策划和产品营销策划等。产品研发策划注重对产品的开发思路进行策划，以拓展产品线，增加企业新的盈利产品；产品营销策划注重产品的销售及产品品牌的塑造，如产品卖点策划、产品组合策划、产品生命周期策划、产品品牌策划、产品包装策划等。

◈ **价格策划**。价格策划是企业为了实现营销目标而对产品进行定价，以及随着环境和机会的变化对价格进行调整以适应市场和应对竞争者的一种价格策略。价格直接影响着企业的利润，为了保证价格与产品销量的良性循环，企业应该综合考虑市场环境与自身情况，熟练掌握产品定价的目标和方法，了解影响价格的因素，以及价格变动的原因、处理方法和组合策略。

提示

　　市场同质化现象的加剧、竞争激烈程度的加强，消费者需求的不断变化，竞争者和消费者的逐渐成熟，使价格策划不再局限于价格的制定和调整。很多时候，企业在进行价格策划时仍然持有陈旧的观念，这是企业营销战术策划出现问题的原因之一。

　　◎ **渠道策划**。渠道是产品从生产至到达最终消费者手中所经历的通道，即产品的流通路线。渠道策划主要包括分销渠道设计、渠道管理决策、渠道整合与渠道系统整理等内容，渠道策划直接影响企业的其他营销决策，是企业开拓市场、实现销售的重要影响因素。

　　◎ **促销策划**。产品策划、价格策划、渠道策划和促销策划的结合才能组成完整的营销战术策划。优质的产品、合理的价格、畅通的销售渠道，再加上一流的促销活动才能及时地将营销信息传递给消费者，促使消费者产生购买行为。促销策划是指创造性地设计推销、广告、公共关系和推广等促销手段，以向消费者传递产品信息，促使其购买产品。它解决的是如何激发消费者购买欲，增加销售业绩的问题。

课堂练习

　　列举你熟悉的两个企业，分析其营销策划属于哪一种类型，并说明原因。

1.1.5　营销策划的误区

　　不管是海尔、华为、小米、美的、格力等国内品牌，还是可口可乐、肯德基、麦当劳、苹果等国外品牌，它们都是营销策划方面的高手。这些品牌的成功让越来越多的企业认识到营销策划的重要性，特别是在新媒体环境下，市场竞争加剧，企业之间的差异化竞争越发激烈，营销策划作为统领企业发展方向的战略，得到了企业的广泛应用。但营销策划也在不断发展，有些企业由于缺乏对营销策划的认识，制定了一些效果不佳的策划方案，导致企业增加了成本支出，造成了不必要的损失。下面对营销策划的认知误区进行介绍，以帮助企业正确认识营销策划，更好地制定营销策划方案。

　　1. 营销策划能解决企业的一切问题

　　有些企业的管理者认为营销策划能解决企业经营管理中遇到的所有问题，因而过于倚靠营销策划，这种认知是错误的，这是对营销策划效果的夸大。营销策划固然能为企业的生产、经营和销售等指明方向、提供策略，但要取得成功，不能只靠营销策划本身，还要考虑很多其他因素的影响，如企业规模、企业管理方式、员工能力、合作方配合度等。企业管理者要明白，营销策划不是万能的，只有提升企业自身的综合素质和核心竞争力，企业才能在激烈的市场竞争中保持优势，也才能更好地运用营销策划来解决问题并获得理想的收益。

　　2. 模仿成功的营销策划能更快出效果

　　有些企业看到别的企业通过营销策划获得成功就认为既然别人能通过这种营销策划获利，那么模仿他们的营销策划就能快速为自己的企业创造价值，且节省了在营销策划方面的投入，能通过更少的成本获得更大的收益。这种认知也是错误的。营销策划是一种创造性活动，只有有创意的策划才能使自身与其他企业区别开来，让消费者在庞大的市场中更快地看到自己。并且，每个企业的实力和经营状况不同，营销策划所针对和解决的问题也不同，不能想当然地认为模仿他人的营销策划就能更快获利，这种认知轻则导致效果不佳，重则影响企业的后续发展，甚至可能让企业倒闭。

3. 营销策划只要有专业知识就行

营销策划离不开经济理论、市场营销、策划理论等专业知识的支撑，但同样，它也离不开企业管理者正确的决策、其他员工的支持、营销策划人员广博的见识以及丰富的实践经验。专业知识是企业开展营销策划的必要条件，但企业也不能忽略营销策划人员的能力与实践经验的重要性，仅从专业知识方面来进行营销策划。

4. 营销策划越复杂越好

成功的营销策划应该高效、高质地完成营销目标所指向的任务，它可以是详细的、复杂的各项策划事宜的设计、规划，也可以是简明的、清晰的事项罗列与说明。如果以营销策划的复杂度来决定其是否有质量，就陷入形而上学、舍本逐末的误区。营销策划应该根据企业自身的发展情况或所服务对象的要求来设计。如果是新创企业，营销策划一般会比较复杂，要尽量全面、详细；如果企业较为成熟，只有某一方面的需求，则营销策划就会相对简单。当然，服务对象（如企业领导者、决策者）如果喜欢复杂的营销策划，那么营销策划也可以设计得详细一些；相反，服务对象如果不喜欢复杂的营销策划，那么营销策划就应该简单有力，避免引起他们的反感。

5. 必须执行营销策划方案中的所有内容

营销策划是对过去与现在的情况进行分析与研究后，对企业未来发展的相关活动所做的超前设计与规划，它是一种预测活动。虽然它基于过去的数据，有很大的操作性和实现性，但并不能完全保证营销策划方案中的所有设计和规划都是正确的。并且，营销策划从策划到实际执行是有一段时间的，少则数日，多则数月或数年，这段时间内企业经营发展状况或市场情况可能已经发生了变化，这就会导致营销策划的某些方案与实际执行时的情况有所偏差。此时，不能照搬营销策划方案原本的内容，应该对策划方案进行灵活调整，若出现偏差极大的情况，甚至可以直接放弃原本的方案，重新设计。

1.2　熟悉营销策划程序

营销策划是指导企业营销工作的具体行动方案，其质量的好坏直接影响着企业的经营发展，企业应按照规范、科学的程序进行营销策划。高水平的营销策划的策划程序通常具有一些共性，主要包括营销环境的分析、营销目标的确定、营销战略的构思、营销策划书的形成与调整、营销策划的实施，以及营销策划的评估与修正 6 个步骤，下面分别进行介绍。

1.2.1　营销环境的分析

营销策划必须建立在营销环境分析的基础上。只有经过认真、严谨的营销环境分析，才能深刻认识市场，更好地发现市场机会与威胁，为营销策划的后续程序提供决策依据。特别是新媒体时代，营销策划受到诸多方面的影响，企业如果想制定正确而全面的营销策划，就必须对营销环境进行全面分析。

营销环境是指影响企业营销策划的制定和实施的不可控的虚拟市场因素。根据对企业营销策划影响的程度，可将营销环境分为宏观环境和微观环境两部分。

* **宏观环境**。宏观环境是能对企业营销策划产生比较间接的影响的各种因素的总称，主要包括政治法律、经济、社会文化、科学技术、人口等因素，如图1-3所示。

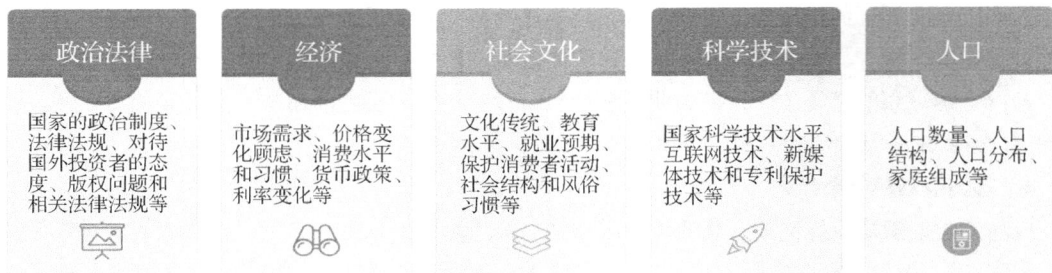

政治法律	经济	社会文化	科学技术	人口
国家的政治制度、法律法规、对待国外投资者的态度、版权问题和相关法律法规等	市场需求、价格变化顾忌、消费水平和习惯、货币政策、利率变化等	文化传统、教育水平、就业预期、保护消费者活动、社会结构和风俗习惯等	国家科学技术水平、互联网技术、新媒体技术和专利保护技术等	人口数量、人口结构、人口分布、家庭组成等

图1-3　宏观环境

* **微观环境**。微观环境又称行业环境因素，是与企业营销策划联系比较密切的各种因素的总称，主要包括企业、供应商、营销中介、消费者、竞争者等企业开展营销策划过程中的上下游组织机构，如图1-4所示。

企业　企业管理层、财务部门、研究与开发部门、采购部门、生产部门、销售部门、营销部门等

供应商　向企业提供生产经营所需的原料、设备、能源、资金、劳务等生产资源的企业或个人

营销中介　协助企业促销和分销其产品给最终购买者的企业或个人，经销商、经纪人、代理商以及仓储、运输、银行、保险、网络服务机构等服务商等均属于营销中介

消费者　为达到个人消费使用目的而购买各种产品与服务的个人或最终产品的个人使用者

竞争者　竞争者的资源、团队、能力和反应模式等

图1-4　微观环境

任何企业的营销环境都是动态变化的，企业了解了营销环境后，还需要对营销环境进行分析，对自身进行准确定位才能更好地制定营销策划战略。SWOT分析法是一种基于内外部竞争环境和竞争条件下的态势分析方法，通过列举并依照矩阵式排列的方式，对评估对象进行全面、系统的分析，从而得到准确率较高的结果，企业根据该结果可进行营销策划战略的制定及调整。

SWOT由4个英文单词的首字母组成，分别为Strengths（优势）、Weaknesses（劣势）、Opportunities（机会）和Threats（威胁）。这种分析方法是通过对各项内容、资源的有机结合与概括来分析企业的优劣势以及面临的机会和威胁，如表1-1所示。

表 1-1　SWOT 分析

		内部环境	
		优势（S）	劣势（W）
外部环境	机会（O）	SO 战略 依靠内部优势，利用外部机会	WO 战略 利用外部机会，改变内部劣势
	威胁（T）	ST 战略 依靠内部优势，回避外部威胁	WT 战略 克服内部劣势，回避外部威胁

课堂案例——加多宝与竞争者王老吉的竞争环境分析

加多宝和王老吉同为凉茶企业，两者在竞争时不可避免地要相互较劲，但加多宝的竞争优势并不明显。加多宝和王老吉商标之争是营销策划行业中的典范。一方面，加多宝是新商标，王老吉经过多年宣传已有较高的消费者接受度；另一方面，加多宝想拿回自己"原王老吉"的荣耀，于是宣传中使用了红罐包装，由此产生了侵权等问题，被王老吉起诉而惨遭败诉，不仅竞争压力增大，而且因官司陷入了困境。

接下来借助 SWOT 分析法，站在加多宝的立场对其竞争环境进行分析。

（1）优势：其原身为王老吉，产品品质得到认同；有多年的凉茶文化积淀，曾成功打响王老吉的品牌。

（2）劣势：加多宝作为新商标并不能继承原身王老吉的荣耀，知名度不够；而竞争者王老吉的名气则很旺，自身品牌不占优势。

（3）机会：王老吉与加多宝之间割不断的联系；诉讼将整件事情推向舆论的浪尖，可以说是一场机遇；产品配方与原来的王老吉一样，现今的营销手段十分便利，每个新媒体平台都可以作为营销的媒介。

（4）威胁：败诉；加多宝不能使用红罐包装；也不能再用"全国销量领先的红罐凉茶改名为加多宝"等广告语。

加多宝知道自己的立场，在败诉后，以自己"原王老吉"身份所做的多年努力为营销主题和竞争优势，巧借败诉者的身份作为营销的切入点，在微博上发布了"对不起"系列的营销文案，充分表现了自己多年的努力与败诉的委屈，让感情先入为主，调动消费者的情绪，成功地打响了产品的知名度。加多宝通过败诉事件进行回应与营销，是营销界的经典案例。

1.2.2　营销目标的确定

营销目标是企业开展企划的期望。只有在对营销环境的分析基础上，充分考虑企业的实际情况，遵循 SMART 原则，即具体（Specific）、可衡量（Measurable）、可达到（Attainable）、相关性（Relevant）和时限性（Time-bound），有的放矢地制定合理的、具有现实性又有一定挑战性的目标，才能对营销策划的战略和行动方案的拟定具有指导作用。

确定营销目标需要注意以下 3 个问题。

（1）营销目标要尽量量化，如 3 个月内某产品的销量达到 ××、市场份额要达到 ×× 等，从而对营销策划的效果进行度量。对某些不太好量化的目标，则要通过较为客观的标准来进行表示。例如对企业形象和品牌知名度等不能直接用数据来量化的目标，可以通过如一年内举办 × 次公益活动，获得 ×× 忠实消费者等进行转化，以尽量具体、客观地体现营销目标。

（2）营销目标要结合企业的经营现状，对未来的经营情况进行超前的预期，使其既不能低于企业目前的标准，又不能设定得太高。营销目标太低，太容易实现，达不到提升企业员工积极性的目的；营销目标太高，无法实现，则容易使企业员工产生消极情绪，不利于工作开展。

（3）营销目标可以是一个，也可以是多个，当有多个营销目标时，应根据目标的实现难易程度、优先级等进行合理安排，协调好各营销目标之间的关系，有条不紊地进行操作。

1.2.3　营销战略的构思

明确营销策划的目标后，企业就需要在其基础上进行营销策划的战略构思。营销策划有主体和客体之分，主体主要从执行者的角度进行划分，客体主要从营销策划的具体内容来分，本书后续内容主要从客体的角度出发，因此这里对营销战略的构思也主要集中表现在企业发展战略，市场定位，竞争战略，形象战略，以及产品、价格、渠道和促销战略的构思上。在进行营销战略的构思时，应充分结合市场变化、消费者行为、消费者需求等因素开展创造性设计，以体现自身优势，获得更大的竞争力。

关于各营销战略的具体策划内容将在后续的章节中进行讲解，这里不做详细说明。但要特别注意营销策划的预算分配。营销策划的准备与实施都离不开人力、物力、财力等成本的投入，因此要在营销战略的构思过程中对这些成本的预算进行合理、清晰的分配。一般来说，应在当前市场价格的基础上，将每一种成本落实到策划项目的具体内容上，以尽量做到公开、公正、合理。

提示

> 预算分配切勿以往年的市场价格来进行估算，也不要按照个人的想法来进行片面的预估。否则将影响成本预算的结果，导致方案无法通过，或与实际结果产生较大差异。

1.2.4　营销策划书的形成与调整

营销策划书是营销策划的书面呈现，它将营销策划的具体构思和内容以书面载体的形式表现出来，从而指导企业各部门员工的营销策划工作。营销策划书是营销策划的心血凝聚，有一定的基本格式和写作要求，同时写作者的语言文字表达能力、逻辑梳理能力也影响着营销策划书的效果，其具体写作方法将在第 9 章进行介绍。

为了保证营销策划书的质量，营销策划人员还需要对其进行检查、核实，查看其是否符合企业的发展情况、是否与当前的营销目标匹配，或其写作的内容是否有误，若发现错误，应及时做修改、调整，以避免影响营销策划的实施。

1.2.5　营销策划的实施

营销策划可以通过营销策划书来进行具体展现，经过企业决策者的同意后，企业即可根据营销策划书所述内容在实践活动中实施。营销策划实施的实质就是将营销策划书的书面内容转化为行动过程，在实施的具体过程中，企业要注意合理分配资源，加强领导，以具体落实营销策划书的内容。

1.2.6　营销策划的评估与修正

营销策划开始实施后，就要注意对其进行评估和修正。营销策划的评估与修正是指对营销策划实施的效果与营销策划的预期目标进行比较、评价，当发现营销策划的实施效果不理想时，即需对造成不利影响的因素进行修正，以确保营销策划能够实现预期的目标。

营销策划的评估与修正主要包括考评和改进两个阶段。考评阶段可以根据营销策划的不同阶段进行项目考评、阶段考评和最终考评，以及时发现营销策划不同阶段可能出现的问题，防止营销策划实施过程中出现更大的偏差。改进阶段主要是对营销策划实施过程中发现的问题进行总结、反馈和调整，以改进营销策划的实施，促使营销策划流程形成一个完整的闭合链，提高企业营销策划的整体实力与水平。

1.3　营销策划创意

营销策划是一个创造性的活动，它需要营销策划的主体不断思索、酝酿，产生思想、谋略、点子等独特的创意。创意与营销策划是紧密联系在一起的，没有创意的营销策划只是一种计划，而不是策划。新媒体时代，信息传播迅速，很多企业由于营销策划过于平淡、没有创意而不被消费者熟知，因而达不到营销策划的预期目标，使企业的经营发展受到阻碍。

创意就是指突破原有思维，在旧的基础上创新，它是一种创造新事物、新形象的思维方式和行为。从营销策划的角度来理解创意，其含义表现为：创意必须依靠营销策划的策略，通过独特的心智来创造；创意是用新的方法组合旧的要素的过程。而所谓营销策划创意，就是在营销策划的指导下，围绕营销策划目标，提炼组合企业重要的产品和服务信息，并加以创造性表现的过程。它反映在营销策划从构思到实施、从酝酿到统筹安排的整个环节，以使自己的营销策划区别于竞争者，从而展示出自己的独特性、新颖性，获得更大的竞争优势。

1.3.1　营销策划创意的产生过程

创意既是一种思维的创新，也是一种行为的创新。创意没有固定的表现形式和模式，但产生创意的过程就是寻找解决问题的灵感，进行创造性思维的过程。营销策划创意的产生过程是有一定规律的，下面对产生营销策划创意的 8 个步骤进行介绍，如图 1-5 所示。

界定问题　设想最佳结果　搜集并整理资料　寻找灵感　走出熟悉的领域　尝试不同的组合形式　确定初选方案　验证创意

图 1-5　产生营销策划创意的步骤

1. 界定问题

创意的产生基于要解决的问题。因此，界定问题是创意产生过程的第一步。界定问题的关键在于问题的有效性，营销策划人员应该对问题进行全方位、多角度的深层次分析与思考，以全面、深刻地认识到要解决的问题，找到解决问题的方向，为创意的产生提供指向性建议。

2. 设想最佳结果

最佳结果即最想要和最希望得到的结果。界定问题后，就需要先设想一个最佳结果，这个结果最终不一定会实现，但它为营销策划指明了方向，能够引导相关人员为该结果努力。此外，设想最佳结果也有利于创意的梳理与修改，使创意不断完善，进而不断提高创意的质量和水平，增强其可操作性。

📑 **提示**

设想最佳结果并不是不切实际的空想，营销策划人员要根据实际情况进行实事求是的合理设想。

3. 搜集并整理资料

设想好最佳结果后，即可开始搜集并整理资料。创意需要大量的资料进行激发，营销策划人员要从大量的碎片化信息中搜集到有用的信息，并进行整理归纳，这样才能有效地为创意的产生提供资料来源。因此，在搜集并整理资料时，要对资料的完备性、有用性和有效性进行验证和评估，通过对资料的分析、整理和加工，帮助营销策划人员获得新的启示和认知，以更好地梳理创意，获得灵感。

4. 寻找灵感

寻找灵感是产生创意的酝酿阶段，它对创意的产生至关重要。灵感常常在不经意间产生，它可能是某一个瞬间的思维迸发，也可能是思维意识的灵光一现。不管怎么说，寻找灵感是一个基于准备与积累的过程，没有事先对问题进行分析与研究就不可能突然获得灵感。寻找灵感也是一个不断思索、不断打破思维定式的过程。只有深入地探索与思考，我们才会对问题有更深刻的认识，才会有机会获得灵感；只有不断打破思维定式，大胆想象，才能让思维突破限制，最大限度地发挥思维的创造性特征，进而更好地寻找灵感。

5. 走出熟悉的领域

任何人对自己熟悉的领域都存在一定的思维定式，这会影响我们看待事物的角度和处理问题的方法，使我们的思维受到束缚，陷入困局。当然，走出熟悉的领域并不意味着完全摒弃，而应该保留原来的优秀能力和精神资产，丢掉过时的、累赘的思想和方法，以突破局限，更好地为创意的产生创造条件。

6. 尝试不同的组合形式

尝试不同的组合形式就是从不同的思维起点出发，尝试将不同的解决方案组合在一起，以激发产生创意的更多机会和可能。不同的组合有着不同的意义，通过对不同组合的尝试，可以多样化促进思维的发散，引发产生创意的灵感。要通过这种方式来激发创意，就要不断坚持从不同角度、不同方向、不同标准等方面进行思考，以增大获得创意的概率。

7. 确定初选方案

经过前面的充分准备与创意的酝酿后，或多或少都会产生一个甚至多个创意，此时，就要将这些创意记录下来，与营销策划的目的和需求进行比较和筛选，剔除不好的创意，保留有价值的创意。一般来说，有价值的营销策划创意有一些共同的特征，即新奇性、独特性和可行性，只有满足了这些特征的营销策划创意，才能更好地为营销策划的后续实施提供支撑。

8. 验证创意

创意方案并不是筛选出来就可以直接使用，营销策划人员还需要对其进行验证。验证创意是营销策划创意产生过程的最后阶段，一方面是对筛选出来的创意进行最终取舍，另一方面是对创意产生过程中的经验教训进行总结。

◎ **创意的最终取舍**。当存在多个初选创意方案时，要按照最优原则进行取舍。通过对创意方案实行的难易程度、实施效果、成功概率等进行比较，筛选出最合适的作为最终方案。若筛选出来的创意方案只有一个，则无须进行该步骤。

◎ **总结经验教训**。在营销策划创意的产生过程中可能会有很多的问题、机会及经验教训。对它们进行分析与总结，可以加深对营销策划创意的认识，为下次营销策划创意的产生提供参考。

1.3.2　产生营销策划创意的思维方式

好的营销策划离不开创意，而创意又与思维方式有直接关系。运用不同的思维方式不仅可以实现创新，为营销策划添彩，还可以锻炼营销策划人员的思维能力，提高其营销策划的水平。下面分 3 组对产生营销策划创意的 6 种思维方式进行介绍。

1. 垂直思维和水平思维

从根本上看，营销策划的创意不仅来自想象力，还取决于思维方向的灵活性，而运用好垂直思维和水平思维能帮助营销策划人员制定出优秀的策划案。

（1）垂直思维。垂直思维是对事物本身进行深入分析后，向上或向下进行的垂直思考。垂直思维具有非常强的逻辑性，可以说是一种定式思维，日常学习和生活都是在强化一系列的垂直思维。

（2）水平思维。水平思维不属于定式思维，它是跳出原来的逻辑关系，以非常规的方式寻找解决疑难问题的一种多方向的、多出口的、独辟蹊径的思维方式。当人们使用水平思维时，需要跳出原有的认知模式和心理框架，打破思维定式，通过转换思维角度和方向来构建新概念和新认知。

在企业的营销策划中，对企业环境的分析，产品的研发、生产、销售等都可以运用垂直思维和水平思维来进行思考。例如，以产品为中心，使用垂直思维和水平思维对某手机品牌进行市场细分，就要围绕该产品，选择在市场细分中的各项因素进行思考，如"该手机产品的卖点是什么""支撑其卖点的技术有哪些""这些技术与竞争者相比有无优势""该手机的目标消费群体的年龄范围是多少""消费群体喜欢手机的哪些功能"等。

📑　课堂案例——百度智能视频音箱"小度在家"

2018 年 3 月 26 日，百度正式发布"小度在家"智能视频音箱。"小度在家"是百度 AI 针对家庭场景设计的首款智能视频音箱。"小度在家"有朋克黑、经典灰、摇滚红、爵士绿 4 种不同配色的时尚外观，且搭配纺织工艺配置了 7 英寸的超大屏幕，给人清新的居家感受。同时，它还基于百度的语音处理人工智能技术，在语音交互体验的同时，可以通过屏幕显示内容，使得人机交互性更强。

在众多的音视频产品中，"小度在家"通过技术与消费者需求的融合，从当下的新媒体环境、及给消费者提供更好的服务的角度出发，开发了这款集智能、视频、音箱于一体的创意产品。"小度在家"的功能众多，不仅涵盖了新闻阅读、听歌看剧、视频通话、早教陪伴、生活助手、智能家居等领域，提供了海量视频、音频内容和丰富的百科知识；还有贴心的家居体验生活，如天气、菜谱、闹钟等，并且可实现语音拍照、多方视频等。这些功能都是消费者选择"小度在家"的原因。

2. 发散思维和收敛思维

发散思维和收敛思维是进行创意思考的常见思维，运用好发散思维和收敛思维能够帮助营销策划人员制定出更符合大众需求的策划案。

（1）发散思维。发散思维也称扩散思维、辐射思维，是指在解决问题的思考过程中，从已有的信息出发，尽可能地向各个方向扩展思考，并不受已知或现存的方式、方法、规则和范畴的约束，求得多种不同的解决办法，衍生出各种不同的、新的设想、答案或方法的思维方式。在企业的营销策划中，市场开拓、业务拓展、公共关系维护等都需要运用发散思维。

（2）收敛思维。收敛思维又称为求同思维、集中思维、辐合思维和聚合思维，是指从已知信息中得出有逻辑性的结论，从现有资料中寻求正确答案的一种有方向、有条理的思维方式。收敛思维与发散思维正好相反，是异中求同、由外向里的思维方式。

3. 顺向思维和逆向思维

顺向思维和逆向思维也是激发创意的常见思维方式，它们可以开拓并训练营销策划人员的思维能力，制定出更有吸引力的策划案。

（1）顺向思维是一种常规的、传统的思维方法，是指人们按照传统的从上到下、从小到大、从左到右、从前到后、从低到高等常规的序列方向进行思考的方法。

（2）逆向思维也叫求异思维，是对人们几乎已有定论的或已有某种思考习惯的事物或观点进行反向思考的思维方式。逆向思维敢于"反其道而思之"，让思维向对立的方向发展，从问题的相反面进行探索，从而得出新创意与新想法。

上述的这些思维方式不是单一存在的，在企业的营销策划中，营销策划人员可以灵活应用不同的思维方式来激发灵感，提高营销策划的创意水平，增强创意效果。

✎ **课堂练习**

除了上文提到的这几种思维方式外，还有一些其他的思维方式，如形象思维、抽象思维、倾向思维等。在网上搜索这些思维方式，了解其含义并进行思维的拓展。

1.3.3 常用的营销策划创意方法

创意的产生是有章法可循的，使用正确的创意方法，营销策划人员可以快速地得出创意，下面对创意方法进行具体介绍。

1. 元素组合法

知名广告大师詹姆斯·韦伯·扬曾经说过，创意就是旧元素的新组合。旧元素可以让人有熟悉感，新组合又能让人产生陌生感。元素组合法就是将不同性质的事物或功能进行搭配与联结，从而产生创意的一种方法。元素组合法利用不同事物的不同特点、差别来实现对创意思路与创意方案的有效发掘。元素组合法的实现步骤如下。

（1）按照事物要素构成的层次和序列对需要进行组合的事物进行分解，分解应尽量详细、全面，且细分到无法分解为止。

（2）对分解后的各部分进行信息组合，此时可按照先小后大的范围进行组合，使组合尽量规范，便于识别。

（3）对组合后产生的大量新信息进行筛选，在筛选的过程中要注意经济性与实用性。

提示

并不是所有的元素组合在一起都具有有效性，因此在对元素进行组合前，应先考虑组合是否有意义或有必要，不能产生创新性的组合则没有组合的必要。

2. 头脑风暴法

头脑风暴法是一种通过小型的组织形式，诱发集体智慧，相互激发灵感，最终产生创造性思维的方法。它是现代创造学奠基人亚历克斯·奥斯本提出的一种创造能力的集体训练法，它鼓励人们打破常规思维，无拘束地思考问题，从而在短时间内产生大量的灵感。头脑风暴法的实施需要注意以下 4 点。

（1）参与讨论的人数应尽量控制在 6 ～ 10 人，以保证每个人都能获得发言的机会，保持头脑风暴法的效率。

（2）不明确告知此次讨论的目的，只交代要讨论的问题，以充分激发参与讨论的人的拓展思维能力。

（3）鼓励参与讨论的人积极发言，并做好发言的记录。

（4）讨论时不能反驳其他人的意见，也不能对其意见发表评论。

头脑风暴法通过营造一种轻松、开放的氛围来激发参与讨论的人畅所欲言，在思维的火花碰撞中激发灵感，互相启发，互相影响，产生新颖的点子。头脑风暴法注重的是点子的数量，而非质量，因此会出现点子的实用性和可操作性不强等问题，这就要在讨论后进行合理、客观的分析。

3. 类比法

类比法是指结合对已知事物的认知联想到其他事物，并根据已知事物的属性比较、推测其他事物也具有类似属性的方法。类比的事物既可以是同类的，也可以是不同类的，类比法可以拓展营销策划人员的视野，使其为营销策划的创意提供灵感。类比的方法较多，下面介绍常见的 4 种。

（1）直接类比法。直接类比法即通过与类比对象的直接比较、推测，而在两个事物之间建立类似关系的类比方法。例如，沙丘驻涡火焰稳定器的发明就是将沙丘的形状与飞机发动机的燃烧器做比较，从而改良了燃烧器表面形状，使气流紊乱现象得到了改善。

（2）象征类比法。象征类比法是通过具体事物来表示某种抽象概念或思想感情的类比方法。该方法能够借助事物的某一特征来比喻、形容、替代或突出另一事物，在企业形象策划中的应用较为广泛，如企业理念、标志图形、口号等的设计等。

（3）因果类比法。因果类比法是根据已经掌握的事物的因果关系与正在接受研究改进事物的因果关系之间的相同或类似之处，寻求创新思路的一种类比方法。例如，气泡混凝土就是通过发泡剂使合成树脂布满无数小孔而创造的。

（4）综合类比法。综合类比法是根据事物属性的多种关系的综合相似性而进行推理的一种类比方法。它常用于对复杂的事物进行模拟类比，如模拟测试、模拟演练等，以通过模拟情景的表现推测事物的真实表现。

提示

通过类比法产生创意要先确定类比的对象，找准事物之间类比的点，这样才能更快地产生效果。此外，还要展开联想和想象，只有丰富的联想和想象才能由某一事物联想到另一事物，更好地进行类比。

4. 模仿创造法

模仿创造法是通过模仿已知事物来创造未知事物的方法。它是一种事物的再创造方法，当营销策划人员没有头绪、不知如何下手时，可优先考虑使用该方法进行模仿创造。但需注意，模仿并不意味着抄袭，营销策划人员要在已知事物的基础上，因地制宜地进行创新，如模仿人脑神经系统而创造的计算机人工智能等。

1.3.4 营销策划创意的效果测评

有了创意并将创意应用在营销策划中后，还需对创意在企业生产、销售、管理等方面产生的效果进行评测。创意效果测评的两个层面是经济层面和社会层面，分别介绍如下。

◎ **创意效果的经济层面**。创意效果的经济层面测评指标主要有经济收益额、成本利润率和经济收益率 3 个。经济收益额即创意前后的经济收益的差额；成本利润率即企业利润额与创意支出成本之间的比值；经济收益率即企业经营收入总额与创意成本之间的比值。这几个指标常在执行创意后进行测定，一般来说，经济收益额越大、成本利润率越高、经济收益率越高，则创意的效果越好。

◎ **创意效果的社会层面**。创意效果的社会层面是指实施创意后对社会产生的影响，一般表现在文化艺术、自然环境、道德伦理等方面。创意效果的社会层面常通过某种事物的佐证、相关群体的评价来进行测定。

1.4 了解营销策划岗位

企业要想更好地开展营销策划，提高营销策划的水平，就应该设置专门的营销策划岗位，招聘专业的营销策划人才。而作为营销策划行业的从业者，则应该清楚营销策划行业的发展，具备营销策划岗位必备的职业素养和职业技能。

1.4.1　营销策划行业的发展

从产业结构来看，互联网与国内市场经济的不断发展，市场经济体系越来越完善，这都进一步促进了营销策划行业的发展。近几年各类策划、咨询公司如雨后春笋般出现，据中国报告网统计，2018 年我国的营销策划行业市场规模达到 227 亿元，同比上涨约 6.57%，如图 1-6 所示。营销策划行业的市场规模逐年增加，这也促进了与营销策划行业相关的广告、品牌管理等产业的发展，从而进一步加大了市场对营销策划人才的需求。目前，市场对营销策划人才的需求量较大，营销策划的从业人数也较多，营销策划从业者主要包括专业营销策划公司的营销策划人员，企业、广告公司、品牌管理公司等的营销策划人员，以及其他个体和非职业营销策划人员等。这就使得营销策划岗位的就业前景较为广阔，为相关从业人员提供了更多的就业方向。

图 1-6　营销策划行业的市场规模

从技术来看，互联网和新媒体的进一步发展，又提高了营销策划行业的准入门槛。营销策划行业的从业人员除了具备扎实且专业的基本功外，还要有丰富的实践经验，知道如何进行企业的经营运作，能够结合当下的市场环境进行营销策划的更新换代。

总的来说，营销策划行业的市场需求较大，渗透力较强，营销策划行业的就业前景广阔。

✍ 课堂练习

　　旅游业是象山县的重点业务，在过去的一年中，象山县完成了对旅游业的基本建设，后续工作的重点是：考虑如何通过创新的、具有象山县特色的营销手段来推广象山县全域旅游品牌。为此，2018 年 3 月 14 日，象山县旅游发展委员会组织召开了一次旅游营销分享会。该分享会的参与人员由全县 18 个镇乡（街道）旅游工作分管领导、旅游办负责人，以及景区、酒店、旅行社、民宿等 40 余家旅游企业的营销策划人员组成。

　　该分享会的内容主要有旅游营销工作体会分享、网络营销和产品策划、嗨象山品牌宣讲、乡村旅游营销推广经验分享和摄影讲座等，以期望通过加强信息的分享来进一步提高象山县旅游服务行业的整体营销策划水平，提高营销策划人员的综合服务素质，建设象山县旅游营销策划的人才队伍。未来，象山县的旅游业发展将主要围绕营销统筹、品牌发展、形象推广、营销落地、智慧建设等"五大强化"展开，以构建象山县全域旅游营销的良好生态，推动旅游业的新一轮发展。

阅读以上材料，回答下列问题。

（1）营销策划对旅游业的发展有何影响。

（2）该案例说明了营销策划行业发展的什么趋势。

1.4.2 营销策划从业者的职业素养

营销策划行业的广阔前景使越来越多的人想要进入这个行业，但营销策划是一项要求较高的工作，相关从业者要想成功入门，必须具备一定的职业素养。下面就对营销策划从业者的职业素养进行介绍。

1. 自信

营销策划是一项决策工作，营销策划从业者如果不具备自信这一基本素质，就会在从事相关工作时犹豫不决，难以服众。此外，自信并不意味着自大。自大即营销策划从业者过于自信，认为自己是完全正确的，而不听取他人的建议，这种自大的心态不仅无法增强营销决策能够获得的效果，还十分容易引起反效果。因此，营销策划从业者应该克服盲目的自信，多关注自身的优点和缺点，扬长避短，并在策划过程中发挥和巩固自己的优点。

2. 诚信

诚信是立身之本，不管是为人处世还是经营策划，诚信都是对人道德素质的基本评价标准。营销策划从业者只有真诚、尊重事实、实事求是、信守承诺，才能获得他人的尊重和信任。这主要表现在：对内真诚待人、诚实守信，对外不欺瞒消费者和合作者。

3. 冷静、客观

营销策划是一项兼具整体性与复杂性的工作，营销策划从业者在从事相关工作时一定要冷静，不能因为其他事物或固有的思维定式影响对相关事物的判断。营销策划从业者应摒弃刻板印象，冷静且客观地观察、分析事物。

4. 不畏艰险

不管从事什么工作，都有遇到困难的时候，营销策划从业者当然也不例外。当遇到困难时，营销策划从业者不能逃避，而应该积极与相关人员沟通，提出解决问题的办法，并付诸行动。

5. 心理承受能力强

在营销策划的过程中遇到问题时，营销策划从业者要有较强的心理承受能力，以支撑自己克服困难，做好应对。在完成营销策划并实施后，可能会出现营销策划的效果不理想的情况，此时如果受到他人的指责或批评，营销策划从业者要虚心接受，不能因为付出的努力与收获不成正比而气馁。当然，如果营销策划获得成功，受到他人的赞扬和肯定，营销策划从业者还需要摆正心态，不过于自夸。营销策划从业者要谨记失败和成功都是一种收获，是对我们工作能力的锻炼与提升，并坦然地面对可能出现的各种结果，用积极的心态面对、解决问题，不断提升自己的能力。

6. 作风良好

营销策划从业者应具备良好的工作作风，这主要表现在雷厉风行、勤奋务实，讲求民主、集思广益等方面。

  雷厉风行、勤奋务实。营销策划是一项执行力非常强的工作，如果营销策划从业者在工作中犹豫不决、拖沓、懒散，会造成营销策划工作难以开展，影响营销策划工作的进度。此外，若一个团队中长期存在拥有上述问题的营销策划从业者，还会对营销策划团队的整体工作氛围产生负面影响，降低整个团队工作的质量，最终影响策划的诞生和实施。

    讲求民主、集思广益。营销策划是一项充满创造性的工作，要获得营销策划的成功不仅需要相关工作者艰苦工作，还要讲求民主、集思广益，通过思维的碰撞产生好的创意，集合所有营销策划从业者的努力和智慧，提高营销策划的水平和质量。

7. 有职业道德

营销策划从业者应该有职业道德，不能为了创新、求异而毫无底线，以低级、庸俗的噱头吸引消费者；也不能采取恶意竞争手段打击竞争者，否则不仅会造成消费者的反感和厌恶，还会使企业在行业中留下负面口碑，影响企业形象。

1.4.3　营销策划从业者的职业技能

营销策划从业者除了具备必需的职业素养外，还要有扎实的职业技能做支撑，这主要包括以下 7 种技能。

1. 营销策划专业知识和能力

作为营销策划行业的从业者，应该具备基本的营销策划专业能力。这主要表现为对营销策划理论知识的掌握和对营销策划实战经验的应用。

    营销策划理论知识。营销策划从业者只有充分掌握营销策划相关的理论知识，才能有条不紊地开展营销策划活动。营销策划相关的理论知识学科主要有策划学、管理学、消费者行为学、市场营销学、广告学等。此外，营销策划从业者还需对经济学、财务会计、法律法规等有一定的了解。

    营销策划实战经验。实战经验体现了营销策划从业者对营销策划的熟悉程度与敏感程度，丰富的实战经验能提升营销策划从业者的应对能力和思维能力，使其策划出更好的营销策划方案。一般来说，营销策划的实战经验可以从促销、业务洽谈、销售、管理等中获得。

2. 市场调研与分析能力

营销策划是基于对市场的调研与分析而开展的一项超前的预测工作，市场调研与分析的结果将直接影响营销策划的效果。因此，营销策划从业者要有对市场的调研与分析能力，并以未雨绸缪、深谋远虑的战略眼光来进行整体分析与策划，以提升营销策划工作的长远性和稳定性。

3. 组织能力

企业内部组织与外部组织的共同协调合作才能更快、更好地完成营销策划工作的策划、形成与实施。因此，营销策划从业者要具备对策划资源的有机整合能力与合理统筹人、事、物等资源的能力，以保证营销工作的正常开展。

4. 洞察能力

洞察能力是指全面、正确、深入地分析与认知客观现象的能力。营销的本质是洞察需求，从而发现和解决需求。营销策划从业者如果缺乏对市场、产品、消费者和竞争者的观察，就不能全面地深入分析和挖掘事物，从而导致营销策划抓不住问题的关键，使营销策划失败。因此，营销策划从业者应该具备基本的洞察能力，以提升营销策划的针对性，获得成功。

5. 创意能力

创意能力是营销策划从业者必须具备的一项能力，只有拥有创意，营销策划从业者才能突破思维定式，才能创新。营销点子的产生、选择到构思，以及策划方案的表现、描述等都离不开创意，没有创意，营销策划就没有亮点，也就不能吸引消费者，从而无法获得更大的竞争优势。

6. 执行能力

营销策划从业者不仅需要具备洞察能力和创意能力等思维能力，还要有很好的执行能力。如果空有想法和创意，不善于行动，那么再好的想法也是空谈。营销策划从业者在开展营销策划相关工作时，应将自己的构思、创意融入策划，如应用到市场调研、信息搜集与反馈、广告制作与检测、媒介组合、营销组合及推广等过程中，以引领并支持策划方案的设计与实施，提高营销策划的成功率。

7. 表达能力

营销策划的内容需要通过文字和语言进行传达，使其被他人了解并接受，因此，营销策划从业者要具备良好的文字和语言表达能力。

◉ **文字表达能力**。营销策划从业者的文字表达能力主要体现在对营销策划书的写作、营销推广文案的写作上。营销策划书向上传达给决策者，向下传达给执行者，其文字表达应尽量简明扼要，应做到逻辑清晰、专业严谨，且具有说服力。营销推广文案主要面对消费者，其文字表达应根据推广的目标消费群体与渠道的特征来进行选择。例如，通过微博、微信等新媒体营销推广，则文字表达应年轻化、网络化、有个性；通过电视投放广告进行营销推广，则文字表达应通俗易懂、简洁直观。

◉ **语言表达能力**。除了文字外，语言沟通也是营销策划从业者工作中常见的表达方式，不管是对内与企业员工商量策划事宜，还是对外传达合作意向，语言都应较为简单、直接。营销策划从业者在语言表达方面应逻辑清晰、口齿伶俐，能表达清楚自己的观点和意见。

📝 课堂练习

下面为企业 A 和企业 B 对营销策划岗位的招聘要求。

企业 A

1. 岗位职责

（1）负责市场动态、竞争品牌动向、产品与市场信息的搜集，以及信息平台的规划。

（2）参与并制定企业的年度、季度、月度市场推广方案并进行督导、执行。

（3）独立完成广告策划方案、品牌推广方案、促销活动方案的设计与撰写。

（4）协调企业内部的运作实施，并完成品牌、产品推广的效果评估，提出改进方案。

2. 任职资格

（1）市场营销或相关专业，本科以上学历。

（2）具有该行业的从业背景，有营销策划工作经验。

（3）具有优秀的文案功底，较强的创造性思维能力、创意概念及良好的沟通能力。

（4）了解市场动态，能根据市场变化适时策划并制定促销方案。

（5）有一定的组织实施经验，能监督、指导、落实促销活动的执行。

（6）有综合运用包括广告策划、软文宣传、公关活动等在内的各种营销方式进行市场宣传、品牌推广的能力。

（7）熟练操作办公软件。

企业 B

1. 岗位职责

（1）根据市场研究和公司战略规划，制定公司的经营战略，建立完整的经营业务及管理体系。

（2）制订企业的销售计划和销售计划实施措施，合理制定各营销活动的预算。

（3）执行与监控主题活动推广方案。

（4）执行与督导企业内外部的活动宣传。

（5）分析与汇总营销活动的相关数据。

2. 任职资格

（1）市场营销或策划专业，大专以上学历。

（2）有一年以上相关工作经验。

（3）熟练使用办公软件及制图软件，可独立策划及制作营销方案。

（4）有良好的沟通能力、抗压能力，积极、上进。

阅读企业 A 和企业 B 的招聘要求，完成以下练习。

（1）总结营销策划岗位应具备的素质和能力。

（2）如果让你应聘这两家企业的营销策划岗位，你能胜任吗？

（3）如果能胜任，请举例说明理由。如果不能胜任，你认为应该如何提升自己。

1.5　案例分析——微信红包引领营销新潮流

微信红包是腾讯旗下产品微信于 2014 年 1 月 27 日推出的一款应用，它的主要功能是发红包、查收发红包记录和提现。

微信红包是在微信产品开发部门的一次头脑风暴中产生的，它结合了我国传统发红包的习俗与新媒体技术。微信红包在设计时遵循了简单的原则，其界面操作简洁明了，发送者只要在红包界面选择发送红包的数量、金额，填写祝福的话语，然后通过"微信支付"进行支付就可以将红包发送给好友，好友打开红包即可获得收益。若要提现红包收益，用户只需将银行卡与微信绑定即可提现。为了增加红包的趣味性，微信红包还有两种不同的形式，即普通等额红包和拼手气群红包，不同的红包满足了用户不同的需求，使微信红包自上线后就迅速引爆了社交网络，吸引了大量用户。据相关数据统计，2014 年 1 月 30 日至 31 日（除夕），仅是收到红包的用户就超过了 500 万人。这不仅扩大了"微信支付"的影响，也促进了一些商业嗅觉灵敏的移动业务与"微信支付"的合作。

2015 年，微信红包对其功能进行了改进，使用户可以直接在对话界面发送红包，此外还将原本只有绑定银行卡才能显示红包金额的功能做了改进，使微信红包操作更加便捷，提高了其受欢迎程度。2015 年春晚，微信红包与央视合作的"摇一摇抢红包"活动进一步扩大了微信红包的影响力。该活动是微信与春晚合作的一个大型抢红包活动，活动红包由企业赞助商提供，用户在春晚期间通过微信的"摇一摇"入口即可参与活动。并且，从 2015 年 2 月 18 日早上 9 点开始，微信就通过央视新闻频道特别节目《一年又一年》给用户发放了部分金额随机的红包，并展示了微信红包的祝福语和互动页面，为晚上的"摇一摇抢红包"做好了铺垫。微信官方公布的数据显示，2015年2月18日微信红包收发总量达10.1亿次；2015年2月18日20：00—19日00：48，春晚微信摇一摇互动总量达110亿次。

这一举措正式将微信红包从个人社交场景转向了企业营销场景，并让微信借助春晚广泛地渗透我国市场，并推动了"微信支付"向三四线市场渗透的进程。此外，红包由广告主买单的形式，不仅能让广告主的信息在电视上呈现，还能让其伴随着人们抢红包和分享红包的过程继续向下传播，层层递进，改变了传统的单向、单层的传播思维，顺着微信群的"强关系"，带来多层的裂变式传播。

此次"摇一摇抢红包"也是一场营销策划资源整合的"大战"，在这场"大战"中微信拔得头筹。它不仅利用庞大的"粉丝群"来实现口口相传，更借助春晚的热度进行迅速传播，创造出多方共赢的盛况，使微信红包迅速获得了广大用户的青睐，成了社交圈的象征。"微信支付"的付款方式也成了用户购物付款的主流方式之一。

请你根据以上材料，查阅微信红包的相关资料，回答以下问题。

（1）微信红包获得用户喜爱的原因是什么？

（2）微信红包的营销是如何体现创意的？

（3）微信红包的营销对你有什么启发？

★ 课后思考

（1）简述什么是营销策划？

（2）营销策划的要素有哪些？

（3）营销策划有哪些类型？

（4）营销策划的程序是怎样的？

（5）创意对营销策划的影响表现在哪些方面？

（6）在日常生活和工作中，你会通过哪些方式来提升自己的创意能力？

（7）简述你对营销策划岗位的了解。

第 2 章

营销战略策划

学习目标

/ 了解营销战略。
/ 掌握营销战略方向的策划。
/ 熟悉目标市场战略的策划。
/ 掌握竞争战略的策划。

引导案例

飞雕电器集团有限公司（以下简称"飞雕"）成立于 1987 年，是国内率先进行开关插座生产和销售的企业之一，但由于其自身业务重心的转移与国际品牌的竞争，飞雕的开关产品的年销售额停滞不前。飞雕要想打破这一局面，就必须进行营销战略的重新策划。

1. 市场定位

通过对市场环境与内部环境的分析与调研，飞雕发现其主营业务除了受到市场竞争的影响外，还受到消费者需求变化的影响。消费者购买电器产品时越来越注重品质，因而国际品牌成了他们的首要选择，在这样的环境下，飞雕还能保持年销售额不下降已是不易。为此，将目标定位到高端市场，将营销中心放在品牌和渠道上，是飞雕当前的首要举措。

2. 市场延伸

飞雕的开关产品已经建立起了品牌和渠道，利用品牌的影响，飞雕可以向其他产品或市场领域延伸。消费者购买开关等产品主要是通过五金店铺，而五金店铺有很多是个体户经营的，其销售的产品质量参差不齐。为此，飞雕将自己的品牌延伸到这些同类产品，如空气开关、电缆、水管、软管、绝缘布、生料带、锁具、电工工具、五金水暖配件等，并以五金店铺为终端向市场延伸。据市场统计，全国的五金店铺至少有上百万家，飞雕只要进入 30% 的市场，就有机会大大提高其销售额。

这是因为，虽然飞雕不是生产这些产品的专业品牌，但生产这些产品的品牌目前与飞雕还有较大的差距，飞雕二十几年的品牌累积，已让消费者产生了一定的信任，所以，当飞雕进入这些产品市场时，能够迅速抢占一定的市场份额。事实上，在飞雕与某电缆厂合资生产电缆产品后，飞雕的销售额确实有明显提高。

3. 产品与品牌延伸

飞雕采用原始设备制造商（Original Equipment Manufacturer，OEM）的方式，以关键核心技术来设计和开发产品，为消费者提供更丰富的产品选择，同时严格控制这些产品的销售渠道，将竞争优势牢牢掌握在自己手中。

此外，飞雕也着手打造一站式的设计、采购、安装和服务平台，为消费者解决重复设计、多次采购、反复安装、多方服务等问题，从而在用户中形成"建筑水电系统一站式解决方案提供商"的品牌印象，进一步提升品牌的影响力。

由此可以看出，对企业市场、产品、形象等进行营销策划是非常重要的，它们都是企业营销战略的组成部分。本章将全面介绍企业营销战略策划的相关知识，为企业开展营销战略策划指明方向，奠定基础。

本章要点

营销战略	企业使命	企业目标
市场细分	市场选择	市场定位
成本领先战略	差异化战略	集中化战略

2.1　了解营销战略

营销战略是关乎企业生存与发展的重大战略，也是组成企业总体发展战略的一个重要部分。它影响着企业的发展方向、业务结构和资源匹配等，是企业开展营销策划时的首要考虑因素。下面将对营销战略的相关知识进行介绍，包括营销战略的含义、营销战略的特征和营销战略的层次结构。

2.1.1　营销战略的含义

营销是指企业发现或发掘目标消费者需求，让消费者了解企业的产品进而购买该产品的过程。战略即谋略，在营销策划中它既可以是一种思想、一种思维方法，也可以是一种分析工具或一种长远和整体的计划、规划。从企业营销策划的角度来说，战略是企业基于对自身未来预期和主观愿望，而有意识、有目的制订的计划，也是对企业长远发展目标的确定，以及对实现该目标应如何采取策略的计划。

营销战略是指企业为实现其整体经营战略目标，根据对企业外部环境与内部条件的充分预测和把握，对企业做的全局性和长期性的市场营销计划。它涉及的内容主要有目标市场的确定、营销策略的组合，以及对应的措施等。

2.1.2　营销战略的特征

营销战略可以指导企业开展营销活动、有机整合企业的资源，并与目标进行匹配。了解营销战略的特征，可以帮助企业更好地进行营销战略策划的规划，从而实现企业的战略目标，使企业获得更大的竞争优势。通过对大量企业的营销战略进行总结分析，可以归纳出成功的营销战略所具备的特征，主要表现为以下 6 个方面。

◎　**全局性**。营销战略是统领企业整体战略的总体行动方案，追求对企业经营过程的全方位管理。

◎　**长远性**。营销战略是站在企业长远发展的角度来考虑企业总体发展问题的，它关注的是企业的未来，谋求的是企业的长远利益，因而表现出明显的长远性特征。

◎　**指导性**。营销战略对企业的战略目标和发展方向做了原则性和总体性的规定，能够指导企业如何围绕该目标和方向展开行动。

◎　**可操作性**。营销战略必须建立在现有的主观因素和客观条件上，保证其具有可操作性，且在短时间内不会轻易改变。

◎　**创新性**。营销战略是企业总体发展战略的一环，需要具备创意。从创新性的角度来看待和发现问题，可以为企业的发展谋求更多的空间，获得更大的利益。

◎　**适应性**。营销战略应该具有一定的灵活性和可变动的空间，能够灵活进行营销资源的分配，且能够根据外部环境的变化做出相应的调整。

提示

营销战略还具有竞争性和风险性，它既能够为企业的市场竞争带来更大的竞争优势，又会使企业在市场竞争中面临更大的战略风险。

2.1.3 营销战略的层次结构

营销战略是企业总体发展战略的一部分，其全局性和指导性对企业的总体发展战略具有关键支撑作用。从企业的角度来看，营销战略一般有 3 个层次，即企业总体发展战略、经营单位战略和职能战略，其关系如图 2-1 所示。

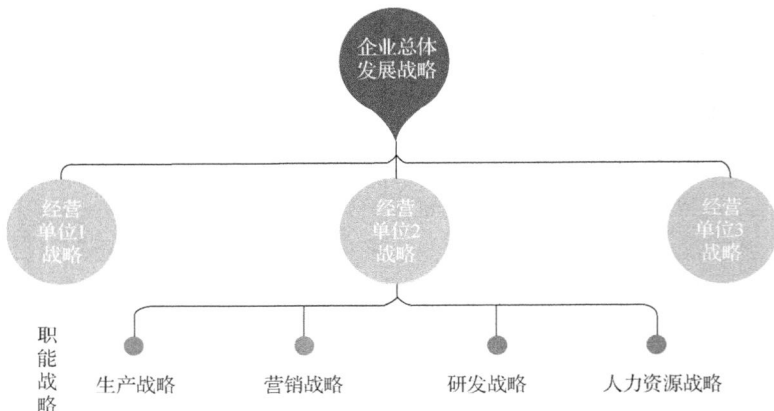

图 2-1　企业战略的层次与关系

1. 企业总体发展战略

企业总体发展战略简称总体战略，是企业为实现各种特定目标以求自身发展而设计的总体行动纲领或方案。它是企业管理控制、指导企业行为的行动纲领，其内容主要涉及企业最高层次的战略任务、目标、发展领域、资源配置、组织模式、发展规模、投资决策等。企业总体发展战略的侧重点是对企业使命、企业所经营领域、企业所服务的消费者、企业的发展方向以及战略目标等的确定。

2. 经营单位战略

经营单位战略是指大型企业或集团公司的二级经营单位的经营战略，即子公司、分公司或事业经营层次的战略，是经营单位在总公司或集团公司的总体发展战略的指导下，对所选择的某一经营事业的发展做出的长远性的、全局性的经营管理计划。

经营单位战略是企业总体发展战略的子战略，它是为企业的各种战略业务单元发展而设计的行动纲领或竞争方案，是为企业的总体目标而服务的。它侧重的是在特定市场、行业或产品的战略策划。

3. 职能战略

职能战略是为贯彻、实施和支持企业总体发展战略与经营单位战略而存在的特定战略。它侧重于企业内部特定职能部门战略，如研发战略、生产战略、营销战略、采购战略、物流战略、财务战略、人力资源战略等，能够让企业各职能部门的人员明确自己的工作任务、责任和要求，最大化整合企业资源，保证企业目标的有效实现。

📑 提示

　　企业总体发展战略可以确定相应的职能战略，每一个经营单位也可确定各自的职能战略，企业应根据自身的实际情况来确定职能战略。

从以上内容可看出，营销战略属于企业战略层次中的职能战略。职能战略在企业营销战略中的作用主要表现在两个方面：一是职能战略能对企业的资源和能力进行开发和调整，从而为企业的总体发展战略和经营单位战略提供实施的基础；二是职能战略在其特有的职能领域中有着独特的资源或核心能力，能为企业的各项战略的实施提供条件。

2.2　营销战略方向定位

营销战略方向定位是企业总体发展战略的具体实施，它主要围绕企业使命、企业目标的定位展开。

2.2.1　企业使命定位

企业使命是企业生存发展的首要条件，是企业制定所有战略前需要考虑的问题。企业使命是指企业在社会经济发展中所担当的角色和责任，它必须明确以下问题。

- 企业存在的目的是什么？
- 企业目前的业务是什么？将来的业务是什么？
- 企业能给顾客提供什么样的价值？
- 企业的经营政策和价值观是什么？

企业使命是企业营销发展的根本，主要涉及企业生存目的、企业经营哲学、企业公众形象等内容。了解企业使命的含义并熟悉其所涉及内容的定位，对企业营销战略方向的定位有着重要的指导意义。下面先对企业使命相关内容的定位进行介绍，再对明确使命后如何进行传播进行讲解，以更好地落实企业使命定位的内容和实施方向。

提示

　　需要明确的是，企业使命不是对企业经营活动的过程和结果的具体表述，而是指引企业经营发展的原则、方向和哲学。企业使命也是企业形象策划的首要任务，将在本书第 4 章的"4.2.1 企业理念识别系统的核心"一节中详细讲解，这里不过多介绍。

1. 企业生存目的的定位

企业存在的根本目的是赚取利润，但如果仅仅追求利润，没有对价值的贡献，那么企业可能不会长久生存下去。就像计算机只有在硬件和软件的配合下才能顺畅地运行一样，企业的生存发展也需要"硬件"和"软件"的配合，其中，利润是企业生存发展的"硬件"，价值贡献是企业生存发展的"软件"。此外，企业还应根据不断变化的社会经济环境，充分考虑如何满足消费者的需求，或为社会的发展解决某种问题等。

如百雀羚对其生存目的的定位如下。

安全护肤是东方护肤的根本之道。
百雀羚一直秉持这一信念，
多年潜心钻研安全无刺激的草本护肤方法，

> 从《本草纲目》和《神农本草经》等医家圣典中，
> 探寻现代草本护肤应用之法。

2. 企业经营哲学的定位

企业经营是指企业在物质生产和产品交换的经济活动中，在市场调查与预测的基础上，确定产品发展方向，对企业的发展进行科学的规划和决策，从而达到预定经营目标的过程。经营哲学是对企业经营活动本质的高度认知和概况，它是企业经营的前提，是对企业的价值观、行为准则及信仰等的管理哲学。企业应该树立正确的、统一的经营哲学，以指导企业的工作，增强企业员工的凝聚力和向心力。

企业的经营哲学定位应该首先明确企业的核心价值内涵，然后以企业的战略需求为导向，以企业的竞争力提升为目标，在支撑企业战略目标的实施过程中加以总结、提炼和归纳。不同企业的经营哲学受文化、管理理念等的影响而有明显的不同，以下为部分企业的经营哲学示例。

> 国际商用机器公司（IBM）的经营哲学：彻底服务精神。
> 英特尔的经营哲学：多提问题，深入分析，不断发现问题的本质，并及时做出决策。
> 惠普的经营哲学：你就是公司。
> 三星的经营哲学：人才第一。

3. 企业公众形象的定位

企业公众形象即社会公众对企业的整体印象和评价，它反映了企业对环境影响及社会责任的认识。企业公众形象既可以根据表现形式分为内在形象、外在形象，又可以根据表现形态分为实态形象和虚态形象。

（1）从表现形式上划分

◉ **企业内在形象**。企业内在形象主要指企业目标、企业哲学、企业精神、企业风气等不能直接被公众看见的核心内容。

◉ **企业外在形象**。企业外在形象主要指企业标志、商标、广告、产品包装和外观、活动场景等能被公众看见的外在表现内容。

（2）从表现形态上划分

◉ **实态形象**。实态形象也称客观形象，主要指企业实际的观念、行为和物质形态，如企业的生产经营规模、产品和服务质量、市场占有率等。

◉ **虚态形象**。虚态形象主要指消费者、供应商、合作伙伴、内部员工等企业关系者对企业的整体印象。

企业公众形象定位是指企业基于对环境的调研与分析、企业与竞争者实力的分析，选择经营目标及领域、经营理念，为自己设计一个理想的、独具个性的形象的过程。公众形象是一个企业区别于其他企业的重要标志，在进行定位时应考虑以下因素。

◉ **个性**。企业公众形象应具有个性，即企业在品质和价值等方面保持独特性。

◉ **便于传达**。企业公众形象应能较为便捷、准确地传递给公众。

◉ **公众认识**。企业公众形象应便于公众识别，能让公众快速地形成印象。

提示

　　企业形象策划是营销策划的重点内容，也是营销战略策划的一大分支，本书第 4 章将详细讲解如何进行企业形象的策划，这里只做简单介绍。

4. 企业使命的传播

　　确定了企业使命的相关内容后，还需要对企业使命进行传播。企业使命可以通过企业内部和外部进行传播。内部传播主要是将企业使命编订成说明手册，发放给企业员工，并通过培训等手段加强员工对企业使命的记忆。外部传播主要是通过广告、媒体宣传以及官方网站展示等途径，向公众展示企业使命，图 2-2 所示即为 OPPO 手机的官网对其企业使命的描述。

图 2-2　OPPO 手机的官网对其企业使命的描述

课堂案例——格力的企业理念

　　珠海格力电器股份有限公司（简称"格力"）成立于 1991 年，最初的主要业务是组装生产家用空调。格力凭借着对技术的不懈追求，现已发展成为多元化、科技型的全球工业集团，产业覆盖家用消费品和工业装备等领域，产品远销 160 多个国家和地区。格力在经营理念、服务理念、企业使命、企业愿景、核心价值观等方面体现了自己的特色，如图 2-3 所示。

图 2-3　格力的企业理念

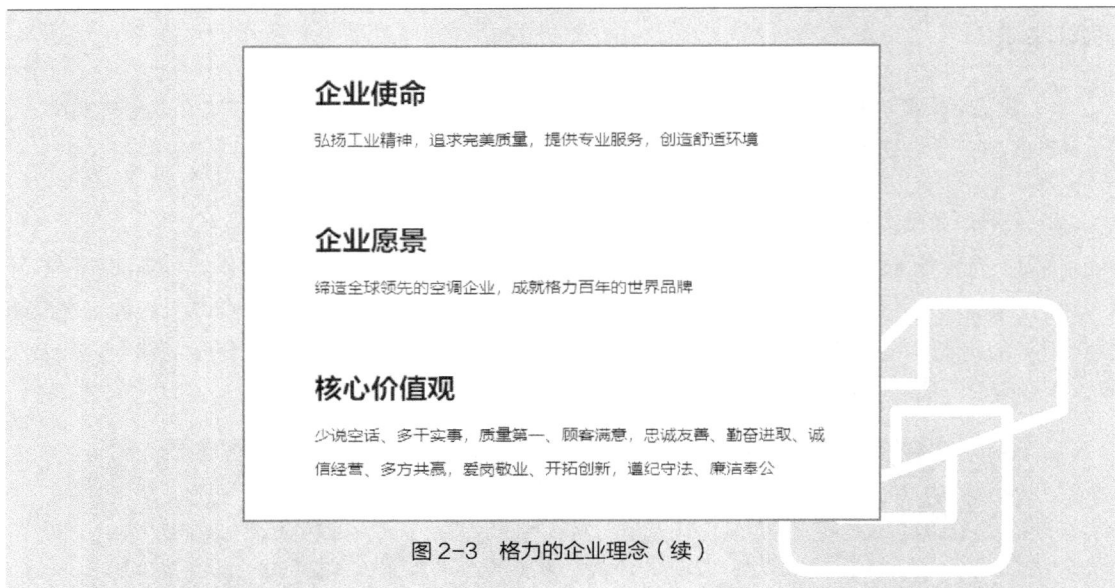

图 2-3 格力的企业理念（续）

2.2.2 企业目标定位

企业目标是企业各项活动所要达到的总体效果，它是对企业战略行动结果的期望，明确了企业希望通过努力能够达到的经营成果。企业目标的定位对明确营销战略方向有重要的指导意义，下面对企业目标定位的相关知识进行介绍。

1. 企业目标的特点

企业目标是对企业使命的反映，也是企业营销战略策划的依据，它具有以下特点。

◉ **可度量性**。与营销战略策划目标一样，企业目标也应尽量量化，如在国内装修材料市场中占有 20% 的市场份额等。

◉ **可操作性**。企业目标应考虑实际情况，综合市场环境、自身情况、竞争者情况等，制定既具有挑战性又能被企业员工接受并能够实现的目标。

◉ **时限性**。企业目标必须限制在一定的时间范围内，保证其有效性与连续性。一般来说，长期目标在 5 年或 5 年以上，中期目标在 1 ～ 5 年（不包括 5 年），短期目标在几周至几月，或 1 年内。

2. 企业目标的构成

从企业发展的角度来看，企业目标主要由市场目标、创新目标、盈利目标和社会目标构成，每个目标又由不同的细分目标组成。

（1）市场目标

市场目标是指企业希望达到的市场占有率或在竞争中达到的地位，主要包括产品目标、渠道目标和沟通目标。

◉ **产品目标**。产品目标主要是指产品的实现价值，一般包括产品研发目标、核心产品毛利、核心产品销售额、核心产品市场占有率及增长率等。

◉ **渠道目标**。渠道目标主要是指企业为了顺利实施总体战略和销售战略，对一定时间内渠道管理活动所达成的效果的要求。渠道目标又细分为横向渠道目标和纵向渠道目标。横向渠道目标针对的是同一渠道成员的数量和质量；纵向目标针对的是渠道层次。

◎ **沟通目标**。沟通目标主要针对广告、宣传推广等活动的预算和预算效果。

（2）创新目标

创新目标主要包括技术创新目标、制度创新目标和管理创新目标。

◎ **技术创新目标**。技术创新目标主要针对生产工艺创新、生产制造模式创新、产业组织模式创新等。

◎ **制度创新目标**。制度创新目标是针对企业资源配置方式的改变与创新，从而使企业适应不断变化的环境和市场。

◎ **管理创新目标**。管理创新目标主要针对企业的经营思路、组织结构、管理风格和手段、管理模式等。

（3）盈利目标

盈利目标是指企业在一定时间内争取达到的利润目标，它是反映企业一定时间内的财务状况、经营状况和经济效益的预期经营目标。常用产品销售量、销售额、固定成本、变动成本与利润之间的变动规律来衡量。

（4）社会目标

社会目标主要包括公关关系目标、社会资源目标和政府关系目标。

◎ **公关关系目标**。公关关系目标主要是指企业在公众心中的印象，常用公众满意度与社会知名度等进行衡量。

◎ **社会资源目标**。社会资源目标主要表现为企业的社会贡献程度，常用环境保护、参与社会活动、支持社会福利事业、开展地区活动等所扮演的角色和发挥的作用进行衡量。

◎ **政府关系目标**。政府关系目标主要是指企业取得政府的信任、支持和合作，从而为企业建立良好的外部政治环境，促进企业的生存和发展。

2.3 目标市场战略策划

目标市场是企业拟进入的细分市场，或打算满足的、具有某一需求的消费群体。目标市场战略就是企业通过营销策划开拓市场，通过产品和营销方案吸引尽可能多的消费者的战略。目标市场战略策划主要包括市场细分策划、目标市场选择策划和市场定位策划，下面分别进行介绍。

2.3.1 市场细分策划

经济的发展与生活水平的提高，使消费者的需求越来越多样化和个性化，企业只有对市场细分，才能更准确地找到目标消费群体，为他们提供服务。

市场细分是指从消费者的不同购买欲望和需求的差异性出发，按一定标准将一个整体市场划分为若干个子市场，从而确定企业目标市场的活动过程。其中的任何一个子市场都是一个具有相似购买欲望和需求的群体。市场细分策划就是对如何进行市场细分的整体规划，下面对市场细分策划的相关知识进行介绍，包括市场细分策划的基础、市场细分策划的依据和市场细分策划的步骤。

1. 市场细分策划的基础

市场细分策划需要建立在对消费者需求的差异性和相似性的分析上，下面分别进行介绍。

（1）消费者需求的差异性

每一个消费者都是一个独立的个体，他们的年龄、性别、工作、家庭环境等基础信息，以及各自心理素质及消费动机的不同，造成了消费者需求的不同，如对产品的质量、价格、款式等的不同需求。例如，同样是服装产品，有的消费者追求新颖的款式和潮流的风格，有的消费者讲究精良的质地和高档的做工，还有的消费者则看重穿着舒适的体验。

（2）消费者需求的相似性

虽然每个消费者的需求都有独特的地方，但人的群居性又使有相同社会背景、文化氛围、经济水平、生活习俗的消费者形成了在某一需求、行为或习惯等方面的相似性，因而也可以将这些具有相似消费需求的消费者统一归类为同一消费群体。这也是市场细分的基本依据，只有充分挖掘消费者的相似性，才能为这一消费群体提供满足他们需求的产品或服务。

2. 市场细分策划的依据

消费者需求的差异性是市场细分的基础，因而造成消费者需求差异的各种因素也就成了市场细分策划的依据。这些因素主要包括4个方面，分别是人口因素、地理因素、心理因素和行为因素。

（1）人口因素

人口因素是影响消费者需求的主要因素，也是市场细分时用于区分消费群体的重要因素。人口因素主要体现在年龄、性别、收入、职业、受教育程度等方面。

年龄。不同年龄阶段的消费者的生理、性格、爱好不同，导致他们对产品或服务的需求有较大的差别，因此，按照不同的年龄阶段进行市场细分，可以满足各年龄层次的消费者的特定需要，如儿童市场、青少年市场、中年市场和老年市场。一般来说，儿童市场对玩具、食品、童装和儿童读物需求较大；青少年市场对学习资料、体育和文娱用品的需求较大；中、老年市场则对营养品与医疗保健用品需求较大。

性别。男性与女性在产品需求与偏好上有很大不同，如服装、化妆品等类别的产品通常是女性消费者占主导地位；汽车、数码产品等则男性消费者占比较大。随着社会发展与女性社会经济地位的提高，女性在消费者市场中的作用越来越重要，她们不仅会购买自己需要的产品，作为家庭成员中的一员，如妻子、母亲或女儿，还会购买男性用品、儿童用品和老年用品。

收入。收入水平的高低在很大程度上会决定消费者所购买产品的价格和品质。一般来说，低收入消费者比较关心产品的价格，而高收入消费者则更看重产品的品质以及购买的方便性。在进行市场细分时，企业一定要先明确目标消费者的层次，对不同需求层次的消费者采取不同的策略。企业可以把市场细分为高收入者市场、中等收入者市场及低收入者市场。

职业。不同职业的消费者对产品有不同的需求。例如，教师、白领、工人、农民和记者等不同职业，对产品的需求有明显的差异。

受教育程度。消费者受教育程度会引起生活方式、兴趣爱好、文化素养、价值观念等方面的差异，这些会对他们的购买种类、购买行为和购买习惯产生影响。

（2）地理因素

不同地理区域之间的经济、文化等存在差异，消费者对同一类产品也有着不同的需求与偏好。因此通过消费者所在的地理位置、自然环境来进行市场细分也是十分必要的。例如，根据国家、地区、城市、地形、气候或人口密度等方面的差异进行细分。

　　像北京、上海等流动人口很大的城市，本身就能构成一个很大的市场，这个市场中可能存在很多不同于其他常住人口市场的需求，它不一定能真实地反映消费者的需求共性与差异，因此不能简单地以某一地理特征来进行市场区分，还需结合其他需求特点综合考虑。

　　（3）心理因素

　　消费者在年龄和地理因素相同的条件下，也会因为心理因素的不同而产生不同的消费需求。心理因素主要受社会地位、生活方式、个性特点等的影响。一般来讲，处于同一社会地位的消费者具有类似的价值观、兴趣爱好和行为方式。而生活习惯和个性则因人而异：在生活习惯方面，有的人追求简朴安静，有的人追求刺激冒险，有的人追求时尚潮流；在个性方面，有的人自信阳光，有的人奋发向上，有的人顺从保守。根据不同的因素进行市场细分，可以为产品更好地赋予个性，使产品更好地与相应的消费者适应。

　　（4）行为因素

　　消费者的行为变化可以更直接地反映其对产品的需求差异，因此行为细分是市场细分较为常用的方式。影响消费者行为变化的因素主要有购买时机、追求利益、使用者状况、使用数量、品牌忠诚度、产品的了解程度和态度等。

　　◎ **购买时机**。根据消费者提出需要、购买和使用产品的不同时机，可以将其划分为不同的目标群体。例如，电扇、空调和取暖器等时令产品，节日礼品或婚嫁产品等都与消费者购买的时机有一定的关系。

　　◎ **追求利益**。根据消费者购买产品是为了解决什么问题或满足某种需要来进行划分。但这种追求的侧重点有时不太一样，如购买手表的消费者有的追求经济实惠、价格低廉，有的追求耐用可靠、维修方便，有的追求时尚个性，有的追求品质、突出社会地位。

　　◎ **使用者状况**。根据消费者对产品的使用程度进行划分，可分为经常消费者、首次消费者、潜在消费者和非消费者。一般来说，企业应在维护现有顾客的前提下，将潜在消费者转化为实际消费者，并设法吸引使用竞争产品的消费者转而使用本企业的产品。

　　◎ **使用数量**。根据消费者使用某一产品的数量多少进行划分，可以分为大量使用者、中度使用者和轻度使用者。通常，大量使用者的人数并不多，但其消费比重较大，企业需要对各阶段的消费者数量进行分析，综合比较其消费比重，再对产品的定价和宣传方式等进行策略定制。

　　◎ **品牌忠诚度**。通过分析消费者对品牌的忠诚情况，即品牌忠诚者（长时期内专注于某一品牌或少数几个品牌）与品牌转化者（经常从一个品牌变换到另一个品牌）的各种行为与心理特征，可以帮助企业了解消费者忠诚于本产品，或忠诚于竞争者产品的原因，从而更好地进行市场细分。

　　◎ **产品的了解程度**。不同消费者对产品的了解程度往往不同，有的消费者可能需要某一产品但并不知道该产品的品牌；有的消费者虽然知道某品牌的产品，却对产品的价值、功能等还存在疑虑。针对处于不同了解程度的消费群体，可以采取不同的市场细分营销策略。

　　◎ **态度**。不同消费者对同一产品的态度可能有很大差异，如支持、否定或无所谓等。针对持不同态度的消费群体，在广告、促销等方面应有所不同。

3. 市场细分策划的步骤

目前较为客观和清晰的市场细分策划步骤是由知名学者伊·杰·麦卡锡提出的，他将市场细分策划的步骤分为以下 7 步。

（1）明确企业的经营方向和经营目标。企业的经营方向和经营目标一般由企业管理者决定，在进行市场细分策划前，管理者需要明确其内容，为营销策划指明方向。

（2）根据消费者需求状况，确定市场细分的细分变量。市场细分必须基于对消费者的充分了解，并对可能引起消费者需求发生变化的因素进行分析，筛选出市场细分的变量。

（3）根据细分变量进行初步细分。在市场细分变量的基础上，结合消费者需求的具体内容，对消费群体的类型进行初步细分。

（4）进行筛选。筛选出的消费群体在某些方面还存在差异，因此要抓住重点，求同存异，去掉不必要的因素，以尽量保证细分群体的共性。

（5）对市场细分初步命名。对筛选出的细分群体进行命名，其名称应尽量简单、直观。

（6）进行检查分析。进一步对细分群体进行检查分析，以确定其科学性、合理性。若发现问题，应及时解决，如对相同的要素进行合并或对差异性较大的要素做进一步拆分等。

（7）选定目标市场。确认细分市场后，企业应充分考虑其经济效益与发展前景，做好目标市场的确定。

2.3.2 目标市场选择策划

目标市场的选择是指企业在市场细分的基础上，通过对细分市场的全面比较、慎重考虑，选择某一部分市场作为最终的营销场所的过程。目标市场的选择是企业最终决定要进入的最佳细分市场的选择，营销策划人员应了解目标市场应具备的条件、原则和模式，并掌握其选择的策略。

1. 目标市场应具备的条件

目标市场应具备以下条件。

（1）有规模和成长潜力

对于企业来说，目标市场应该与企业的实力相符，且具备一定的规模和成长潜力。如果目标市场较小，则不利于企业生产潜力的发挥；如果目标市场较大，则不利于企业的资源调配，影响企业对市场的控制和占领。

（2）市场结构有吸引力

目标市场是为企业盈利服务的，因此从长远盈利来看，目标市场还必须具有吸引力，以吸引越来越多的消费者为企业贡献价值。目标市场的吸引力主要受同行业的竞争者、潜在的竞争者、替代产品、购买者议价能力和供应商议价能力等的影响。

同行业的竞争者。如果目标市场中存在实力很强的同行业竞争者，就会影响企业在目标市场中对消费者的吸引力。

潜在的竞争者。如果目标市场中存在具有潜力的竞争者，竞争者成长起来就会瓜分目标市场的市场份额，降低企业目标市场的吸引力。

替代产品。目标市场中如果存在很多的替代产品，就会导致同类产品的激烈竞争，造成企业市场份额缩小、利润降低等，这自然会影响目标市场的吸引力。

购买者议价能力。如果目标市场中的购买者具有很强的议价能力，那么就会增加购买者对质优价廉的产品或服务的需求，这无疑会对目标市场的吸引力造成影响，甚至加剧供应商之间的竞争。

　　◈　**供应商议价能力**。如果目标市场中的供应商具备掌控产品价格、服务质量、产品数量等的能力，就会影响企业在目标市场中的发展潜力，这也是影响目标市场吸引力的因素之一。

　　（3）符合企业的营销战略目标和资源条件

　　目标市场不仅需要具有一定的规模、潜力和吸引力，还要符合企业的营销战略目标和资源条件。如果目标市场与企业的营销目标并不匹配或企业的资源无法支撑目标市场的运转，即使目标市场有着较大的规模和较快的增长速度，该目标市场对企业来说也是不合适的。

　　2. 目标市场选择的原则

　　选择目标市场应遵循以下 5 个基本原则。

　　（1）目标市场必须足够大，能够保证企业可以获得的经济效益。

　　（2）目标市场的竞争者不足以对企业造成威胁。

　　（3）目标市场中有一定数量的潜在需求。

　　（4）目标市场的目标消费者能对本品牌提供的产品做出积极反应。

　　（5）目标市场中的消费者有足够的购买力，能够对企业盈利提供支撑。

　　3. 目标市场选择的模式

　　目标市场选择的模式主要有 5 种，分别是单一市场集中化、产品专业化、市场专门化、选择专门化和完全市场化，下面分别进行介绍。

　　（1）单一市场集中化

　　单一市场集中化是指企业选择一个细分市场，生产某一种产品，为该目标市场中的消费者提供更好的服务，如图 2-4 所示，如美妆企业生产男性护肤品，以满足具有美妆需求的男性消费者。该模式适合有资金限制或竞争者过于强大的企业。

　　（2）产品专业化

　　产品专业化是指企业选择几个细分市场，生产某一种产品，将该产品提供给不同细分市场的消费群体，如图 2-5 所示。例如，家电企业可以针对不同的消费群体，提供免污式洗衣机、人体健康洗衣机、复式洗衣机等不同的洗衣机产品。

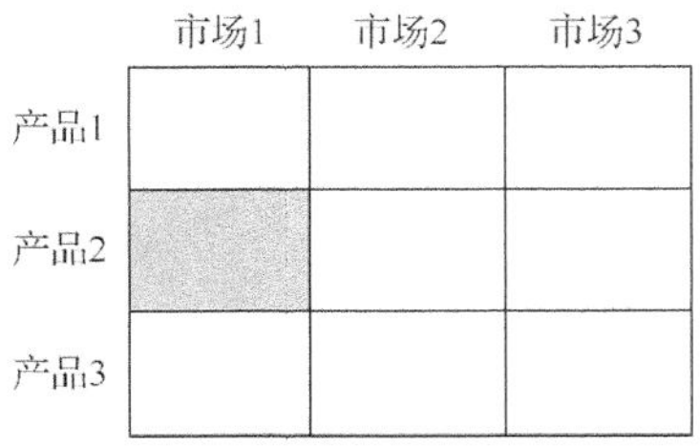

图 2-4　单一市场集中化 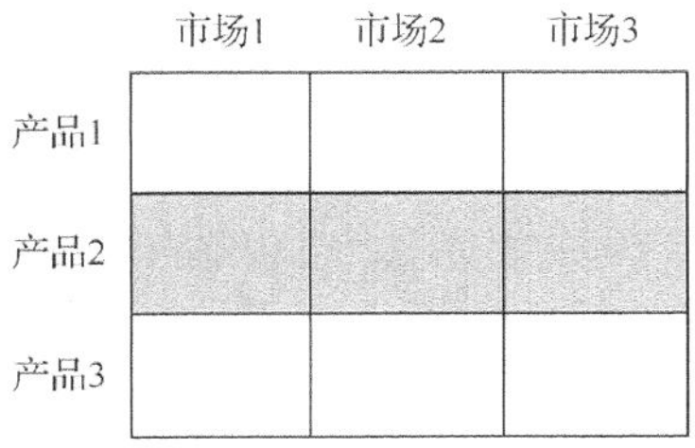　　　　　　　　图 2-5　产品专业化

　　（3）市场专门化

　　市场专门化是指企业针对某一细分市场，专门为消费者生产各种产品，提供满足他们需要的服务，如图 2-6 所示。例如，数码产品企业针对摄像师、摄影师等消费群体，生产摄像头、摄像机、数码相机等产品。

　　（4）选择专门化

　　选择专门化是指企业选择若干细分市场，生产多种产品，满足不同消费群体的需要，如图 2-7

所示。例如，有的企业不仅生产冰箱、洗衣机、空调、热水器、吸油烟机、燃气灶，还生产计算机、手机、彩电等产品。

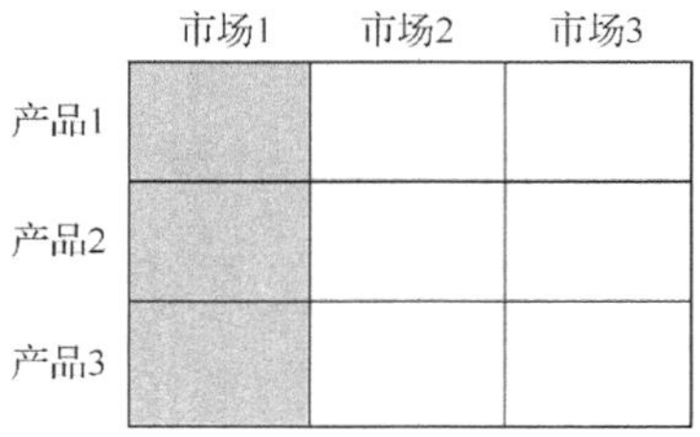

图 2-6　市场专门化

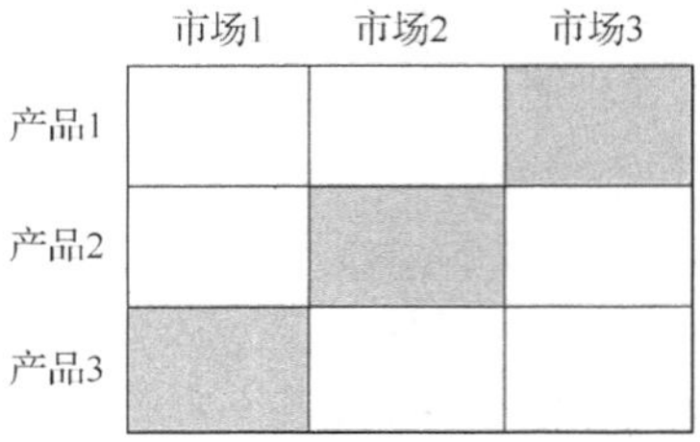

图 2-7　选择专门化

（5）完全市场化

完全市场化是指企业为满足所有细分市场的消费需求而生产各种产品，如图 2-8 所示。完全市场化是一种无差别的、覆盖所有细分市场的策略。

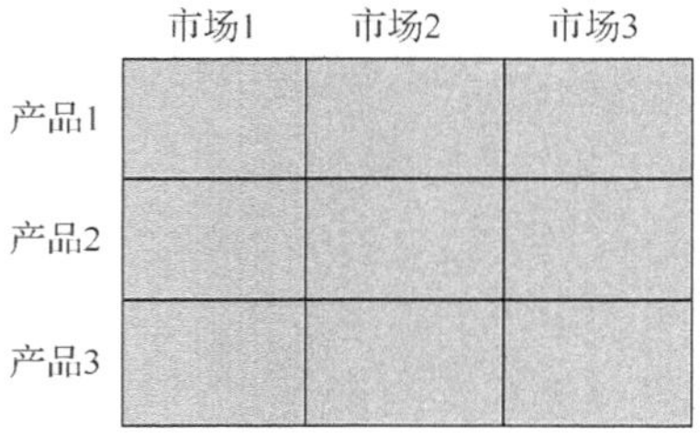

图 2-8　完全市场化

4. 目标市场选择的策略

目标市场选择的策略主要有以下 3 种。

（1）无差异性营销策略

无差异性营销策略是指企业将整个市场作为目标市场，目标市场中只存在单一的产品，且采用的营销策略也是单一的。无差异性营销策略的特点是充分考虑市场的功效，其缺点是将市场看成了一个没有差别的整体，不考虑细分市场的特性。

（2）差异性营销策略

差异性营销策略是指企业在细分市场的基础上，根据各细分市场的不同需求，分别设计不同的产品并运用不同的市场营销组合，服务于各细分市场。差异性营销策略的差异性主要从产品、服务、人员、品牌等方面体现，是目前企业较为常用的目标市场选择策略。例如，宝洁的洗发露产品针对不同消费群体的需求，为消费者提供了去屑产品品牌"海飞丝"、柔顺产品品牌"飘柔"、护发产品品牌"潘婷"、潮流产品品牌"沙宣"等。

提示

　　差异性营销策略通过生产多规格、多品种的产品来满足消费者的需求，为企业吸引更多的消费者，从而增大企业的盈利空间，提升竞争力。但它会因为产品种类与市场营销策略的多样性，造成企业生产、制造、管理和营销成本的提高。

（3）集中营销策略

集中营销策略是指企业集中全部力量于一个或几个细分市场，提供能满足这些细分市场需求的产品，以期在竞争中获得优势。集中营销策略适合中小企业。其优点是企业可以充分利用有限的资源来聚集力量，增强在目标市场中的竞争力，从而提高产品的市场占有率。其缺点是可能因为企业选择的目标市场范围狭窄，导致市场情况发生变化或出现强大的竞争者时，企业无法很好地应对，有较大的风险。

5. 目标市场切入的策略

有了明确的目标市场切入方案后，还需要了解如何切入目标市场，这主要包括目标市场切入的方式、目标市场切入的方法和目标市场切入的时间 3 个方面，下面分别进行介绍。

（1）目标市场切入的方式

目标市场切入的方式是指企业进入所选择的目标市场的方式。企业在切入目标市场时会面对新产业市场和非新产业市场两种情况，下面分别进行介绍。

◈ **新产业市场的切入方式**。新产业市场的市场潜力和科技含量都较大、较高，且存在经营风险大和成本高等缺点。企业如果要切入新产业市场，可以借助技术优势、品牌声誉来增加竞争力。

◈ **非新产业市场的切入方式**。非新产业市场是指企业在原有目标市场上进行拓展或进入非新产业但为企业新选定的目标市场。企业如果要切入非新产业市场，可以通过收购现成的产品或企业、内部发展或与其他企业合作的方式。

（2）目标市场切入的方法

切入目标市场的方法主要有以下 5 种。

◈ **产品试销**。产品试销即在目标市场中投入小批量的产品，通过消费者对产品的反馈来评估进入该目标市场的风险，以减少企业生产经营的盲目性。

◈ **公关关系**。公关关系即通过开展各种形式的公关活动，如公益活动、新闻事件、开业庆典等，获得消费者的信赖。

◈ **广告宣传**。广告宣传即通过发布各种广告，如电视广告、网络广告等，提高目标市场中的消费者对企业产品和服务的了解。

◈ **利益吸引**。利益吸引即通过抽奖、发红包、赠送礼品等能够给消费者带来实际利益的方式，吸引消费者对目标市场产生兴趣。

◈ **权威人士推介**。权威人士推介即利用名人的号召力吸引消费者进入市场，如专家推荐、演员代言等。

（3）目标市场切入的时间

企业切入目标市场的时间非常重要，既不能过早也不能过晚，需考虑以下两方面。

◈ **准备时间**。企业需要对切入目标市场的准备时间进行估算，包括产品设计与生产的时间、产品试销的时间、员工推销培训的时间以及销售渠道建立的时间等。

◈ **调整时间**。企业应根据目标市场的发展形势适时调整切入目标市场的时间，如提前或延后等。

✎ **课堂练习** ————————————————————————————————

　　在网上搜索某家电类产品，分析其市场前景，并说说作为一家家电企业，目前应如何进行目标市场选择策划？

2.3.3 市场定位策划

市场定位策划是企业根据竞争者在市场中所处的位置，结合消费者对产品的重视程度，对企业的产品形象进行塑造，并制定出一套完整方案的过程。市场定位策划的目的是塑造出企业与众不同的形象，便于消费者进行识别，其核心思想是从消费者的角度来思考应该如何树立产品在目标市场中的优势地位。下面对市场定位策划的相关知识进行介绍，包括市场定位策划的步骤和策略。

1. 市场定位策划的步骤

市场定位策划的步骤可分为以下 3 步。

（1）分析目标市场的现状，明确企业的竞争优势

营销策划人员要在充分的市场调研与分析的基础上，明确以下 3 个问题。

① 目标市场中的竞争者及其产品的状态。对竞争者的业务经营情况、营销能力、财务能力，以及竞争者的产品质量、产品生产技术等进行评估，估量竞争者的状态，并与自身的情况进行对比。

② 目标市场中消费者的需求及其满足程度。消费者在目标市场中的需求主要表现在对产品的质量、价格、包装、服务态度、产品价值等方面。企业应对这些内容进行分析，明确是否具备满足这些需求的条件，以及了解消费者的满意程度。

③ 企业具备哪些竞争优势。根据对以上内容的分析，明确企业在目标市场所具备的竞争优势，更好地为目标市场的定位奠定基础。

（2）选择竞争优势，对目标市场进行初步定位

通过对竞争者、消费者和企业自身的分析，明确企业在目标市场中所具备的优势后，还要对竞争优势进行筛选，从中选择出更好的、更明显的优势，以初步确定企业在目标市场中的位置。在这个过程中，企业要注意避免市场定位过低、过高等问题。

（3）显示独特的竞争优势，进一步完善市场定位

市场定位策划的第 3 步是要展示企业所具备的独特的竞争优势，将其传播给消费者，在消费者心中留下印象。该步骤主要包括以下内容。

① 建立与市场定位相一致的形象。首先，企业应该通过产品形象、服务形象、人员形象等的差异化优势来建立自己的形象，让消费者了解、熟悉并认同自己。

② 巩固与市场定位相一致的形象。消费者对企业形象有了印象后，企业还要通过各种手段强化消费者对企业的形象，使消费者建立起企业与目标市场定位相一致的形象。然后根据市场的变化情况，不断地向消费者传输市场的内容以及新的观点、论据等，在保持消费者对市场定位了解的基础上，进一步稳固消费者对目标市场的态度。

③ 矫正与市场定位不一致的形象。当消费者对企业的市场定位产生了理解偏差，或企业因为宣传失误而造成定位混乱时，必须及时矫正与市场定位不一致的形象。此外，即使市场定位恰当，但出现以下情况时，也需要对目标市场进行矫正。

  ◈ 竞争者推出的新产品与本企业的产品类似，侵占了企业原本的市场份额，导致企业市场占有率下降。

  ◈ 消费者的需求或偏好发生了较大的转变，导致本企业的产品销量大幅下降。

2. 市场定位策划的策略

市场定位策划的策略主要有以下 3 种。

（1）针锋相对定位策略

针锋相对定位策略又叫竞争性定位策略，是指企业与目标市场中已有的竞争者争夺同样的目标消费群体的定位策略。这种策略下，企业与竞争者的市场定位基本是一致的，产品、价格、分销和促销也基本没有差别，如可口可乐和百事可乐就是针锋相对的竞争者。

（2）填补空隙定位策略

填补空隙定位策略是指企业将自己的产品定位在目标市场中的另一区域内，以避开与实力较强的其他企业产生直接竞争。这种策略下，企业要尽量通过产品的差异性或其他特性来增加自己的竞争优势。

（3）重新定位策略

重新定位策略是指企业对已经上市的产品进行再定位。重新定位策略一般适用于当前的定位策略无效，或企业急于摆脱某种困境，而必须改变目标消费群体对原有市场的印象，建立新的市场形象时，能够使市场重新获得活力与增长的情况。例如，强生公司的洗发液产品原本定位于婴儿市场，但因为人口出生率下降导致产品销量减少，所以强生通过市场调研与分析，重新进行了市场定位，将该产品定位于青年女性市场，以产品的功能特性来吸引消费者。

课堂案例——准确的市场定位策略助力顺丰快速发展

顺丰速运有限公司（以下简称"顺丰"）创立于 1993 年，从成立之初的低价揽货策略，到局部发展华南地区的货运，再到成为为客户提供一体化综合物流解决方案的快递物流综合服务商，顺丰的快速发展离不开正确的市场定位。

顺丰 1996 年正式走出华南，走向全国，当时，宅急送、申通等快递企业在国内快递市场中发展迅速，扩大了消费者的可选择范围。在这种情况下，低价揽货策略已不再具备优势，为此，顺丰重新制定了市场定位策划，主要表现在以下 4 个方面。

① 地域定位。快递市场按区域进行划分，一般可分为区域快递和跨区域快递。顺丰从华南发展到全国，经历了从区域快递到跨区域快递的发展，甚至实现了跨国经营。

② 产品定位。顺丰专注于商业和服务业市场，将产品定位于小件高价的货品，如票据、公商务文件和个人物品等，且不做与国际快递重叠的高端货品，也不做低端货品。

③ 客户细分。顺丰致力于为大客户、中等客户及中高端小客户服务。

④ 服务细分。顺丰专注于时效件领域，力争为客户提供高效的物流服务。顺丰为快件赋予"生命"，将快件从寄出到收取的过程称为"快件生命周期"，生命周期越短，快件的时效就越短，因此也将其叫作快件时效。

在这个阶段，顺丰对自己的定位是中高端市场，采取市场集中化策略来提高细分领域的门槛，采用专注于时效件领域的方式来避开市场竞争，建立自己的专属业务领域，从而获得竞争优势。

随着快递行业竞争的加剧，顺丰逐步从时效件领域向多元化方向发展，逐步进入经济件、冷运、国际快件、重货等领域。据相关数据统计，到 2018 年，顺丰时效件的占比已下降至 59.5%，而经济件占比提升至 22.75%，重货占比提升至 8.98%。在这一阶段，顺丰基于已经建立的市场优势和资源，逐步拓展业务领域，以高端客户为核心，拓展产业链上下游，将自己定位为综合物流运营商。

2.4 企业竞争战略策划

企业竞争战略是企业与竞争者争夺市场时所采用的营销战略，它是企业生产发展的基础，主要包括成本领先战略、差异化战略和集中化战略。下面分别对这3种战略的策划进行介绍。

2.4.1 成本领先战略策划

成本领先战略也称为低成本战略，是指企业在追求产量规模、经济效益的基础上努力降低成本，使产品的成本低于竞争者的成本，甚至产品成本为同行业最低，从而获得市场占有率和竞争优势的一种战略。下面对成本领先战略策划的相关知识进行介绍。

1. 成本领先战略的类型

企业可以通过不同的方式来获取成本优势，根据其获取方式的不同，可以将成本领先战略分为以下5种类型。

◎ **简化产品战略**。简化产品战略通过使产品简单化，不在产品或服务中添加任何不必要的东西来形成竞争优势。

◎ **改进设计战略**。改进设计战略通过改进产品的设计或构成来形成竞争优势。

◎ **材料节约战略**。材料节约战略主要通过控制原材料的来源，实行经济批量采购与保管，以及在设计和生产过程中节约原材料等方式来形成竞争优势。

◎ **降低人工费用战略**。降低人工费用战略通过较为低廉的劳动力来形成竞争优势，适合劳动密集型行业。此外，企业还可加强对生产、广告等的控制，尽可能降低中间费用。

◎ **生产创新及自动化战略**。生产创新及自动化战略通过生产过程的创新和自动化来形成竞争优势。

2. 成本领先战略的优点

成本领先战略的优点主要表现在以下4方面。

◎ 企业在市场竞争中只要处于低成本地位，就具备了与竞争者打价格战的条件，使竞争者在市场竞争中无法获得更多的利润。

◎ 当遇到消费者坚持要求降低产品价格时，企业低成本的优势不仅能满足消费者的需求，还能使企业获得较好的收益，且给消费者留下了良好印象。

◎ 在不稳定的市场竞争中，低成本能够更好地承受各种不稳定因素带来的影响，使企业在生产、经营中与消费者和供应商都保持较为稳定的关系。

◎ 当市场中出现潜在竞争者时，企业的低成本能够在一定程度上延缓潜在竞争者进入市场的时间，降低竞争者对企业的威胁。

扫一扫

成本领先战略
的风险

📜 **提示**

成本领先战略虽然能够通过降低价格的方式来吸引消费者，形成竞争优势，但企业若想形成长期优势，必须在产品或市场上做一定的创新。

3. 成本领先战略的适用条件与需要具备的资源

企业要实施成本领先战略，需要满足以下条件。

（1）市场中竞争者之间的价格竞争非常激烈。

（2）企业经营生产的产品是标准化或同质化的，能够快速完成产品的生产。

（3）企业的产品难以通过差异化定位来形成竞争优势。

（4）消费者对该类型产品的需求相同。

（5）消费者的转换成本很低。

（6）消费者在市场交易中具有较大的议价能力。

企业要实施成本领先战略，还需要具备以下资源。

（1）持续的资本投资和获得资本的途径。

（2）生产和加工的能力。

（3）容易设计和制造的产品。

（4）低成本的分销系统。

4. 成本领先战略易出现的错误

企业实施成本领先战略时，容易出现的错误主要表现在以下 4 个方面。

（1）将所有力量集中在降低生产的成本上

大多数人对成本的直接印象都来自生产，其实不然，企业经营发展的成本还有市场营销、服务、技术开发和基础设施等活动的成本。企业过于重视生产成本，而忽略了其他活动的成本，容易出现企业即使花费了较少的生产成本，总成本却仍然很高的情况。

（2）重视劳动力成本，忽视采购成本

劳动力成本是生产成本的一大构成，企业在通过各种方式降低劳动力成本时，往往容易忽略其中的采购环节。即使考虑了采购成本，也将精力放在原材料的购买价格上，而忽略了采购方式的选用与采购人员的分配，造成采购成本增加，进而导致成本增加。

（3）降低成本的方式矛盾

为了降低成本，企业常常会采用各种方式或途径。这些方式或途径可能存在一定的矛盾或冲突，如为了降低运输成本，将工厂建立在便于运输的地方，厂址选取与建立工厂的成本较高，但在产品生产过程中又忽略了这个因素，导致两者冲突，反而增加了成本。

（4）容易出现交叉补贴

交叉补贴是一种定价战略，它的目的是以优惠甚至亏本的价格出售一种产品（即优惠产品），从而促进销售更多能够盈利的产品（即盈利产品）。当企业对市场中存在的各种成本认识不足时，就可能存在交叉补贴现象，导致有些产品的定价过高，有些产品的定价过低，从而让市场中的供应商有机可乘，利用成本抢占市场占有率，造成企业的竞争危机。

课堂案例——吉利汽车的成本领先战略

很多人对吉利汽车集团（以下简称"吉利"）的最初认识是价格优势，吉利正是凭借着其强大的实力，通过成本领先战略获得了消费者对它的认可。吉利的成本领先战略主要表现在以下 3 个方面。

1. 不断扩张形成规模化优势

成本领先战略的实施必须依靠强大的企业实力。吉利一方面通过成立新业务及新合资公司增加收入并扩张盈利基础；另一方面，又进一步实施产能拓展策略，不断扩大企业规模。在这个过程中，吉利收购了上海英伦华帝汽车部件有限公司 51% 的股权和英国锰铜控股有限公司 22.83% 的股权，有效利用了它们在汽车行业中的技术、产品、品牌和其他资源。

2. 控制零部件成本并重视研发

汽车行业的成本控制主要体现在零部件成本上，吉利为了控制零部件成本，将零部件的生产、制造交给了旗下的两家汽车配件研发制造企业，从源头上把控了汽车制造的成本以及货源供应成本。

此外，吉利还非常重视研发，力争通过新技术、新产品来节约成本。例如，为了减少原材料价格上涨对刹车零部件和其他产品的影响，吉利投入资金研发电动助力转向系统，并对其研发组织架构进行调整简化。

3. 加强供销渠道管理

汽车零部件制造原材料的价格上涨给不少汽车制造商都带来了压力，为了减少原材料价格上涨对汽车整体价格的影响，吉利与供应商联盟，重组了联营公司零部件采购系统及供应商系统，从而节约了 5% ～ 8% 的零部件成本，保证甚至提升了汽车的品质。此外，吉利还建立了较为完善的分销及服务网络，以控制和改善分销及销售成本。

成本领先战略的正确实施，为吉利带来了较高的利润，获得了较好的消费者口碑。

2.4.2　差异化战略策划

差异化战略是指为使企业的产品、服务、形象等与竞争者形成明显的区别，以获得竞争优势而采取的战略。它是企业从市场竞争中脱颖而出的关键，也是吸引消费者、决定企业成长速度的关键。差异化战略的策划是对创造和演绎企业闪光点的策划，营销策划人员需要掌握以下内容。

1. 差异化战略的类型

差异化战略主要有以下 5 种类型。

（1）产品差异化战略

产品差异化战略可以从产品特性、产品性能、产品一致性、产品耐用性、产品可靠性、产品保障性和产品造型等方面考虑。

● **产品特性**。产品特性是指本产品应具有的除同类型产品基本功能外的其他特性，如性能、外观、材质、配件和资质等方面的特点。产品的每一个特性都可能吸引不同的消费者，只要企业生产出的产品能够拥有满足消费者需求且有价值的特性，就能为企业带来差异化的竞争优势。

● **产品性能**。产品性能是指产品在一定条件下，实现预定目的或者规定用途的能力。它主要包括功能和质量两个方面。功能是产品实现消费者所需要的某种行为的能力，是消费者首先关注的方面；质量是对产品实现功能的程度和持久性的度量，便于消费者评判产品。产品性能越好，产品的品质就越高，消费者的产品忠诚度也就越高，因而，企业应该在采用产品差异化战略的过程中尽量保持产品的高水准，并不断进行产品的改良，以提高市场占有率。

● **产品一致性**。产品一致性是指产品的设计与操作特征接近预定标准的程度。如果产品一致性过低，会使消费者丧失对产品的信心。

◈ **产品耐用性**。产品耐用性也叫产品使用寿命，是衡量产品预期使用寿命的一种标准。一般来说，产品耐用性越高，消费者越会愿意购买。

◈ **产品可靠性**。产品可靠性是指产品在规定的条件和规定的时间内完成规定功能的能力，它是衡量产品从使用到某一特定时间而不发生故障或失效的标准。对于产品来说，其可靠性越高，产品可以无故障工作的时间就越长。

◈ **产品保障性**。产品保障性是指产品发生故障或失效时，能够很快、很容易地通过维护或维修排除故障。产品保障性越高，吸引消费者的程度就越大。

◈ **产品造型**。产品造型是指产品的外观。产品的外观越有设计感，对消费者的吸引力就越大。

（2）服务差异化战略

当企业的产品差异不明显时，可通过服务差异化来获得竞争优势。服务差异化战略主要通过交货服务、安装服务、维修服务、咨询服务和顾客训练等方面体现。

◈ **交货服务**。交货服务是指将产品或服务交付给消费者的服务过程，主要通过交货速度、准确性和交付过程中的态度来进行差异化体现。

◈ **安装服务**。安装服务是指企业为了保证消费者顺利使用产品而提供技术支持的一种服务工作。企业可以通过提供电子教程、指派技术人员上门等方式提供安装服务。

◈ **维修服务**。维修服务是指当产品发生故障时，企业所能提供的保障消费者权利的服务。维修服务一般通过保修期限、维修的便利性、维修服务的速度等来衡量。对消费者来说，保修期限越长、维修越便利、维修速度越快，越容易受到吸引。

◈ **咨询服务**。咨询服务是指企业提供的为消费者解决问题的服务。咨询服务既可以通过电话渠道提供，也可以通过微博、微信等新媒体渠道提供。对于消费者来说，能够快速找到企业咨询渠道以及得到企业对问题的回复，是衡量企业咨询服务优秀的标准。

◈ **顾客训练**。顾客训练是指企业训练顾客，使之能够正确使用本企业所销售的产品。顾客训练适合第一次使用该类产品的用户。

（3）人员差异化战略

人员差异化战略是指企业通过训练或聘用优秀的员工来获得竞争优势的战略。具备竞争优势的企业员工，必须具备以下特征。

◈ 具备企业所需的知识与技能。

◈ 对人友善，有礼貌。

◈ 能让人感到值得信赖。

◈ 能提供标准职业服务。

◈ 服务体贴，能快速对消费者提供服务。

◈ 了解消费者，并善于与消费者进行沟通。

（4）渠道差异化战略

渠道是分销产品的路径，企业通过为自己的产品选择不同的分销途径，可以实现一定程度的产品差异化。渠道差异化战略是指企业从渠道策略、渠道设计、渠道建立、渠道管理、渠道维护、渠道创新等方面进行差异化的战略。企业实施渠道差异化战略要注意渠道与目标市场的适应性，只有充分考虑目标市场的特点、因地制宜地应用渠道策略，才能获得竞争优势。例如，有的企业通过中间商（批发商和零售商等）销售产品，有的企业通过自建零售店铺销售产品，有的企业通过开设网络店铺销售产品。

新媒体环境下，企业应该注重传统渠道与新媒体技术的结合。新媒体技术是企业开展营销战略策划的重要基础，企业不仅要在产品的开发、生产过程中融合新媒体技术，还要以新媒体技术作为提供产品和宣传品牌的主要渠道，从而吸引消费者的关注，更快地达到差异化竞争的目的。例如，利用虚拟现实、谷歌眼镜、360°摄影等新媒体技术可以实现渠道的差异化竞争。

课堂案例——茵曼全球首个云端发布会

2014年以前，你也许从来没想过服装发布会能在线上完成，但2014年茵曼的新装发布会开了这个先河。本场发布会的主题为"向日出 say hi"。以邀请城市女性看日出为契机，茵曼在计算机和手机端带给用户一次前所未见的"日出"发布会，传达应该放慢生活脚步的理念。发布会以我国电商网站"天猫"以及手机社交软件"微信"作为平台。

在天猫，茵曼采用了互动视频，使参与者可在观看过程中进行故事线互动并领取优惠券，此外，茵曼还利用了360°摄影技术展示服装细节，让消费者最大限度地感受抢购的乐趣。发布会与销售结合为一体，是本次茵曼云端发布会消费者体验的最大着力点。而在微信平台，茵曼利用了手机功能属性、定制重力感应及多点触控互动，提升了消费者体验感。消费者在360°全景观看云端发布会场景时，还可以通过抓拍模特抽取优惠券。

茵曼能够打破传统思路，把发布会搬到云端完成，依赖于网络技术日益发展和成熟，以及"天猫"与"微信"的庞大消费群体。

（5）形象差异化战略

在产品和价格越来越同质化的目标市场中，形象（企业形象或品牌形象）成为企业的主要竞争力。形象是消费者对企业的整体印象，一个鲜明的、有个性的企业或品牌形象能给消费者留下深刻的印象，从而加深其对企业的忠诚度，形成竞争优势。一般来说，形象差异化可以从企业的品牌标志、渠道选择、氛围打造和事件营销等方面体现。

◎ **品牌标志**。企业的品牌 Logo、标准字、标准色、品牌故事等都是品牌标志的表现要素。对这些内容进行创新设计，能够给消费者带来眼前一亮的感觉，并且，很多企业还将其文化价值融入标志中，通过品牌标志与文化价值的融合来与消费者建立情感联系，加强消费者对品牌的忠诚度。

◎ **渠道选择**。渠道是传播形象的途径，只有根据企业的实际情况，在充分满足消费者需求的情况下，选择合适的渠道进行形象的传播，才能更好地让消费者知晓企业的品牌信息，为获得竞争优势奠定基础。

◎ **氛围打造**。企业的内部环境、外部形象等氛围能够影响消费者对企业的认知，也是打造形象差异化的重要因素。

◎ **事件营销**。借助事件来塑造品牌形象也是比较常用的方法，如借助体育赛事、文化活动等。此外，企业也可通过创造事件进行形象的塑造与营销，打造自身与众不同的形象。

2. 差异化的选择

差异化战略的类型很多，每一种类型都有不同的方式，对于企业来说，并非所有的差异化都有意义或需要实施。企业必须谨慎选择要实施的差异化类型，其选择标准主要有如下6项。

◎ **重要性**。该差异是否能给一定数量的消费者带来可观的利益。

◎ **获利性**。该差异是否能给本企业带来足够的利润。

◎ **优越性**。在获得相同利益的情况下，该差异是否足够优于其他方式。

◎ **独特性**。该差异是否是竞争者无法获得或不易模仿的。

◎ **可负担性**。消费者是否有能力并且愿意支付该差异的附加价值。

◎ **可宣传性**。该差异是否能便捷地传递给消费者，且消费者较容易理解。

课堂案例——农夫山泉差异化之路

农夫山泉股份有限公司（以下简称"农夫山泉"）于 1996 年 9 月正式成立并进入纯净水市场。在当时，纯净水市场的竞争非常激烈，市场中已有的纯净水企业有上千家，此外，娃哈哈、乐百氏、康师傅等饮料、食品行业的巨头为了拓展生产线，也相继涌入了纯净水市场，进一步加剧了纯净水市场的激烈竞争。

在这样的环境下，很多企业为了快速占据市场份额，只注重纯净水的生产效率而不注重品质，而农夫山泉则通过调研与分析，将产品质量作为竞争的方向，以产品质量差异化形成了竞争优势。农夫山泉当时对自己的定位是天然水，天然水要经过极为严格的水源筛选，保证其无任何污染才能合格。为此，农夫山泉通过广告宣传其水源来自国家一级水资源保护区千岛湖，且取自水面下70 米适宜人们饮用的那层，从产品原材料上与竞争者形成了差异化。

为了给消费者更直观的水源品质印象，农夫山泉还在其产品包装上印上了千岛湖的风景照片（见图 2-9），让消费者看到产品的同时就联想到其核心品质。此外，农夫山泉还在 1997 年首先推出了 4 升包装（见图 2-10）的农夫山泉饮用水，其新颖、独特的包装方式也极大地吸引了消费者，使农夫山泉在产品包装上也与竞争者形成了差异化。

图 2-9　印有千岛湖风景照片的产品包装　　　　图 2-10　4 升的产品包装

基于农夫山泉的高品质定位，在各大企业打纯净水价格战时，农夫山泉一直保持着自身的价格，甚至在价格战最激烈的时候，价格达到了其他品牌纯净水的两倍。这无疑为农夫山泉树立了一个高品质、高档位的健康水的品牌形象，给消费者留下了深刻的印象，形成了形象差异化。

在宣传渠道上，农夫山泉凭借"农夫山泉有点甜"这一广告语，快速提升了品牌知名度并建立了消费者对品牌的好感。农夫山泉的水来自千岛湖，湖中的水来自大自然，它是天然的泉水，高品质的泉水自古就被称为"甘泉"，即甜美的泉水，因此，"农夫山泉有点甜"很好地传递了其高品质的信息，这也是其宣传渠道差异化的具体体现。

农夫山泉基于目标市场的情况，从多方面选择差异化竞争战略，从而在激烈的市场竞争中占据了一席之地，并获得了成功。

2.4.3 集中化战略策划

集中化战略也称为聚焦战略，是指企业将经营活动集中于某一特定的购买者集团、产品线的某一部分或某一地域市场的一种战略。集中化战略的目标较为集中，战略管理过程也便于控制，比较适合中、小型企业，它可以更好地将中、小型企业的规模、资源等集中在特定的细分市场中，从而更好地对市场、产品、消费者和竞争者进行调研和分析，获得竞争优势。

集中化战略的实施关键是战略目标的选择，一般来说，企业实施该战略时应尽可能选择竞争者力量较薄弱的、自身不易被替代的目标。此外，企业在实施集中化战略时还要注意以下方面。

- 目标市场中消费群体的需求未被完全满足，且消费群体之间的需求存在着差异。
- 目标市场应有一定的潜力，具体表现在市场容量、成长速度、获利能力、竞争强度等方面。
- 目标市场中没有其他竞争者采用与本企业类似的集中化战略。
- 企业自身的规模、资源无法支撑企业在更为广泛的市场中发展。
- 行业中存在许多不同的细分市场，市场条件允许企业通过实施集中化战略来充分发挥自身的优势。

提示

对于实力不足以与大企业抗衡的中、小型企业来说，集中化战略可以使它们避开了它们与实力强劲的竞争者的直接竞争，增强了它们的相对竞争优势。此外，大型企业也可使用该战略来避开与竞争者的正面冲突，为企业争取更多的缓冲空间，从而更好地进行营销战略策划，为企业赢得竞争优势。

课堂练习

根据上述介绍的内容，总结并查阅相关资料，说说这3种战略之间的关系，以及差异化战略与集中化战略的区别。

2.5 案例分析——快餐品牌"十八夵"

2020年，一家名为"十八夵"的快餐店突然火了，广大网友纷纷惊叹于该快餐店实惠的价格、一流的服务以及可口的味道。十八汆的店面位于北京市朝阳区酒仙桥附近，它是四川海底捞餐饮股份有限公司（以下简称"海底捞"）旗下的全资子公司。海底捞成立于 1994 年，是一家以经营川味火锅为主、融汇各地火锅特色的大型跨省直营餐饮企业。一提到海底捞，很多人对它的印象就是服务好，十八汆作为其子公司，以海底捞强大的"蜀海供应链"作为支撑，能够保证其原材料、调味品、中央厨房、冷链运输、人员管理、店面装修、信息技术等的高品质。

十八汆的理念是"一人食"，在店面装修上，整体风格较简约，采用木质材料进行装修，门店的整体外观呈现"山"形（见图 2-11）。大厅划分为 3 个区域：左边为外卖区域，用于销售早餐和外卖；中间为大厅入口，用于顾客在店中进食；右边则为奶茶销售区域。十八汆提供的餐食较为简单，主要有面食、茶饮、甜品和早餐 4 类，并且每个品类的品种较少，如面食主要有炸酱面、回锅肉拌面、金汤肥牛面等，茶饮主要有奶盖茶、果茶、乌龙茶等，甜品则只有黑糖豆花和茉莉奶冻。这些餐食的价格都不高，炸酱面、番茄鸡蛋打卤面等仅需 9.9 元，回锅肉拌面、京城口蘑打卤面等稍贵些，但也只需 15 元。去过的顾客分享其点了一份炸酱面、一只卤鸡爪和一杯水果茶，总共花费不到 20 元。

十八汆的就餐模式为全自助，即顾客自取餐盘—自选小菜饮品—选择面条浇头—自助结账（见图 2-12）。十八汆的后厨配置了自动煮面机，这款机器能完成煮面条的自动化流程，包括自动取餐碗、取面、煮面、过凉水、把面放进碗里。在餐厅经营的过程中，顾客取餐只有选面条和浇头需要服务员操作，整个点菜过程大概只要 1 分钟，大大节约了人工成本；同时，后厨自动化的烹饪方式也减少了聘用员工的数量，提高了运营效率。十八汆价格低、服务好、出餐快，以及适合一人食的特点吸引了广大消费者，使其品牌知名度和口碑快速提升。

图 2-11　十八汆的整体外观

图 2-12　十八汆的部分就餐流程

请你根据以上材料，查阅海底捞和十八余的相关资料，回答以下问题。

（1）海底捞为什么会进军快餐领域？

（2）十八余在快餐行业中有何优势？

（3）十八余还存在哪些不足，对这些不足你有何建议？

★ 课后思考

（1）简述什么是营销战略，它有哪些特征？

（2）营销战略策划方向主要由哪几部分构成，简述你对每个部分的理解。

（3）简述你对市场细分的理解，并列举对应的案例。

（4）简述你对市场定位策划的理解。

（5）根据你的理解，列举典型的成本领先战略、差异化战略案例并进行分析。

第3章

营销组合策划

学习目标

/ 掌握产品策划的相关知识。

/ 掌握价格策划的相关知识。

/ 掌握渠道策划的相关知识。

/ 掌握促销策划的相关知识。

引导案例

卫龙食品（以下简称"卫龙"）隶属于漯河市平平食品有限责任公司，于1999年创立。卫龙是一家集研发、生产、加工和销售为一体的现代化休闲食品品牌，其主营产品品类包括调味面制品类（大面筋、小面筋、亲嘴烧、亲嘴条、大辣棒、小辣棒、火药辣条、杂粮时代、大刀辣条等）、豆制品类（辣么薄豆干、亲嘴豆皮、豆排排、手撕素肉、大辣片、爆辣片、豆皮卷等）、魔芋制品类（魔芋爽、馋魔芋、酸辣魔芋粉等）、素食类（风吃海带、香辣卤藕、麻辣土豆片、米果卷、香辣腐竹、秋葵脆、麻辣薯片、小米锅巴、山药脆片等），以及肉制品类（灯影牛肉丝、炭烤小香肠、川辣牛肉、香辣小鱼、泡椒凤爪、卤味凤爪、手撕鱿鱼条、鹌鹑卤蛋、鱼豆腐、牛板筋等）。卫龙结合新媒体环境，深度挖掘年轻消费者的喜好，通过微博、直播等渠道进行营销策划，打造了属于自己的趣味性、娱乐性、独特性的品牌风格，让消费者一提起卫龙就直观地联想到其辣条产品。

2018年端午节来临之际，卫龙推出了一款新品——辣条粽子（见图3-1），借粽子咸甜之争的热点，独辟蹊径生产了辣味粽子，让粽子从此有了新的口味。这款辣条粽子的全名叫作魔芋辣条肉粽，它颠覆了卫龙的传统做工，选用了五花肉、腊肠、梅干菜、四川辣椒和卫龙魔芋爽等作为馅料，让人食欲大动。借助卫龙自身的品牌话题属性，该产品一上市就引发了消费者的热烈讨论，且好评如潮。

图3-1 卫龙辣条粽子

为了吸引消费者的购买欲望，卫龙在这款产品的包装和宣传上都做了一定的改进。在产品包装上，卫龙设计了包装礼盒（见图3-2），礼盒外部以卫龙的品牌主色调——红白色进行设计，既鲜明地展示了卫龙的Logo和产品，又给人一种简洁、大方、时尚的感觉。内包装则包括6个独立的内盒，分别以黑红为主色进行拼接，不同的内盒印刷了不同的图案，既美观又富有趣味性，满足了消费者自己吃或送礼的需求，提高了产品吸引力。

在宣传方面，卫龙拍摄了该产品的食材宣传大片，从选材、制作和包装等方面对其进行了全方位展示。此外，卫龙还设计了几款推广海报，利用美观的视觉效果和潮流感十足的文案吸引消费者对其进行传播，增加了该产品的热度。

图 3-2　卫龙辣条粽子的包装

　　从卫龙辣条粽子可以看出，产品是企业经营发展的基础，是营销策划的关键元素，企业要想获得竞争优势，必须提供优质的产品，此外，价格、渠道和促销也是必不可少的。本章将对产品、价格、渠道和促销这一营销组合策划进行介绍。

本章要点

产品组合	产品生命周期	产品包装	新产品开发、上市和推广
定价方法	定价策略	渠道模式	渠道价格的制定
渠道管理	促销方式	促销方式组合	促销方法

3.1　产品策划

　　一个能够满足目标消费群体需求和欲望的产品是企业营销策划的核心，因此产品策划是非常重要的。本节将先介绍产品，然后对产品组合策划、产品生命周期策划、产品包装策划，以及新产品开发、上市和推广策划等进行介绍。

3.1.1　认识产品

　　产品是指能够提供给市场、被人们消费和使用，并能满足人们某种需求的东西，包括有形的物品，无形的服务、组织、观念或它们的组合。产品一般可以分为 4 个层次，即核心产品、形式产品、延伸产品和潜在产品。

　　◉ **核心产品**。核心产品是指产品提供给消费者直接利益和效用。

　　◉ **形式产品**。形式产品是指核心产品借以实现的形式，包括产品的品质、特征、造型、商标、包装、功能、信息和设计等。

　　◉ **延伸产品**。延伸产品是指产品提供给消费者的一系列附加利益的总和，包括产品的说明书、运送、安装、维修、技术培训等。

　　◉ **潜在产品**。潜在产品是指可能发展成未来最终产品的潜在状态的产品，潜在产品预示着产品在未来可能产生的改进和变革。

　　产品最重要的本质就是能为消费者带来价值，即产品能为消费者带来的好处。产品的价值主要分为使用价值和附加价值（即非使用价值）两种，在使用价值的基础上能够为消费者提供更多附加价值的产品对消费者更有吸引力。

◉ **使用价值**。使用价值是产品的自然属性，是一切产品都具有的属性之一。任何物品要想成为产品都必须具有可供人们使用的价值；反之，毫无使用价值的物品是不能成为产品的。例如，食品的使用价值是充饥，衣服的使用价值是蔽体御寒，搜索引擎的使用价值是帮助消费者查找资料，微信的使用价值是帮助人们便利地联系和进行沟通交流等。

◉ **附加价值**。附加价值可以满足消费者更多的需求，给产品赋予更加丰富的内涵。例如，护肤品的使用价值是保护皮肤，其附加价值是使使用者更加美丽动人；微信的附加价值是能够增加人们彼此的信任关系，培养感情；多数交易类产品带来的附加价值是降低企业的运营成本和消费者的购买成本。

3.1.2 产品组合策划

产品组合是指企业生产经营的各种不同类型的产品之间的组合和量的比例，产品组合主要由产品线和产品项目组成。产品线是指在技术上和结构上密切相关的一组产品，这类产品的功能、销售途径类似。产品项目是指产品线内不同品种、规格、质量和价格的特定产品。

产品组合策划就是企业为面向市场，对所生产经营的多种产品进行最佳组合的谋划。产品组合策划的好坏直接影响着企业收益的高低，因此要合理进行产品组合策划，使企业的每一条产品线、每一条产品线中的产品项目都能为企业的收益做贡献。

1. 产品组合策划的要素

产品组合的效果取决于产品组合的宽度、长度、深度和关联性，它们是产品组合策划过程中必须涉及的关键要素，其含义分别如下。

◉ **宽度**。产品组合的宽度是指企业拥有的不同产品线的数目。

◉ **长度**。产品组合的长度是指企业每条产品线内不同规格的产品项目的数量的总和。

◉ **深度**。产品组合的深度是指产品线中每一产品有多少品种。

◉ **关联性**。产品组合的关联性是指产品线在最终用途、生产条件、分销渠道和其他方面的密切相关程度。

图 3-3 所示为宝洁公司的产品组合表，可看出其宽度是 6，即有 6 条产品线。

←	产品组合宽度					→
产品线长度	洗发护发	护发美容	个人清洁	口腔护理	妇幼保健	家居护理
	飘柔 海飞丝 潘婷 沙宣 伊卡璐	玉兰油护肤系列 SK-II	舒肤佳香皂 玉兰油香皂 激爽	佳洁士牙膏 佳洁士牙刷	护舒宝 丹碧丝 帮宝适	碧浪 汰渍 熊猫

图 3-3　宝洁公司的产品组合表

2. 产品组合策划的策略

要掌握产品组合策划必须掌握具体策略，下面对这些策略进行介绍。

（1）扩大产品组合策略

扩大产品组合策略是指开拓产品组合的宽度和增加产品组合的深度。开拓产品组合的宽度主要是指在原产品组合中增加产品线，扩大经营范围；增加产品组合的深度则是指在原有产品线内增加新的产品项目。该策略适合在企业现有产品线的销售额和盈利率将下降时采用，其具体表现方式有以下 4 种。

◎ 在维持原产品品质和价格的前提下，增加同一产品的规格、型号和款式。

◎ 增加不同品质和不同价格的同一种产品。

◎ 增加与原产品相类似的产品。

◎ 增加与原产品毫不相关的产品。

（2）缩减产品组合策略

缩减产品组合策略是指通过缩减产品组合的宽度、深度等，使企业集中力量进行经营。该策略适合在市场不景气或原材料、能源供应紧张时采用，其具体表现方式有以下 4 种。

◎ 取消一些需求疲软或者企业经营能力不足的产品线或产品项目。

◎ 取消一些关联性小的产品线，同时增加一些关联性大的产品线。

◎ 取消一些产品线，增加保留下来的产品线的深度。

◎ 下放经营某些工艺简单、质量要求低的产品。

（3）产品线延伸策略

产品线延伸策略是指企业改变原有的产品市场定位，将目光转向其他不同类型或相同类型的其他市场或其他领域的产品。延伸产品线有 3 种方式，即向下延伸、向上延伸和双向延伸。

◎ **向下延伸**。向下延伸是指企业产品线由高到低进行延伸，如原来生产高档产品，实施该策略后决定增加低档产品。

◎ **向上延伸**。向上延伸是指企业产品线由低到高进行延伸，如原来生产低档产品，实施该策略后决定增加高档产品。

◎ **双向延伸**。双向延伸是指企业原本定位于中档的产品获得竞争优势后，向产品大类的上下两个方向延伸。该方式既可以增加高档产品，又可以增加低档产品，扩大市场阵地。

（4）产品线现代化策略

产品线现代化策略是指对企业现有的产品线进行升级换代。在科学技术与互联网技术快速发展的当下，产品线也面临着升级换代的问题，在实际的发展过程中，企业应该权衡是通过技术改造还是更新换代来进行产品的现代化。

课堂案例——好丽友不同口味的产品组合

好丽友食品有限公司（以下简称"好丽友"）是一家食品企业，目前其产品线主要有派类产品、膨化类产品、饼干类产品和糖果类产品 4 条。

◎ **派类产品**。派类产品包括好丽友·派、Q 蒂、派派福等品牌。

◎ **膨化类产品**。膨化类产品包括薯愿、好友趣、呀！土豆、浪里个浪等品牌。

◎ **饼干类产品**。饼干类产品包括蘑古力、好多鱼、妙粒妙滋等品牌。

◎ **糖果类产品**。糖果类产品包括粒粒出、扭扭大王、大粒大力、EX 口香糖等品牌。

这些产品线代表了不同的产品品牌，每个产品品牌下又有一系列的同类产品。这体现了好丽友产品组合的整体情况。此外，有些品牌还包含了多种类型的产品，如好多鱼的膨化饼干产品，既可以归类到膨化类产品中，又可以归类到饼干类产品中，如图 3-4 所示。

图 3-4　好多鱼的膨化饼干产品

好丽友丰富的产品线为其快速发展奠定了基础，此外，其不同口味的产品组合策略也是促进滞销产品销售、推广新品等的主要手段。例如，某类产品的某个口味销量不佳时，好丽友一般会推出口味组合礼盒包装，将不同口味的产品放在一起，以口味销量高的产品带动口味销量一般的产品，并以特价进行促销，吸引消费者购买，如图 3-5 所示。在推出新品时，好丽友也常利用热销产品来带动新产品的销售。此外，好丽友还经常将同类产品或不同类产品组合在一起以礼盒包装的形式进行促销，以低价吸引消费者购买，如图 3-6 所示。

图 3-5　不同口味的产品组合

图 3-6　同类产品的礼盒促销

3.1.3　产品生命周期策划

产品生命周期是指产品从进入市场开始，直到最终退出市场所经历的市场生命循环过程，一般包括导入期、成长期、成熟期和衰退期 4 个时期。在各个时期，企业应根据产品的特点实施正确的营销策略，下面分别对不同时期的营销策略进行介绍。

1. 导入期的营销策略

导入期也叫进入期，一般是指新产品投入市场的时期。在该阶段，消费者对产品不太了解，为了提升产品的销量，企业需要加大促销费用的投入，因此，在导入期企业应找准进入目标市场的时机，然后根据目标市场的具体情况投入有针对性的产品。同时，企业还要将促销集中在最有可能产生消费行为的消费群体中，以尽快让消费者了解并接受产品，缩短导入期的时间。

2. 成长期的营销策略

经过导入期的营销，消费者对新产品有了足够的了解，也形成了固定的消费习惯，产品的销量开始迅速增加，此时企业就进入了成长期。在该阶段，企业应尽量保持产品的销量增长，延长产品获利的时间，具体可采用以下 4 种策略。

◎ **改进产品品质**。产品品质的改进主要可从改变产品款式、增加新的型号、开发新的功能或用途等方面着手，从而更好地满足消费者的需求，提高产品的竞争力，延长产品对消费者的吸引时间。

◎ **加强产品形象的塑造**。在成长期，消费者对产品非常了解，此时没有必要花费大量的精力来宣传产品的功能、用途等，而是应该将宣传的重心转移到产品形象的塑造，重点打造产品的个性化形象，树立产品品牌，进一步维护消费者并吸引更多的潜在消费者。

◎ **适当降价**。在成长期产品销量急剧增加，进一步扩大了企业的生产规模，从而使产品成本降低，但此时竞争者看到了该产品的市场潜力也会不断涌入，导致消费者的可选择机会增多。因此可适当地对产品进行降价，激发对产品价格较为敏感的消费者产生购买行为，延长成长期的时间。

◎ **寻找新的细分市场**。竞争者的不断涌入加剧了市场的竞争，产品同质化开始出现且越演越烈，此时，企业可再寻找新的细分市场，以挖掘并满足消费者未被满足的需求，并组织生产产品，快速进入新的市场。

3. 成熟期的营销策略

成熟期是指产品从生产到销售均处于全面成熟的时期。在成熟期，产品基本定型且工艺成熟，产品的销量增长缓慢，逐渐达到高峰，然后缓慢下降，同时产品的销售利润也从成长期的最高点开始下降，且同类竞争者众多，市场竞争非常激烈。因此，该阶段的企业应重点增加市场深度，开拓新的市场，以及调整营销组合，从而减缓衰退期的到来。成熟期的营销策略主要有以下两种。

◎ **市场调整策略**。对市场进行分析和挖掘，从产品差异化竞争和用户深耕角度出发，开发产品的新用途、寻找新用户或改变推销方式，从而增加产品销量。

◎ **营销组合调整策略**。对产品、定价、渠道和促销 4 个市场营销组合因素进行分析和综合调整。例如，降低产品价格吸引消费者购买；拓宽销售渠道，增加产品曝光量和购买途径；提升服务质量改善消费者口碑，从而从整体上增强竞争优势。

4. 衰退期的营销策略

当产品销量急剧下降，获利较少，竞争者退出市场时该产品就进入了衰退期。在该时期，消费者的消费习惯已经发生改变，为尽快结束衰退期，企业应该对退出市场的时机进行判断。衰退期的营销策略主要有以下 4 种。

◎ **继续策略**。在原细分市场的基础上沿用过去的策略，直到产品完全退出市场。

◎ **集中策略**。将企业的有效资源和能力集中在最有利的细分市场中，集中力量获取其中的利润，从而为企业创造更多利润并缩短产品退出市场的时间。

◎ **收缩策略**。放弃没有消费能力的消费群体，降低促销力度和促销水平，通过忠于该产品的消费者来获利，从而加快衰退期的结束。

◎ **放弃策略**。若产品衰退比较迅速，可直接放弃经营该产品，快速结束衰退期。

3.1.4　产品包装策划

产品包装最初是为了保护产品、便于运输，而随着互联网的发展、消费者审美与消费需求的变化，产品包装也成了企业营销宣传的一种手段。产品包装策划就是根据企业的产品特色与生产条件，结合市场与消费者的消费需求，对产品的市场目标、包装方式与档次进行整体方向性规划定位的决策活动。

1. 产品包装的策略

企业在进行包装策划时，可参考以下 8 种常用策略。

（1）相似包装策略

相似包装策略是指企业的产品在包装上都采用相同或相似的图案、颜色，保证整体风格的一致，从而体现出共同的特征，更好地树立企业形象。该策略能够节约产品包装的设计和制作成本，一旦形成了明显的产品包装风格，就能加快消费者对产品的认知速度，有利于企业进行新产品的推广与宣传，但容易因为某个产品的质量问题而影响消费者对企业所有产品的印象。

（2）差异包装策略

差异包装策略是指企业的各种产品都根据各自不同的定位和市场需求，采用独特的设计风格来进行包装设计，从而在包装上形成差异化。这种策略适合产品系列较少，且每种产品的特征有明显区别的情况，但会因为设计费用与产品促销费用的增加而导致成本的增加。

（3）相关包装策略

相关包装策略是指将企业的多种相关配套产品放在同一包装物内的策略。这种策略可方便消费者同时购买多件产品，从而带动多种产品的销售，一般适合属性相近的小商品，如礼包、化妆盒、针线包、什锦糖果、文房四宝等。

扫一扫

产品的包装层次

（4）多用途包装策略

多用途包装策略是指采用多用途包装以促进产品销售的一种策略。多用途包装的内装物取用完毕后，包装还可用于其他方面，如玻璃类饮料瓶除了盛装饮料外，还可作为装饰、盛放其他物品，或插花等。

（5）分等级包装策略

分等级包装策略是指按照消费者的消费层次来设计产品包装的一种策略。一般来说，高收入和高文化程度的消费者较为注重包装的品位和个性化；低收入和低文化程度的消费者较为注重包装的便利和实惠性。

（6）附赠品包装策略

附赠品包装策略是指在包装容器内附赠奖券、奖品或包装本身可以换取礼品，以吸引消费者购买的一种策略。

（7）改变包装策略

改变包装策略是指改变和放弃原有的产品包装，改用新的包装。当产品升级换代、消费者包装需求发生变化或科学技术发展更新后，企业需要对产品包装进行改变。在这个过程中，企业还要做好改变包装的相关宣传与说明工作，避免消费者误以为产品质量下降。

（8）配套包装策略

配套包装策略是指将数种有关联的产品配套包装在一起成套供应，从而增加产品的销量。

2. 设计产品包装的注意事项

企业在设计产品包装时应注意以下事项。

* 包装应与产品的定位和价值相适应。
* 包装应展示出产品的特点、个性或风格。
* 包装应方便消费者携带、使用。
* 包装应具有美感，其上的文字、图案、色彩应符合消费者的审美习惯。

3.1.5　新产品开发、上市和推广策划

新产品是指在结构、功能、用途或形态上与旧产品有明显区别，且能满足消费者新的需求的产品。新产品开发是满足消费者需求、改善企业经营结构的主要手段，也是产品营销策划的重点内容，下面对新产品开发、上市和推广策划的相关内容进行介绍。

扫一扫

新产品的类型

1. 新产品开发的方式

新产品开发的方式主要有以下 4 种。

❋　**独创方式**。独创方式即企业自行设计、自行研制新产品。企业采用这种方式开发新产品，有利于产品的更新换代与形成技术优势。但该方式需要企业具备雄厚的实力，与相应的资金、研发团队做支撑。

❋　**引进方式**。引进方式即通过技术引进开发新产品。企业采用这种方式开发新产品能快速掌握新产品制造技术，减少研制经费和投入的精力，从而赢得时间，缩短与其他企业的差距。但该方式不利于形成企业特有的技术优势，容易造成产品的快速更新换代。

❋　**改进方式**。改进方式即以企业的现有产品为基础，根据消费者的需求，采取改变性能、变换形式或扩大用途等方式来开发新产品。企业采用这种方式开发新产品可以直接使用自己已有的设备和技术，大大降低开发费用，且成功率较高。但是，长期采用改进方式开发新产品，会影响企业的发展速度。

❋　**结合方式**。结合方式即将独创方式与引进相结合的方式。该方式是在引进产品制作技术的基础上做一定的研发和创新，从而快速开发出具有竞争优势的产品。但该方式也容易被竞争者模仿。

2. 新产品开发的过程

新产品开发都有一定的过程，包括新产品构思、产品方案筛选、形成产品概念并测试、初拟营销计划、商业分析、新产品研制、市场试销、正式上市，具体过程如图 3-7 所示。

3. 新产品的上市策划

新产品上市策划主要包括以下两方面内容。

（1）选择新产品上市的时机

新产品要成功上市需要准确把握上市的时机，企业可参考下面 3 种方式。

❋　**先于竞争者上市**。先于竞争者上市是指研制出新产品后就立即上市，适用于市场中竞争对手较少或没有竞争对手的情况。采用该方式上市的企业可以掌握市场中主要的分销商和顾客资源，抢占新产品市场的领先地位。

❋　**同于竞争者上市**。同于竞争者上市是指与竞争者同时开发新产品并同时上市，适用于实力相当且新产品较少的情况。采用该方式上市的企业会与竞争者共同承担市场风险，但利润也会共享。

❋　**迟于竞争者上市**。迟于竞争者上市是指在竞争者的产品上市后，通过对竞争者产品的市场反应来判断自身的风险与利益，如果对自身有利则推出新产品并上市。采用该方式可以将风险转嫁给竞争者，但若竞争者的产品非常有利于市场，就达不到"后发制人"的效果。

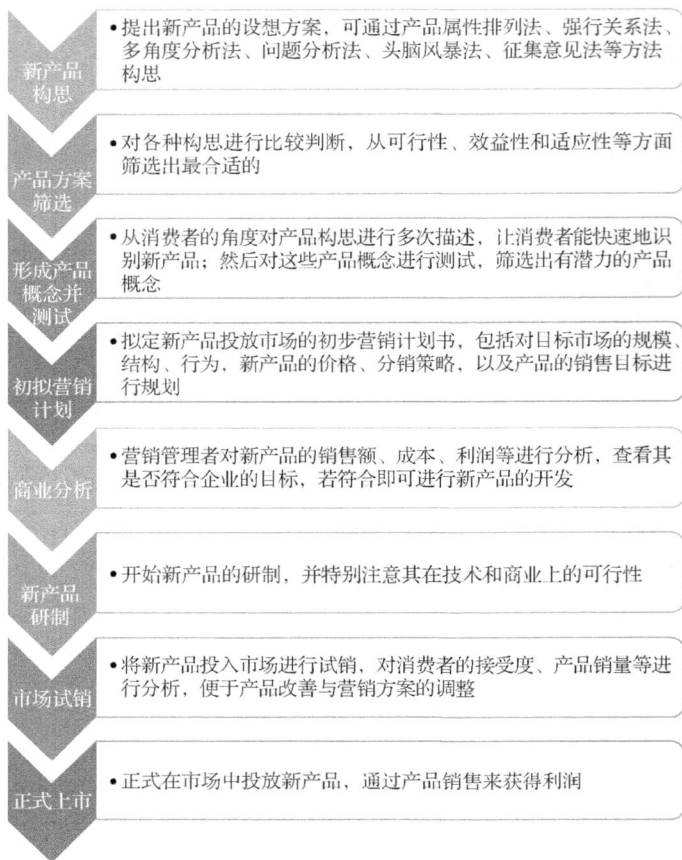

图 3-7　新产品开发的过程

（2）选择新产品上市的地点

新产品上市的地点也是非常重要的，对于实力雄厚的大企业来说，可以全面推进，在消费群体聚集的地区全面推出产品；对于中小企业来说，可从目标消费群体集中的某个地区入手，待取得一定成果后再向其他地区拓展。

4. 新产品的推广策划

新产品上市后企业需要对其进行推广。消费者对新产品有一个了解并接受的过程，新产品的推广就是让消费者了解新产品，并对新产品产生购买的兴趣。为此，企业在进行新产品的推广策划时，需要注意以下 3 个方面。

（1）准确判断目标消费者。消费者根据新产品在市场中存在的时间而逐渐发生变化，企业应该根据消费者对新产品的接受程度来判断目标消费者。一般来说，新产品都由少数创新采用者（即消费先驱）率先使用，他们一般富有冒险精神、经济实力强大，且消息灵通。企业在推广新产品的前期，应该将精力重点集中在他们身上，吸引他们对产品产生兴趣，并在使用产品、产生好感后，对产品进行宣传，从而通过他们的宣传来进一步推广新产品，吸引更多的早期采用者（新产品上市初期受创新采用者的推广后马上购买的消费者），在产品的导入期和成长期增加产品的使用者，引领普通消费者购买产品。

（2）合理确定广告投放时间。新产品的推广离不开广告，企业在投放广告时要注意合理选择投放时间。一般来说，季节因素、节假日因素和企业原有产品的销售渠道对新产品的广告投放有一定的影响，应重点考虑这几个方面。

（3）合理选择推广方法。由于新产品没有知名度，在选择推广方法时，企业应侧重选择打造知名度的各种方法，如推介会、借势大型活动或事件、邀请演员代言等，具体应根据企业的实力决定。

课堂案例——农夫山泉"茶 π"的营销策划

茶 π 是农夫山泉于 2016 年推出的一款果味茶饮料，它将目标市场定位于"90 后""00 后"等主流消费群体，主张"自成一派"，迎合了消费者个性化的消费需求。在口味上，茶 π 融合了低糖的茶和酸甜的水果，将茶与水果这两种截然不同的品类组合在一起，开创了饮品类产品的新口味，并且其以柠檬味为主、多口味系列并存的产品组合策略也充分满足了不同消费者的需求。

茶 π 的定价在 4 ~ 6 元，属于饮品中的中高档产品，为了与其定位相符，茶 π 还在包装上下足了功夫。茶 π 的包装沿用了农夫山泉色彩鲜明的插画风格，其正面通过涂鸦式的动物和水果来设计，即活泼又时尚，包装中央放置了文字"茶 π"，简约大气地突出了产品名称，使其在众多同类竞争品中别具一格，脱颖而出。图 3-8 所示即为茶 π 刚推出时的包装。

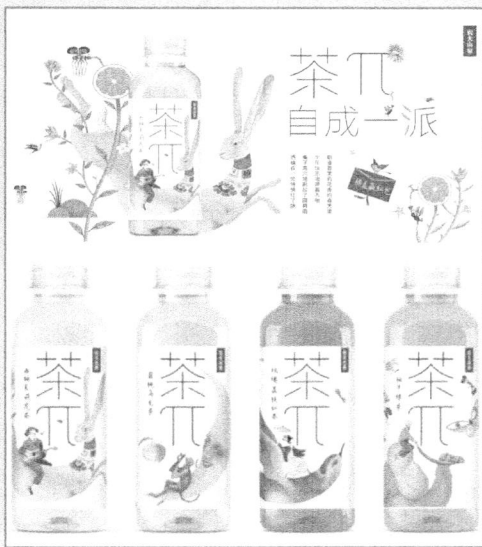

茶 π 除了在超市、社区、路边等零售终端售卖外，还加强了在校园渠道和网络渠道的推广，通过年轻音乐偶像代言人向年轻消费群体传递年轻无限可能的信息，借助演员的影响力为产品引流，并树立其品牌形象，同时还以视频的形式在电视和网络上进行宣传。

茶 π 上市第一年就突破了 10 亿元销售额，并在接下来的 3 年达到了 30 亿元的良好业绩。最近，茶 π 为了进一步增加销量，升级了产品口味并更换了包装。升级后的茶 π 更强调茶味，茶叶原材料比原来增加了 1.6 倍，新包装也不同于原包装的抽象化与意象化，而是加强了叙事性，在每一幅画面中都描述了一个故事，如图 3-9 所示。

随着综艺节目越来越受到消费者喜爱，升级后的茶 π 还与《我是唱作人》综艺节目进行合作，通过综艺节目来增加产品的曝光率，为产品引流。

图 3-8　茶 π 刚推出时的包装

图 3-9　茶 π 更换后的包装

3.2 价格策划

价格策划是指企业为实现长期的营销目标，协调配合其他营销组合进行价格决策的过程。价格策划需要运用各种定价方法和定价策略，下面先对定价的重要性进行介绍，再依次介绍价格策划所涉及的知识。

> 📜 **提示**
>
> 价格策划不同于企业定价，企业定价是企业根据产品成本和市场供求情况，在经营目标的制约下制定产品的销售价格。

3.2.1 定价的重要性

价格策划是围绕产品定价展开的，了解定价的重要性非常有必要。定价的重要性主要表现在以下3个方面。

1. 定价影响品牌形象

价格不仅影响产品的销量，还影响产品的形象。消费者普遍对品牌形象更好的产品有更高的接受度，愿意在同类产品中花费稍高的价格购买形象更好的品牌的产品。只有充分结合市场情况、自身情况，确定一个消费者能够接受的、又能体现品牌定位的价格区间，才能既体现产品的品质又让消费者感受到实惠。

2. 定价影响企业的利润

企业的利润主要来自产品的销售额，产品的销售额由产品价格和产品销售量决定，在产品销售量不变的情况下，产品价格越高，产品销售额就越高，企业利润也就越多。相反，如果价格降低，企业利润就会直线下降。因此，价格直接影响企业的利润。

3. 定价影响竞争力

当下，消费者的购买能力和消费观念相比于以前发生了不小的变化，薄利多销的传统营销策略虽然能够吸引求廉心理的消费者，但对于消费行为越来越个性化的消费者而言，低价反而会让他们认为产品品质不佳。很多国际品牌的产品都坚持着一个策略——不管市场竞争多么激烈，产品不会轻易降价。因此定价与改变产品的市场定位有关，能够影响其竞争力。

3.2.2 定价的方法

定价的方法直接影响着产品的价格，企业在进行价格策划时应综合考虑成本费用、市场需求和竞争状况，选择合适的方法来进行定价。对应的，定价的方法主要有成本导向定价法、需求导向定价法和竞争导向定价法3种，下面分别进行介绍。

1. 成本导向定价法

成本导向定价法是以产品单位成本为定价的基本依据，再加上预期利润来确定价格的方法。成本导向定价法是较为常用的一种定价方法，它又包括总成本加成定价法、目标收益定价法、边际成本定价法和盈亏平衡定价法等具体的定价方法。

（1）总成本加成定价法

总成本加成定价法是指将所有为生产某种产品而发生的耗费均计入成本的范围，计算单位产品的变动成本，合理分摊相应的固定成本，再按一定的目标利润率来决定价格。其计算公式如下。

$$产品售价 = 完全成本 × （1 + 加成率）\frac{安全成本}{1 - 利润率 - 税率}$$

（2）目标收益定价法

目标收益定价法又称目标利润定价法或投资收益率定价法，是在成本的基础上，按照目标收益率的高低来定价的方法。其计算公式如下。

$$产品售价 = \frac{总成本 + 目标利润}{预计销售量}$$

（3）边际成本定价法

边际成本定价法又称边际贡献定价法，是企业以单位产品的边际成本为基础的定价方法。由于边际成本与变动成本比较接近，而变动成本的计算更容易一些，所以在实际定价时多用变动成本替代边际成本，因此，又将边际成本定价法称为变动成本定价法。其计算公式如下。

$$单位产品定价 = \frac{总变动成本 + 边际贡献}{现实生产量（销售量）}$$

$$边际贡献 = 价格 - 单位变动成本$$

（4）盈亏平衡定价法

盈亏平衡定价法也叫保本定价法或收支平衡定价法，是指在销量既定的条件下，企业产品的价格必须达到一定的水平才能做到盈亏平衡、收支相抵。既定的销量称为盈亏平衡点，产品销量超过盈亏平衡点，企业能获利，反之则会亏损。盈亏平衡定价法的计算公式如下。

$$实际价格 = \frac{固定成本 + 预期利润}{盈亏平衡点销售数量} + 单位可变成本$$

2. 需求导向定价法

需求导向定价法是指不首先考虑成本，而以市场需求强度和消费者对产品价值的认知为依据的一种定价方法。需求导向定价法又可以分为理解价值定价法、需求差异定价法和反向定价法 3 种，分别如下。

（1）理解价值定价法

理解价值定价法是指企业将消费者对产品价值的认知与理解程度作为定价依据的一种定价方法。它侧重考虑消费者的价值判断，但不同消费者对产品价值的理解是不同的，企业采用这种方法进行定价时，要做好产品的市场定位，突出产品的特性，通过产品的知名度与美誉度来增加消费者对产品的认知，进而提高消费者对产品价格的接受度。

提示

在具体实施时，企业还可先拟定一个可销价格，预估该价格下的成本、产品销量和盈利等情况，最后确定实际价格。

（2）需求差异定价法

需求差异定价法是指企业以销售对象、销售地点、销售时间等条件变化所产生的需求差异作为定价依据来制定价格的一种定价方法。该方法需要企业根据需求强度的不同进行市场细分，且保证细分后的市场之间相互独立、价格差异适中，不会让消费者反感。

（3）反向定价法

反向定价法是指企业以消费者对产品价值的感受和理解程度为依据确定消费者能够接受的最终销售价格，然后计算企业自身从事经营的成本和利润，再逆向推算出产品的批发价和零售价的定价方法。

3. 竞争导向定价法

竞争导向定价法是指企业以市场中的同类竞争者的价格为依据来定价的方法。采用该方法，企业的产品定价会随着竞争者的价格变化而发生变化。竞争导向定价法又可以细分为随行就市定价法和投标定价法，下面分别进行介绍。

（1）随行就市定价法

随行就市定价法是指企业按照行业的平均价格来定价的一种方法。该方法不太关注企业自身的成本或需求，而是重点关注竞争者的价格，可能与竞争者的价格相同或低于、高于竞争者的价格。该定价方法是同质产品市场的常用定价方法。

（2）投标定价法

投标定价法是指投标者（买方）在招标者（卖方）的公开招标期限内，根据对竞争者报价的估计来制定竞争报价的一种定价方法。投标定价法一般在企业参与投标时采用，企业要综合考虑目标利润与中标概率，并密切注意竞争者的投标动态。

3.2.3　定价的策略

企业的价格不是固定不变的，企业在生产经营的过程中应根据市场、消费者和竞争者的情况进行价格调整，因此，企业有必要掌握定价的策略。定价策略主要包括心理定价策略、地区性定价策略、折扣定价策略、需求差别定价策略、产品组合定价策略和捆绑定价策略6种，下面分别进行介绍。

1. 心理定价策略

心理定价策略是根据消费者的心理来定价的一种策略，主要有以下5种方式。

◈ **整数定价**。整数定价是指将产品价格定在整数或整数水平以上，以彰显产品的高档性。该方法适用于价格较高的一些产品，如珠宝、艺术品等，可以侧面体现出产品的质量，提升品牌形象。

◈ **尾数定价**。尾数定价是指保留价格尾数，采用零头标价，将价格定位在整数水平以下，从而给消费者实惠感的一种定价策略。尾数定价常以"8""9"等数字作为尾数，它适用于需求弹性较大的产品。

◈ **习惯定价**。习惯定价是指按照消费者的习惯进行定价。这种方式适合已经在消费者心中形成固定价格印象的产品，如生活日常用品等。如果其定价超出了消费者习惯的价格，消费者会转而寻求其他企业的同类产品。

◈ **声望定价**。声望定价是指基于消费者的求名心理，将有声望的产品价格制定得比同类产品的价格更高。声望定价是整数定价的进一步发展，其应用领域广泛，包括饮食、服务、科技、医疗、文化、服务等行业。

◈ **招徕定价**。招徕定价又叫特价定价，是指故意调低部分产品的价格，以吸引消费者购买。这种方式针对的是有求廉心理的消费者，低价策略能够吸引他们产生购买行为。招徕定价适合用于消费者经常购买的品类产品。

2. 地区性定价策略

地区性定价策略是针对企业在不同地区销售的产品进行定价的策略，主要包括以下 5 种方式。

◎ **原产地定价**。原产地定价又叫按产地在某种运输工具上交货定价，是指消费者按照出厂价购买产品，企业只负责将产品运送到产地的某种运输工具上，交货后，从产地到目的地的风险和费用由消费者自行承担。这种方式下，每位消费者都需要支付从产地到目的地的运输费用。

◎ **分区定价**。分区定价是指将我国（或某些地区）分为若干价格区间，为每个价格区间制定不同的地区价格，位于相同价格区间的消费者的定价一致，不同价格区间的消费者的定价不一致。一般来说，距原产地较近的区域价格较低，距原产地较远的区域价格较高。

◎ **基点定价**。基点定价是指选择某些城市作为基点，在产品原价的基础上再加上从基点城市到目的地的运费来进行定价。

◎ **统一交货定价**。统一交货定价是指企业对卖给不同地区消费者的产品，都按照相同的厂价加相同的运费进行定价，即消费者不论在何地，所需支付的价格都是一样的。

◎ **免收运费定价**。免收运费定价是指只收取产品原价，免除全部或部分运费的定价方式。当下，电商购物非常火爆，免运费是很多消费者购物的首要考虑因素，采用这一策略也可以增加企业的竞争优势。

3. 折扣定价策略

折扣定价策略是指企业为了鼓励消费者及早付清货款、大量购买、淡季购买等，酌情降低产品的价格，其方式主要有现金折扣、数量折扣、功能折扣、季节折扣，以及回扣和津贴等，下面分别进行介绍。

（1）现金折扣

现金折扣是指企业为了鼓励消费者尽早付款，对在规定的时间内提前付款或用现金付款的消费者给予的一种价格折扣，从而达到加速资金周转，减少财务风险的目的。企业采用现金折扣时要考虑折扣比例、给予折扣的时间限制，以及付清全部货款的期限等内容。

（2）数量折扣

数量折扣是指企业为了鼓励消费者大量购买或集中向企业购买产品，按购买产品数量的多少，分别给予消费者不同的折扣，从而达到促进产品多销、快销的目的。数量折扣模式下，消费者购买的产品数量越多，则折扣越大。

（3）功能折扣

功能折扣是指企业为了鼓励中间商大批量订货，在产品分销过程中给予中间商的不同折扣，从而达到提高销售量，与中间商建立长期、稳定的合作关系的目的。

（4）季节折扣

季节折扣是指企业针对某些具有连续生产特征的季节性产品，对在淡季购买该产品的消费者给予一定的折扣，从而保证企业生产和销售的稳定，如在夏季购买羽绒服常会有较大的折扣。

（5）回扣和津贴

回扣是指消费者按原价购买产品并付清全部货款后，企业再按一定比例将货款的一部分返还给消费者。津贴是指企业以价格补贴或其他补贴的形式，对特定的消费者给予一定的优惠。这两种方式都能够提高消费者的购买积极性和产品的销售量。

4. 需求差别定价策略

需求差别定价策略是指以消费者需求的不同为依据来确定产品价格，使企业更符合市场的要求，达到促进产品销售的目的。需求差别定价的方式主要有以下 4 种。

（1）以消费者为基础的差别定价

以消费者为基础的差别定价是指同一产品针对不同的消费者，制定不同的价格。例如，针对潜在消费者和忠实消费者、短期消费者和长期消费者等采用不同的价格标准。

（2）以地点为基础的差别定价

以地点为基础的差别定价是指根据地点的不同而制定不同的价格，从而调节消费者对不同地点的需求和偏好，平衡市场供求。

（3）以时间为基础的差别定价

以时间为基础的差别定价是指对不同的季节、日期，甚至钟点的产品或服务制定不同的价格。例如，电在高峰期和闲暇期的收费标准就不同。

（4）以产品为基础的差别定价

以产品为基础的差别定价是指对不同形式的产品制定不同的价格。例如，不同外观、花色、型号、规格、用途的产品，其价格不同。

5. 产品组合定价策略

产品的基本定价方式虽然是相同的，但当产品成为产品组合的一部分时，产品就不能单以某个方式来定价，而要考虑整个产品组合中需求和成本之间的内在关系，寻找一个能够在产品组合中获得较大利润的价格。产品组合定价的方式主要有以下 3 种。

（1）系列产品定价

企业规模达到一定程度后，产品就不再单一，产品的品种、档次、规格、花色、样式等会逐渐多样化，形成一系列的产品，因而产品也存在品种差价、档次差价、规格差价、花色差价、样式差价等。

（2）互补产品定价

互补产品定价是指对互补产品中购买频率低且需求弹性大的产品定低价，对购买频率高而需求弹性小的产品定高价的定价策略。

（3）互替产品定价

互替产品是指消费者在购买和使用过程中能够相互代替的产品。互替产品定价是指对互替产品中的畅销产品定高价、滞销产品定低价的定价策略。

6. 捆绑定价策略

捆绑定价是指企业将一种产品与其他产品组合在一起以一个价格出售。其形式主要有同质产品捆绑定价、互补产品捆绑定价和非相关性产品捆绑定价 3 种。企业要采用捆绑定价策略，就需要具有一定的市场支配力，此外，被捆绑的产品之间还要有一定的关联性，且其市场定位是相同的。

3.2.4 调价策划

企业产品的价格不是固定不变的，它会跟随企业的发展与市场环境的变化不断发生变化，主要表现为降价和涨价两种情况。下面分别进行介绍。

1. 降价策划

降价策划需要考虑多方面的因素，企业首先要了解降价的原因，然后掌握降价的技巧，下面分别进行介绍。

（1）降价的原因

企业有以下情况时，可选择降价。

- 企业的生产能力过剩，需要扩大销售，但又不能通过产品改进和加强销售等方式扩大市场。
- 市场竞争激烈，企业的市场占有率下降。
- 企业的成本费用比竞争者低，通过降价能提高市场占有率，从而扩大销售。

（2）降价的技巧

企业在降价时需要掌握其技巧，具体如下。

- **给降价一个合理的理由**。消费者对产品价格的变化是比较敏感的，当产品降价时，如果没有一个合理的理由，消费者可能会认为该产品的质量有问题。一般来说，促销活动降价、庆典活动降价、店面拆迁降价等都是常见的合理理由。
- **选择合适的降价时机**。降价的时机主要有提前和推迟两种情况，提前降价可以更快地增加产品销量，加速企业资金的周转速度，为新产品的销售预留更多的空间；推迟降价可以减少企业利润的减少量，同时也可避免降价频繁而干扰其他产品的销售。一般来说，产品原本的销量较好时，应推迟降价；若降价能快速刺激消费者的购物欲望，大大增加产品销量，则可提前降价。
- **控制降价的幅度**。降价应控制在一定的幅度。降价幅度小，不能吸引消费者的购物兴趣；降价幅度大，不仅影响企业的最终收益，还会让消费者怀疑产品的质量，反而影响产品的销售。一般来说，产品的降价幅度应控制在 10% ～ 40%。
- **降价方式要灵活多变**。企业在生产经营过程中对产品进行降价时，切勿采用单一的降价方式，这样会让消费者产生降价疲劳，质疑降价的目的。常用的降价方式有清库存、节庆促销、主题优惠活动等，可根据时间变化来交叉应用。

课堂练习

通过网络搜索 2020 年上汽斯柯达下调全系产品定价的相关信息，回答以下问题。

（1）上汽斯柯达为什么要下调产品价格。

（2）上汽斯柯达在调价前做了哪些准备。

（3）消费者对上汽斯柯达的调价行为有什么看法。

2. 涨价策划

与降价一样，涨价也需要了解其原因与掌握其技巧，下面分别对涨价的原因和技巧进行介绍。

（1）涨价的原因

当出现以下情况时，企业可考虑涨价。

- 产品成本增加，造成生产成本上涨。
- 产品功能增加，竞争力增强。
- 消费者哄抬物价，产品供不应求。
- 通货膨胀，产品现有价格低于其实际价值。

（2）涨价的技巧

掌握涨价的技巧，可以帮助企业更好地进行涨价策划，具体如下。

◎ **说明涨价的原因**。相对降价来说，消费者对涨价更加敏感，如果没有合理的理由，消费者会因为产品价格上涨而直接放弃企业的产品。

◎ **切忌所有产品同时涨价**。产品涨价会引发消费者的抵触心理，为了缓解消费者产生这种情绪，切忌不要所有产品同时涨价，避免造成消费者的流失。

◎ **选择合适的涨价时机**。涨价的时机非常重要，一般来说可以选择在销售淡季、上游供应商高调宣布涨价、重要节点（如传统节日）前、新的销售年度等时机涨价。

◎ **控制涨价的幅度**。价格上涨太多会引发消费者的反感，一般来说应控制在 10% 以内。

◎ **附加馈赠**。为了减少消费者的抵触心理，可在不损害企业利益的前提下，为消费者提供一些附加赠品。

✎ **课堂练习** ─────────────────────────────────────

搜索陕西红星美羚乳业股份有限公司（以下简称"红星美羚"）2018 年大幅提高产品售价的相关信息，回答以下问题。

（1）红星美羚为什么要提高产品售价。

（2）红星美羚的调价策略是否正确，为什么。

（3）经销商和消费者对红星美羚此次的调价有何看法。

（4）此次调价带来了哪些影响。

3.3 **渠道策划** ━━━━━━━━━━━━━━━━━━━━━━━━━━

现代营销之父菲利普·科特勒对营销渠道（以下简称"渠道"）的定义是：营销渠道是指某种货物或劳务从生产者向消费者移动时，取得这种货物或劳务所有权或帮助转移其所有权的所有企业或个人。简单地说，营销渠道就是产品和服务从生产者向消费者转移过程的具体通道或路径。营销渠道策划是指怎样合理选择、设计和管理产品从生产者转移到消费者所经过的路线和通道。

3.3.1 渠道模式的选择

了解渠道模式的类型并掌握其选择方法是进行渠道策划的前提，下面分别进行介绍。

1. 渠道模式的类型

渠道模式的类型主要有以下 4 种。

（1）直销模式

直销模式是指取消中间商，降低产品的流通环节成本并满足消费者利益最大化需求的一种方式。简单地说，就是生产商不经过中间商，而直接把产品销售到消费者的手中，从而减少中间环节和销售成本的一种销售模式。其常见方式如下。

◎ 专营店铺专门销售自己生产的或厂家生产的产品。

◎ 专卖店通过直销员销售产品。

◎ 以店铺为销售中心，通过推销员登门推销进行产品销售。

- 经销商招聘直销员销售产品。
- 电话直销。
- 邮递直销。
- 电视直销。
- 网络营销。
- 面对面直销。

直销模式下，企业可以节省一定的营销和广告成本，因而产品的价格会比同类竞争产品低，对消费者的吸引力更大。但这种模式也有一些不足，主要表现在销售范围有限，且适用性较低，一般要求产品的质量较好，企业提供的服务到位。此外，直销模式对直销员的个人素质要求也较高。直销模式的典型代表是戴尔，它开创了计算机行业的先河，通过一对一了解消费者的需求，为消费者定制计算机并提供服务，实现了定制化、低成本、高效率的直销模式。

（2）专卖店模式

专卖店模式是指企业在不同地区建立专卖店或通过加盟方式建立专卖店进行产品销售的一种模式。专卖店模式要求企业有一定的实力，以品牌知名度作为支撑，且产品较为丰富。

专卖店模式将销售与服务集合在一起，为消费者提供了购买一类产品或一个品牌的系列产品的机会，这不仅可以增加产品的销量，还能对企业形象与实力进行展示。但建设实体店面需要投入较多的资金，且配置资源有限。

（3）分销商模式

分销商模式是指通过生产商生产产品，将产品交给中间商进行销售的模式。它是较为常见的一种渠道模式，其运作方式主要有以下两种。

- **厂家→大型零售终端**。厂家→大型零售终端的示意图如图 3-10 所示。该方式通过超市、商场等大型零售终端与厂家对接，渠道较短，且能够很好地进行管理控制。但若要保证产品销量，就要选择交通便利、消费群体较集中的地区的大型零售终端合作，这会增加一定的人力、物力成本，加大企业管理的难度。

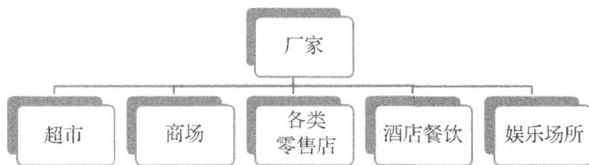

图 3-10　厂家→大型零售终端

- **多环节网络销售**。多环节网络销售的示意图如图 3-11 所示。该方式适合大众化产品，具有渗透力强、覆盖面广等特点，但容易造成价格混乱，以及区域间的冲货，需要企业加强管理力度。

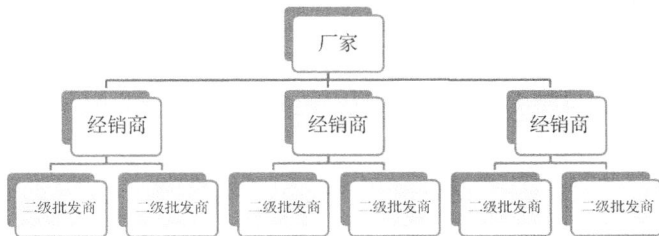

图 3-11　多环节网络销售

（4）自建渠道模式

自建渠道模式是指企业通过自身实力建立销售网络。这种方式下企业对渠道有绝对的掌控权，能够更好地管理并控制渠道，但建设周期较长且需要大量的资金成本。

2. 如何选择合适的渠道模式

企业在选择渠道模式时，需考虑以下因素。

（1）消费群体的习惯

产品只有经过渠道才能被消费者接触，因此从消费者的角度来考虑渠道的便捷性是非常有必要的。如果企业的销售渠道不能让消费者很便利地购买产品，那么该渠道就是无效的。如果企业的目标消费群体分布较广泛，则企业应考虑覆盖面更广的销售渠道；反之，目标消费群体较集中时，可采用较短的销售渠道或进行直销。

（2）产品的特点

渠道是联系制造商、中间商和消费者的有机通道，其最终目的是将产品传递给消费者并满足消费者的需求。如果将产品放在错误的渠道进行销售，就无法体现产品的特点与优势，从而导致该渠道的销售是无效的。因此，选择渠道时要考虑产品的特点，选择适合产品销售的渠道才能让消费者更快获取产品的相关信息，进而加快产品的销售。例如，生活用品一般在便利超市销售。

（3）企业的实力

企业的生产规模、经营管理能力、战略目标、品牌形象等也影响渠道的选择。企业的实力越强，可选择的渠道空间就越大，也更注重渠道的短、平、快，甚至企业会建立自己的销售网点，直接进行销售。而实力一般的企业通常通过中间商来销售产品。

（4）中间商的能力

中间商的经营能力、实力水平、信誉状况、地理位置、资源状况等也是企业选择渠道模式时应考虑的。一般来说，中间商的分销经验越丰富、信誉越好、地理位置越优越、经营范围越广，企业越容易选择中间商进行渠道销售。

（5）市场的表现

如果市场规模较小，企业应考虑直销或选择较短的销售渠道；如果市场规模较大，可充分利用中间商来销售产品。

3.3.2 渠道价格的制定

渠道价格是指企业将产品出售给各种销售渠道的价格。企业需要先了解渠道价格的形式，然后构建差别化的价格体系，分别介绍如下。

1. 渠道价格的形式

渠道价格的形式主要有以下 6 种。

◉ **单一价格形式**。单一价格形式是指不论产品的购买数量、购买者、目的地有何不同，价格都保持不变。

◉ **购买数量折扣形式**。购买数量折扣形式是指根据购买者一次购买产品的数量给予一定的折扣，一般购买数量越多，折扣越高。

◉ **累积数量折扣**。累积数量折扣是指在某一时间内，根据购买者的总订货数量给予一定的折扣，常用于食品企业的渠道价格制定。

◈ **商业折扣**。商业折扣是指根据经销商职能的不同给予不同的折扣，如一级批发商、二级批发商、三级批发商和零售商的渠道价格常常会不同。

◈ **统一送货价格**。统一送货价格是指不考虑产品的运输成本，最终价格是固定的。

◈ **可变送货价格**。可变送货价格是指保持产品基本价格相同，但根据运输距离的远近叠加不同的运输费。

2. 构建差别化的价格体系

构建一个完善的渠道价格体系是渠道价格制定的最终目标，它不仅能反映企业各级渠道的利润，还能体现企业的整体营销能力和渠道管理水平。其中，构建差别化的价格体系是必不可少的，下面对其进行详细介绍。

（1）根据渠道成员的级别构建

企业在构建差别化的价格体系时，最先考虑的应该是渠道成员的级别。一般来说，渠道成员的级别不同，销售功能也就存在一定的差异，因而其渠道价格也应有所不同，所以，根据渠道成员的级别来构建价格体系是非常有必要的。一般来说，渠道成员根据经手产品的顺序其产品定价名称依次为出厂价、一批价、二批价、三批价和零售价，分别对应生产商、一级批发商、二级批发商、三级批发商和零售商。

扫一扫
渠道级别及其结构

📜**提示**

对于规模较大的企业来说，其渠道成员的数量众多，它们的实力也千差万别，直接以级别来构建价格体系比较困难。要解决这个问题，要做到 3 点：一是企业选择渠道成员时就要考虑到其实力悬殊不能太大，二是对实力差距较大的渠道成员进行分级，三是实行总经销制，由实力强大的渠道成员与企业进行共同管理。

📜**提示**

一级批发商主要靠加价和返利来获利，零售商通过批发差价来获利，而二级批发商、三级批发商的利润空间则相对较小。企业在构建差别化价格体系时，如何更好地为二、三级批发商提供利润空间是一个难点。

（2）根据客户的重要程度构建

根据客户的重要程度构建差别化价格体系，即按照客户的现有销量和潜在销量来判断客户的重要程度，然后对客户进行分级，如一级客户、二级客户、三级客户等，对不同级别的客户制定不同的折扣率，且越重要的客户，其折扣率越高。

3.3.3　渠道的管理

渠道策划离不开对渠道的管理，掌握管理渠道的各种策略是最大化发挥渠道在企业生产经营中的作用的首要前提。渠道的管理主要包括渠道成员激励、渠道冲突化解和渠道整合 3 个方面，下面分别进行介绍。

1. 渠道成员激励

渠道成员激励是渠道管理的重要内容，它可以激发渠道成员的积极性，使其在活动过程中更加活跃，产生更大的价值。激励渠道成员的方式有很多，可分为直接激励和间接激励两种，下面进行具体介绍。

（1）直接激励

直接激励主要是从物质奖励、金钱奖励等渠道成员能直接获得的奖励来体现的，主要表现方式如下。

◎ **返利**。返利也称返点，是指渠道成员在一定时间内达到了企业指定的销售额所给予的百分点奖励。返利有两种形式，一种是现价返，另一种是货物返。企业在采用返利方式激励渠道成员时，要对返利的标准、时间以及附属条件等做明确的规定。

◎ **奖项奖励**。奖项奖励是指为完成企业指定项目的渠道成员设立奖项，并给予一定的物质奖励，如合作奖、开拓奖、专售奖、销货奖等。

◎ **补贴**。补贴分为协助力度补贴和库存补贴两种。协助力度补贴是指陈列费、配送费等费用补贴。库存补贴又分为点存货补贴和恢复库存补贴。点存货补贴是指渠道成员在开展促销活动前，清点自己的库存，然后加上进货量，减去促销结束时的剩余库存，其差额就是企业补贴给渠道成员的实际库存补贴；恢复库存补贴是指渠道成员将库存恢复到过去的最高水平后，企业给予一定的补助。

（2）间接激励

间接激励是指通过帮助渠道成员掌握管理、销售方法，从而提高销售绩效的一种激励方式。间接激励的方式主要有以下 4 种。

◎ **库存管理**。帮助渠道成员建立进销存报表，从而使渠道成员对实际销售数量和利润有更深入的了解。帮助渠道成员建立库存数，从而使渠道成员更合理地安排进货。帮助渠道成员做好库存管理，从而减少产品过期情况的发生。

◎ **零售终端管理**。对零售终端的店铺铺货、产品陈列等进行统一管理，通过定期摆放的形式帮助其整理货架，设计陈列方式。

◎ **客户管理**。帮助渠道成员建立客户档案，对客户的信息进行收集和分级管理，从而更好地针对客户特性开展不同的营销活动。

◎ **伙伴关系管理**。伙伴关系是指制造商与渠道成员结成合作伙伴，共享利益，共担风险。结成合作伙伴关系后，渠道成员可以享受制造商的相关资源。

2. 渠道冲突化解

当一个渠道成员的行为与其渠道合作者的期望相反时，会产生渠道冲突。因此，企业要注重对渠道冲突进行化解，如果化解不当，会直接影响整个渠道的分销效率和效益。下面先介绍渠道冲突的表现形式和原因，再对化解对策进行介绍。

（1）渠道冲突的表现形式

渠道冲突的表现形式有水平渠道冲突、垂直渠道冲突和多渠道冲突 3 种，下面分别进行介绍。

◎ **水平渠道冲突**。水平渠道冲突是指同一渠道模式中，同一层次的渠道成员之间的冲突，如同级批发商或同级零售商之间的冲突。水平渠道冲突常见表现形式有跨区域销售、压价销售、不按规定提供售后服务或提供促销等。

◎ **垂直渠道冲突**。垂直渠道冲突是指同一条渠道中不同层次的渠道成员之间的冲突，如制造商与分销商、总代理与批发商、批发商与零售商之间的冲突，常见表现形式有进货价格冲突、服务冲突和信贷冲突等。

◎ **多渠道冲突**。多渠道冲突也称为交叉冲突，是指两条或两条以上渠道之间的成员发生冲突，如代理分销商与渠道成员之间的冲突，常见表现形式有销售网络紊乱、区域划分不清、价格不同等。

（2）渠道冲突的原因

造成渠道冲突的原因主要有以下 6 种。

◎ **角色失称**。当渠道成员的行为角色超出了其他渠道成员的可接受范围时，就会发生角色失称的情况。

◎ **观点差异**。当渠道成员对事物或情景的理解出现不同时，可能会发生观点差异。

◎ **决策权分歧**。当一个渠道成员的行为侵害了其他渠道成员的决策权时，就会发生决策权分歧。

◎ **目标不相容**。当渠道成员之间的目标不相容时，可能产生渠道冲突。

◎ **信息不对称**。当渠道成员之间接收的信息不准确、不及时时，可能会产生渠道冲突，如订单、发票、装运通知单等的回传。

◎ **资源稀缺**。当稀缺资源的分配不均时，也会引起冲突。

（3）化解冲突的对策

渠道冲突的化解对策主要有以下 4 种。

◎ **奖励刺激**。通过奖励刺激使渠道成员大事化小、小事化了，是快速、有效解决渠道冲突的常用方法，如价格折扣、数量折扣、按业绩奖励等。该方法主要用于解决制造商与批发商之间的冲突和矛盾。

◎ **沟通劝说**。通过沟通劝说为存在冲突的渠道成员提供沟通的机会，让双方能更进一步地了解彼此，进行信息的共享，认识到彼此应扮演的角色，做好自己的本职工作。

◎ **惩罚**。对于不遵守规则、严重扰乱市场秩序或屡教不改的渠道成员，应给予严厉的处罚，情节严重者甚至可以解除合约，将其清出队伍。

◎ **法律手段**。若奖励刺激、沟通劝说、惩罚等都无法解决渠道冲突，且有越演越烈之势时，就需要借助法律手段，如诉讼、法律仲裁等进行解决。

提示

产生渠道冲突后，企业应先对渠道冲突的性质和严重程度进行识别和判断，以效率和共赢为准则，尽早化解冲突。

---

3. 渠道整合

对企业来说，营销渠道是非常多样化的，但单一的渠道优势有限，因而有必要进行渠道整合。渠道整合是指将销售过程中的任务进行分解，并分配给能以较低成本或更多销量完成该任务的渠道，从而形成协同互补的立体渠道模式。例如，企业可以通过直邮营销、电话营销或网络营销来寻找潜在消费群体，然后将潜在消费群体转移给直接渠道或间接渠道来进行产品销售，但其售后服务又由中间商提供，以合理分配资源、大幅度降低销售成本，并有效地满足消费者需求。因此，可以看出渠道整合的核心是分析在较低成本下能较好完成销售任务的营销渠道，并协调各渠道的营销资源和行为，提高渠道体系的运作效率。

课堂案例——李宁的网络营销渠道建设

李宁（中国）体育用品有限公司（以下简称"李宁"）是我国体育用品行业的佼佼者，它拥有品牌营销、研发、设计、制造、经销及零售能力，产品主要包括自有李宁品牌生产的运动及休闲鞋类、服装、器材和配件产品。李宁采用了外包生产和特许分销商模式，在我国建立起了庞大的供应链管理体系以及分销和零售网络。

随着新媒体的发展，网络营销逐渐盛行，作为体育用品行业的领先者，李宁率先进行了网络营销渠道的拓展。刚开始由于对网络营销渠道不够了解，李宁主要通过现有的网络渠道直接建设官方直营网店进行产品销售。2008 年 4 月 10 日，李宁在淘宝商城开设了第一家直营网店，而后又相继在新浪商城、易趣等网站上通过直营和授权的形式开设了网店，并通过店铺授权、整合等方式将其他网络零售商纳入自己的渠道范畴。2008 年 6 月李宁推出了自己的官方商城——李宁官方网站，多渠道布局自己的网络销售系统。

为了更好地整合网络渠道与传统渠道，打造更有利于自身发展的渠道系统，李宁还进行了渠道的优化与管理，主要表现在以下 3 方面。

（1）区分不同销售渠道的产品

不同的渠道销售不同的产品，以充分发挥不同渠道的作用，全面提升产品销量，减少库存积压。例如，在官方网上商城主要以正价销售新品和限量产品，在淘宝商城网店主要销售库存产品，在线下商店主要销售打折库存产品。

（2）保持产品价格的统一

针对不同的网店类型，李宁采用不同的方式来统一价格。对于商城网店，李宁采用传统的线下渠道与经销商的合作方式，与商城平台签约授权李宁的产品销售。对于个人网店，李宁主要通过提供产品、服务和培训等优惠将其纳入自己的价格体系。

（3）整顿网络渠道和传统渠道

为了保证产品质量与品牌形象，李宁对网络渠道和传统渠道进行了整顿，严格禁止线下经销商、制造商违规出货。

总的来说，李宁在传统渠道的基础上，结合当前市场的发展情况进行了网络渠道的建设与整合，为其以后的发展奠定了基础。截至 2020 年 12 月 30 日，李宁品牌在我国的线下店铺总数为 6 225 家（不包含李宁 YOUNG），并持续在东南亚、印度、中亚、美国和欧洲等地区开拓业务。

3.4 促销策划

促销策划是指企业在市场调研的基础上，通过各种促销手段与营销工具达到自身的营销战略要求，以使促销投入效益最大化的过程。企业要制订合理的促销策划计划，就需要先了解促销的含义与作用，然后掌握促销的方式、促销方式的组合和促销的方法。

3.4.1　促销的含义与作用

促销，是指营销策划人员向消费者传递本企业及产品的各种信息，以说服或吸引消费者购买本企业的产品，最终达到扩大销售量的目的的一种活动。促销的本质是营销策划人员与消费者之间的沟通，它对企业的生产经营有以下作用。

　　◎　**传递信息，树立形象**。促销的前提是充分的市场调研与信息传递。企业必须在正式开展促销前及时向消费者和中间商传递产品和企业的信息，树立消费者和中间商对产品和企业的良好印象，为企业产品的销售创造条件。

　　◎　**创造需求，扩大销售**。促销能够基于对消费者需求的充分挖掘，采取各种促销活动来诱导消费者产生消费需求，进而提升产品销量，提高企业市场份额占有率，使企业的市场发展方向更加明确，进一步发现新的市场。

　　◎　**突出特点，彰显优势**。促销活动要想吸引消费者，就需要充分展示企业自身的产品特点，以突显与竞争者的不同，通过差异化特点形成竞争优势，增加消费者对产品的兴趣，进而促进消费者的购买行为，增加产品销量，提高企业竞争力。

　　◎　**反馈信息，巩固市场**。开展促销活动，不仅可以增加消费者对企业的了解，还能通过消费者对企业产品和促销的反馈对促销策略进行及时调整，保证产品与经营渠道的一致性，进而促进企业市场份额的稳定，进一步巩固企业的市场地位。

3.4.2　促销的方式

促销的方式主要有人员推销、广告促销、销售促进和公共关系促销 4 种，下面分别进行介绍。

1. 人员推销

人员推销是指推销员通过口头宣传来说服消费者，实现产品销售的一种直接促销方式。这种方式具有以下特点。

　　◎　推销员与消费者可以进行直接的双向沟通，推销员可以通过各种沟通技巧和推销手段来吸引消费者，打消消费者的购物疑虑，进而更快地完成消费者的购物行为。

　　◎　推销员良好的服务可以给消费者留下良好的印象，一方面为消费者的购物决定提供决策基础，另一方面还树立了良好的企业形象，为进一步挖掘潜在的消费者提供了条件。

　　◎　推销员在促销的过程中会遇到大量的消费者，通过与消费者的交流，推销员不仅可以获得详细的消费者信息，还能快速区别并筛选出哪些是可发展的潜在消费者，以及哪些是需要维护的忠实消费者。通过维护这些消费者，推销员可以与其建立友好的长期合作关系，从而为企业带来稳定的消费群体，保障企业的收益。

2. 广告促销

广告促销是指企业通过各种广告媒体向消费者传递消费信息，进而促进产品销售的一种直接促销方式。这是一种企业单方面向消费者传递信息的促销方式，其常用的媒体有电视、报纸、招牌、路牌、招贴、交通工具、包装、广播、网络、新媒体、宣传单等。对于企业来说，可根据所开展的不同促销类型选择不同的广告媒体。一般来说，开业促销常选择报纸、宣传单、交通工具、户外展牌、广播、新闻稿件、网络或新媒体等进行传播；年庆促销常选择宣传单、招贴、网络或新媒体等进行传播；例行性促销和竞争性促销常选择宣传单、招贴、广告条、广播、网络或新媒体等进行传播。

广告促销需要一定的促销成本，但其优势也相当明显，主要表现在以下 3 点。

広告是一种非常普遍和高度大众化的信息传递方式，不仅适合消费者观看，也适合宣传推广各种产品。

广告可以不断重复，便于消费者对广告所传递的信息形成重复记忆，加深对信息的理解与渗透。

广告的表现媒介众多，不仅可以通过电视、广播、纸质印刷品、楼宇广告牌等进行展示，也可以直接利用网络或新媒体的便捷性设计视觉效果美观的视频广告、宣传海报、推广文章等进行促销推广。其丰富的形式为企业及其产品的宣传推广提供了更多的机会，也大大增强了宣传效果。

提示

广告是企业营销策划的重点，本章仅从广告促销的角度进行介绍，关于广告策划的具体内容，将在第 6 章进行重点介绍。

3. 销售促进

销售促进是一种通过利益刺激消费者需求的、辅助性的、临时性的促销方式，其常见的利益形式有优惠券、降价、奖券、赠品等。销售促进的优势是方式多样，且见效较快，能够通过直接的利益刺激消费者立马产生购物行为，但其效果的维持时间较短，并且如果运用不当，也会产生一定的负面影响，如消费者对产品质量、价格的质疑和贬低等。为了保证其效果，在采用该方式时，企业应考虑以下问题。

利益的大小。利益越大，对消费者的吸引力就越大，但相反的，企业的收益就会变小。因此，要合理预估促销预算，计算需要销售多少产品才能保证不会亏损，且新增多少销量才能获得足够的收益。

销售的对象。销售的对象是指享受该利益的对象，如所有购买该产品的消费者、满足某条件的部分消费者等。

信息的传播途径。企业应该根据预算与消费者的习惯来确定信息的传播方式。例如，消费者是中老年群体，应通过传统的宣传单、电视等媒体；如消费者是年轻群体，可通过新媒体渠道等。

促销的时间。为了保证效果，促销的时间应尽量不要太长，一般为几天到十几天不等。

4. 公共关系促销

公共关系促销是指企业通过公共关系活动传递企业的信息，建立与公众的友好关系，从而以其知名度、美誉度等带动产品销售的一种间接促销方式。其常用方式主要有以下 3 种。

利用各种媒体传播企业的光辉事迹，扩大企业的知名度，增加社会公众对企业的了解，树立自身的良好形象。

开展联谊、庆典等活动，加强与公众的联系与接触，并借此传播自身形象。

参与公益活动或其他社会活动，为企业树立良好的口碑和美誉度。

公共关系促销的优势是其可信度较高，传达力较强，能够借由公众的口碑传播树立企业形象，为企业的产品销售提供有力的消费者口碑和传播基础，并且，公众形象良好的企业还能借此开辟新的市场。

3.4.3 促销方式的组合

为了保证营销的效果，企业在营销策划的过程中可能不只开展一种促销，还会进行多种促销方

式的组合。但企业营销的目标不同，促销的方式也就不同，相应的促销方式的组合也有所差异。表3-1
所示即为各促销方式目标的差异。

表 3-1　促销方式目标的差异

促销方式	营销目标	
	目标实现期	影响范围
人员推销	近期	小
广告促销	近期	广
销售促进	中期	中
公共关系促销	长期	广

　　如某企业的营销目标是快速增加产品销量，提升其市场占有率，则应结合人员推销、广告促销
和销售促进，以在尽量短的时间内获得经济收益。若某企业的营销目标是树立企业形象，为其新产
品进入市场开拓市场条件，则应结合广告促销和公共关系促销来加强与公众的联系，从而实现其长
期目标。因这两个企业的营销目标不同，它们所采用的广告促销的具体手段和内容也不同。

　　此外，不同的产品所面对的促销对象不同，其产生购买行为的目的也不同，这也使得其促销方
式组合的不同。图 3-12 所示即为不同类型产品的不同促销方式的相对重要性。

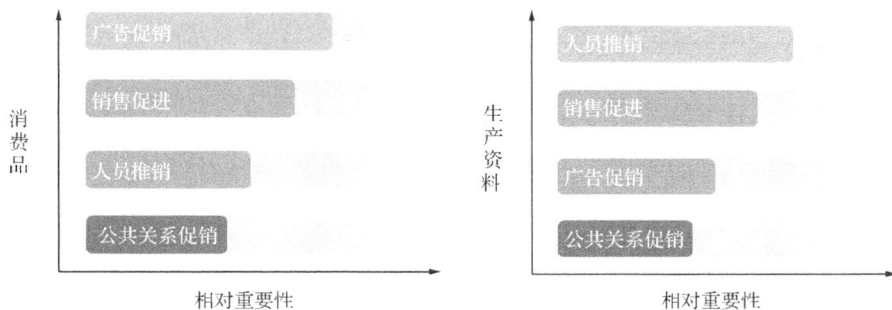

图 3-12　不同类型产品的不同促销方式的相对重要性

　　因此，在进行促销方式的组合时，企业应综合考虑产品、营销对象与营销目标，选择最适合企
业的促销组合方式进行营销策划。

课堂练习

　　结合前文介绍的产品生命周期的相关知识，回答在不同的产品生命周期应如何组合促销
方式。

3.4.4　促销的方法

　　促销的方式较为抽象，企业在实际运用过程中还要掌握促销的具体方法，一般可从消费者的角
度进行分类。以消费者为中心的促销方法主要从消费者可能获得的利益角度来展开，具体有以下两
种类型。

　　（1）让利促销

　　让利促销是以利益吸引消费者的一种促销方法，其方式有以下 4 种。

◎　**优惠券促销**。优惠券是企业为了刺激消费者的购物欲望，而发放给消费者的一种优惠凭证，持有优惠券的消费者可享受满减、特惠价、折扣等利益。优惠券促销的关键是优惠券的面值、使用限制、使用渠道和使用有效期。在策划时针对这些内容进行全面规划，将信息直观地呈现给消费者，这样才能吸引消费者产生购物兴趣，如"2020年6月22日—28日，满299元减50元，仅限手机端使用"等。

◎　**有奖促销**。有奖促销是指企业通过有奖征答、有奖问卷、抽奖、竞赛等手段吸引消费者购买产品，传达企业信息的促销方式。有奖促销的策划关键是奖品或奖金的选择。企业要想引起消费者的购物兴趣，就要考虑两个方面：一是奖品或奖金的价值，首先要明确不能靠高额度的大奖取胜，应遵循小额度、大刺激的原则；二是奖品或奖金的形式，奖品或奖金应该有等级差距，通过设置1～2个大奖来刺激消费者的参与积极性，再以数量稍多的其他奖项来进一步调动消费者的积极性。

◎　**馈赠促销**。馈赠促销是企业以较低的成本或免费向消费者提供赠品，以吸引消费者购买产品的促销方式。馈赠促销的策划关键是馈赠物品的选择。企业在策划该促销时，需遵循3个原则：一是馈赠物品的数量应根据消费者的购买频率来进行估算，避免数量不够或过多造成负面影响；二是馈赠物品应有一定的吸引力；三是该方式一般在产品生命周期的成熟期使用。

◎　**还本促销**。还本促销是指企业销售产品后，在一定期限内将全部或部分销货款一次或分次退还给消费者的促销方式。该方式由于能退还本金，对消费者有较大的吸引力，因而能很好地解决企业的库存积压问题，帮助企业快速筹资。该方式适用于电器、珠宝等高品质的产品销售，但企业也需要考虑自身的偿还能力，避免无力偿还影响信用，损坏企业形象。

（2）服务促销

服务促销也是吸引消费者的一种方法，其方式主要有以下3种。

◎　**样品促销**。样品促销是指消费者购买产品之前，免费赠送与该产品相关的样品或试用品，以介绍产品的使用方法、性能和特点等，吸引消费者对产品产生兴趣，进而刺激消费者产生购物行为。样品促销常在新产品上市、产品知名度不高时使用，且其需要投入样品成本。

◎　**方便促销**。方便促销是指在产品销售过程中为消费者提供的搬运、安装等便于消费者运输、使用的便利服务，从而促进消费者的购买行为。

◎　**售后服务促销**。售后服务促销是指消费者购买产品后，当产品在使用过程中发生故障或出现问题时，企业通过提供完善的售后服务来促进销售。

提示

> 除了从消费者的角度来开展促销外，企业还可从社会公众的角度来开展促销，该方式主要有赞助促销（如体育赞助促销、公益赞助促销）、节日促销和文化促销等。

3.5 案例分析——"莫小仙"的崛起

"莫小仙"是一个自热火锅品牌，在主打方便、快捷的自热食品市场中占据着一席之地。莫小仙在成立之初对速食市场进行了充分的调研，其中方便面因其价格便宜、味道尚可一直备受消费者喜爱，但方便面市场的几大巨头几乎占据了整个市场，莫小仙无论是产品、货源还是价格都不具备与它们竞争的优势。而近几年，由于生活压力的增加与生活节奏的变快，消费者对速食产品的品质要求越来越高，速食市场中的产品种类也越发丰富，酸辣粉、螺蛳粉、红油面皮、自热火锅、无烟烧烤等备受"90 后""00 后"的喜爱，其中又以自热火锅最为畅销。因此，莫小仙将自己的产品定位为自热火锅，其目标消费群体是对速食有需求，且拥有探索和发现精神的白领、大学生和其他青年。

在自热火锅市场中，莫小仙的竞争者主要是海底捞、德庄、小龙坎等线下火锅店品牌，这些线下火锅店品牌有着良好的口碑，它们的自热火锅主要是针对线上进行销售的，而为了保证其品牌的调性与口碑，以及实体店面的生意，它们的自热火锅定价稍高，一般在 40 元左右。莫小仙作为一个新品牌，在口碑上无法与它们比拟，但在定价上具备相当大的优势，为此，莫小仙决定走薄利多销的路线，将产品价格控制在 10 ～ 20 元，这样的低价策略大大吸引了消费者的尝试欲望。同时，这个价格在三、四线城市也具有一定的优势，能够吸引下沉市场的潜在消费群体，甚至使其成为下沉市场自热火锅的巨头。

在线上，莫小仙通过与淘宝网、京东商城、拼多多等电商平台上的食品类专营店进行分销合作，充分发挥电商渠道的优势进行产品推广。此外，莫小仙还通过写微信推广软文，增加曝光率，加深消费者对自己的印象。在线下，莫小仙也积极发展经销商，入驻各大商店、超市和便利店，终端渠道覆盖范围非常广泛。同时，莫小仙还充分结合当下潮流，在电视剧和综艺节目中投入广告，并通过关键意见领袖（Key Opinion Leader，KOL）在抖音、快手、B 站、西瓜视频等短视频平台中发布短视频进行流量导入和品牌宣传。"线上＋线下"全渠道覆盖的渠道策略快速提高了莫小仙的知名度，为其品牌提升打下了坚实的基础。

作为自热火锅的初创品牌，莫小仙创立仅 3 年，营业收入便突破了 4 亿元，位居行业第二。2020 年 5 月 15 日，莫小仙成功获得 1 000 万元的 A 轮融资，2020 年，莫小仙的销售额预计可达 8 亿元人民币。

请你根据以上材料，查阅莫小仙的相关资料，回答以下问题。

（1）自热火锅产品为什么会吸引消费者购买？

（2）莫小仙的自热火锅是如何营销的？

（3）结合当下的社会环境和市场环境，分析莫小仙在当前该如何进行产品、价格、渠道和促销等的策划？

（4）若有实力强大的竞争者进入该市场，莫小仙该如何进行营销策略的调整？

★ 课后思考

（1）简述什么是产品，并简单说说产品策划包括哪几个方面。

（2）简述你对新产品开发、上市和推广策划的理解。

（3）价格对企业的生产经营有什么影响？如何进行价格的策划。

（4）渠道策划的要点有哪些？如何进行渠道的管理？

（5）简述你对促销的理解，并简单说说如何进行促销策划。

第4章

企业形象策划

学习目标

/ 了解企业形象策划的相关知识。
/ 掌握理念识别系统的策划。
/ 掌握行为识别系统的策划。
/ 掌握视觉识别系统的策划。
/ 掌握企业形象导入的策划。

📋 引导案例

互联网的快速发展使人们的生活水平得到了提高，网络不仅深入人们的日常生活中，也促进了各行各业的发展。信息通信产业是支持网络发展的重要条件，相应的信息通信企业也层出不穷，其中较具有代表性的就是华为技术有限公司（以下简称"华为"）。华为是全球领先的信息与通信技术（Information and Communications Technology，ICT）基础设施和智能终端提供商，它致力为每个人、每个家庭、每个组织传播数字信息，构建万物互联的智能世界。

华为成立于 1987 年，自成立至今一直专注于 ICT 领域，坚持稳健经营、持续创新、开放合作等经营理念，2016 年 8 月，华为以 3 950.09 亿元的年营业收入跻身我国民营企业 500 强，2017 年 6 月 6 日，华为成为 BrandZ 最具价值全球品牌 100 强，2019 年 7 月 22 日，华为成功入围世界 500 强。华为从一个国内企业一步步成为国际知名品牌，除了其优秀的经营管理决策，强大的智能手机、5G 网络、通信服务等业务能力，还离不开其全方位的企业形象策划。

企业形象体现了企业的声誉、品质、素养，是企业的无形资产，它虽然不能给企业带来立竿见影的经济效益，但却在潜移默化中向公众传达了企业的价值观，企业的社会认同感也因此得到加强。图 4-1 所示为华为官网中关于企业愿景、使命与战略的简单叙述。

图 4-1　华为的企业愿景、使命与战略

此外，华为还通过为客户创造价值、保障网络安全稳定运行、推动产业良性发展、为奋斗者提供舞台等进行企业形象的全方位战略部署。对外依靠消费者，坚持以消费者为中心，通过创新产品为消费者创造价值；对内依靠努力奋斗的员工，以奋斗者为本，让有贡献的员工得到合理回报；与供应商、合作伙伴，产业组织、标准组织，大学、研究机构、开放源代码社区等构建共赢的生态圈，推动技术进步和产业发展；遵从业务所在国或地区适用的法律法规，为当地社会创造就业、带来税收贡献，并与政府、媒体等保持开放沟通。这些都是华为企业理念的具体体现。

而对于企业的内部管理，华为历时两年出台了《华为基本法》，其详细描述了华为的宗旨、经营政策、组织政策、人力资源、控制政策和修订法，向企业内部员工传达核心理念，加强企业文化建设，最终增强企业实力。

而企业的外部形象塑造，则离不开企业标志、产品包装和宣传广告的策划。华为的标志像一朵花，通过将花瓣由外向内聚拢来进行视觉设计，在方便公众识别的基础上，又体现了其蓬勃向上、万众一心的企业精神，图 4-2 所示为华为标志的一系列变化。在产品包装上，华为与优秀的材料包装供应商合作，保证包装的优质选材，设计上则通过统一的视觉风格与对标志的应用来传递企业形象。在宣传广告方面，视频广告《华为的赫兹》是华为首次在全球范围内宣传其形象的典型代表，该广告通过赫兹（Hz）将通信、声音、爱、生命、自然和人文、绿色和地球等的频率融入华为的社会责任中，在公众心中树立了正面、积极的企业形象。此外，华为还出版有《华为技术》《ICT 新视界》《华为人报》等出版物，如图 4-3 所示，这些出版物不仅通过线下渠道进行传播，还能直接在华为官网中下载、订阅，以线上、线下全渠道进行企业形象的传播。

图 4-2　华为标志的变化　　　　图 4-3　华为的出版物

企业理念、企业产品质量、企业员工的素质等都是企业形象的体现，在新媒体时代下，这些体现企业形象的点点滴滴都可以通过网络传达给消费者。企业形象正面、积极，公众印象好，企业的社会认同感就强，竞争力也就越高，因此，塑造并合理规划企业形象非常重要。这也说明，企业形象策划是刻不容缓的。

本章要点

企业形象策划　　　理念识别系统　　　行为识别系统　　　视觉识别系统　　　企业形象导入

4.1　了解企业形象策划

　　企业形象策划是一项完整的、复杂的系统工程，策划人员需要结合企业的产品质量、服务水平、技术革新、发展战略和各种营销手段来进行一系列的策划与设计，最终建立企业在公众心中的形象，获得良好的口碑和忠诚度。纵观当今各大知名企业，几乎每一个成功的企业都有着自己独特的企业形象战略，下面对企业形象策划的相关知识进行介绍。

4.1.1　企业形象策划的组成

　　企业形象是指社会公众和企业员工对企业的整体看法和评价，是企业在人们心中形成的一种感觉和印象。企业形象不是单一的，它由构成企业形象的各项要素组成，如产品形象、人员形象、服务形象、竞争形象、信誉形象和环境形象，下面做简要说明。

　　◎　**产品形象**。产品形象即企业产品给公众的印象，它是公众对企业形象最直观的认识，也是大部分公众获取企业信息的首要途径，是公众形成对企业形象的源头。产品的质量、性能、价格，产品的设计、包装，产品的名称、外形、商标等能否满足公众的要求，是企业形象是否能够深入人心的决定性因素。例如，华为在 5G 技术上的优势，使其 5G 相关业务得到公众的认可，提升了公众对华为形象的认知，增强了公众对华为的好感度。

　　◎　**人员形象**。人员形象包括企业的在职员工形象与领导者形象。企业的组织结构是由在职员工构成的，他们是企业的主体，是正常开展企业工作与塑造企业形象的前提。因此，企业要注重提升员工的整体素质，完善员工的外在形象、言谈举止，培养员工的敬业精神，鼓励员工不断进取、向上。领导者形象是指公众对企业领导者的看法和评价，只有正面的领导者形象才能提升企业的整体形象，因此要求领导者在仪表、工作、社交、管理等方面有较高的素养。

　　◎　**服务形象**。服务形象即企业员工在生产经营过程中所表现出的服务态度、服务方式、服务质量、服务水准以及由此引起的公众对企业的客观评价。服务形象与人员形象相辅相成，因此要求企业员工树立优质的服务意识，以满足消费者的需求为首要条件，尽量为消费者提供完善的、优质的服务。

　　◎　**竞争形象**。市场的成熟与企业的发展必然会引发竞争。所谓竞争形象就是公众对企业在经营活动中为了增强自身经济实力而排斥同类经济行为主体的相同行为的印象。产品质量和价格、产品样式和包装、产品服务和营销等都是企业竞争的不同表现形式，企业要在竞争的过程中遵守规则、公平竞争，切忌毫无底线。

　　◎　**信誉形象**。信誉即信用和名声，信誉形象即企业在诚信方面的声誉给公众留下的印象。诚信是企业宝贵的精神财富和价值资源，是企业获得社会认可、投资运营的重要无形资产。企业如果能在公众心中树立恪守信用、负责、勇于承担责任的形象，则会大大增加企业的信誉，提升公众对企业的信任度。

　　◎　**环境形象**。新媒体时代，虽然大量传统企业着重发展线上业务，但线下商店的环境布置仍是十分重要的。有实力和发展潜力的企业都是选择线上、线下结合的路线，除了在线上商店中做好店铺的页面设计外，线下商店的商品陈列、装修风格也影响着公众对企业的印象。有辨识度的企业环境形象应该是整洁有序、个性鲜明的。

✏️ **课堂练习** ────────────────────────────

分类标准不同，企业形象的构成要素也不同，上文着重介绍了几种常见的要素，读者可自行搜集资料做补充。下面提供了一份考察企业形象的模板，请根据你的了解，选择一个有印象的企业进行回答，看看你更看重企业形象的哪些方面。

Q1：你知道 ××（品牌）吗？

Q2：××（品牌）给你的第一感觉是什么？

Q3：提到 ××（产品类型），你第一个想到的品牌是什么？

Q4：除了产品质量，企业的品牌形象是否会影响你对其产品的购买？

Q5：与同类产品相比，该品牌产品的最大优势是什么？

Q6：你浏览过该品牌的官方网站吗？对它的评价是什么？

Q7：该品牌有无线下实体店，其实体店的环境如何？在同类品牌中，它的环境是否会影响你的购物决策？

Q8：企业的服务人员表现出哪些行为会让你不满？

Q9：提高 ××（品牌口号、理念相关的关键词），你内心能感受到什么？为什么？

Q10：该品牌的企业员工的衣着形象如何？具体是如何表现的？

企业的这些形象可能是抽象的、不易理解的，因此为了更好地进行企业形象的塑造与传播，让公众对企业产生良好印象，就有了企业形象策划这一营销策略。企业形象策划（Corporate Identity System，CIS），也叫企业形象识别或品牌形象识别，即企业形象策略的开发与设计，它结合了企业经营管理与现代设计理论，将企业的理念文化、行为方式和视觉识别进行系统整合，以塑造富有个性和识别度的企业形象，并开展传播以获得公众认可。

4.1.2　企业形象策划的目的

新媒体时代，企业之间的竞争越发激烈，产品同质化的现象越来越严重，为了增加企业在市场中的竞争力，塑造一个清晰、正面的企业形象是非常重要的。企业形象策划是塑造企业形象的前提，也是企业经营发展的必然战略，它的目的是将企业中的人、产品、道德等方面的形象渗透到公众的认知，在公众心中留下良好的印象，有效地形成企业之间的区分和差异化竞争的优势。

具体来说，企业形象策划可以通过视觉设计手段、营销推广策略来向公众传达企业的形象，如融合企业理念设计企业标志、拍摄广告宣传企业文化等。这就将抽象的企业形象变得更加立体，公众能更直接地感受到企业的品牌价值与形象，并获得具有相同价值观的目标群体的认同，这也进一步实现了企业目标消费群体的筛选与定位，节省了企业在目标消费群体方面投入的营销资金和时间成本。

同时，企业形象策划是企业营销策划的一大要点，它不仅完善了企业营销策划的发展战略和战略目标，还奠定了企业开展营销策划的基础，帮助企业更有效地实施战略规划，使营销策划的方向和核心价值更加明确。

企业形象策划是一项非常复杂且系统的工作，它可能出现在企业的营销战略方向策划、产品策划、品牌策划、广告策划等策划战略中。企业形象策划的实施需要企业所有人员的共同努力，这样才能建立企业在公众心中的良好形象，为企业创造价值。

课堂案例——欧莱雅借 3·8 妇女节塑造企业形象

　　欧莱雅集团（以下简称"欧莱雅"）在我国市场的企业形象定位，不仅延续了其追求浪漫和自由、崇尚高品质生活的观念，还兼顾了我国的文化特色和生活习惯，在化妆品市场获得了良好口碑，深受我国消费者喜爱。

　　2020 年 3 月 8 日，欧莱雅通过其官方微博账号发布了以"我的选择 我值得拥有"为主题的视频宣传片，并配以文案"每一个女性都有自由选择的权利，选择勇敢、选择自信、选择强大、选择突破……每一个选择都成就了现在的自己，巴黎欧莱雅歌颂每一个勇敢做选择的你！"，如图 4-4 所示。

图 4-4　巴黎欧莱雅 3·8 妇女节微博宣传片

　　该宣传片以 3 位国内演员口述广告语，并辅以不同肤色、不同国家、不同职业的女性处理日常事务的场景来丰富视频的内容，每一位演员说完一句广告语后即播放对应的场景内容，文案与场景相互呼应，很好地向公众传达了其追求自由、勇敢选择、突破自我的企业形象。其广告文案"我选择，不去在意别人的眼光；我选择，打破女性的刻板印象；选择，不要害怕去选择；选择，为自己做选择。一步一步去突破自己的极限，因为我们无所不能，因为你比自己想象的更强大。而此刻，强大是为爱逆行，一起选择强大，因为我们值得拥有"更是获得了公众的一致好评，引起了广大网友的转发，使其企业形象更加深入人心。

提示

　　企业形象策划不只是企业形象的视觉传达，其核心是通过视觉表现将企业的内在文化和精神理念传达给公众。它是结合了经济与美学，兼顾企业与社会的同步发展，以提升企业识别度和公众认知度为目的的一种营销战略。

4.1.3　企业形象战略的构成

为了更好地策划企业形象，我们常将企业形象分为 3 个部分进行战略构思，分别是理念识别系统（Mind Identity System，MIS）、行为识别系统（Behavior Identity System，BIS）、视觉识别系统（Visual Identity System，VIS），如图 4-5 所示。

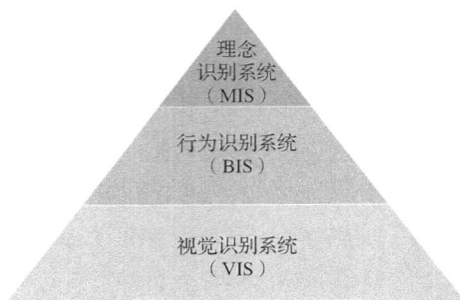

图 4-5　企业形象战略的构成

1. 理念识别系统（MIS）

理念识别系统是企业为了增强竞争力、体现企业自身个性特征、提升企业形象而构建的，反映企业经营观念的价值观体系。理念识别系统主要包括两个方面的内容：一是企业制度和组织结构层，如管理制度、规章制度、行为准则等；二是企业精神文化层，如企业及员工的概念、心理和意识形态等。企业经营理念是理念识别系统的核心，需要经由组织化、系统化、统一化的视觉识别设计来进行传达，塑造出企业的独特形象，最终达到增强企业识别度的目的。

课堂案例——小米的企业文化

小米科技有限责任公司（以下简称"小米"）是一家专注于智能硬件和电子产品研发的移动互联网公司，同时也是一家专注于高端智能手机、互联网电视以及智能家居生态链建设的创新型科技企业。它的使命是：始终坚持做"感动人心、价格厚道"的好产品，让全球每个人都能享受科技带来的美好生活。

小米成立于 2010 年 4 月，一直致力于以一流的品质、紧贴成本的定价来改变行业的面貌，这大大加速了其产品的普及。值得一提的是，小米开创了智能手机网络直销的先河，其产品以高性价比和较低的价格引发了消费者的抢购。2011 年，小米正式开放网络预订，半天内预订超 30 万台。2019 年 5 月 15 日，小米成功登上《福布斯》2019 年"全球上市公司 2 000 强"排行榜，排名 426 位。

小米的愿景是：和消费者交朋友，做消费者心中最酷的公司。它的核心价值是：真诚、热爱。对小米来说，消费者是朋友。在其企业文化的战略实施上，为感谢其消费者（其"粉丝"名为"米粉"），小米将 4 月 6 日这一天定为"米粉节"，每年 4 月初都会举办盛大活动与"米粉"狂欢。同时自 2015 年起，每年年底小米还会举办小米家宴，邀请"米粉"吃"团圆饭"。此外，小米员工还会为"米粉"手写明信片，这些都是小米对企业愿景的最好诠释。

小米的核心价值观是：真诚、热爱。小米员工热爱他们的企业，也真诚地与他们的消费者交流，他们的精心运营收获了一大批忠实的粉丝。其企业领导人在 2018 年的员工 5 周年活动上说："老员工是小米最宝贵的财富，没有老兵，没有传承。没有新军，没有未来。"小米的企业形象正是由其员工塑造与传递出来的。

2. 行为识别系统（BIS）

行为识别系统是指以企业精神和经营思想为内蕴动力，通过各种行为或活动来进行企业内部的管理方法、组织建设、教育培训、公共关系、经营制度等方面的观测、执行和实施，以塑造企业的良好形象。它是企业理念识别的动态外化和表现。

3. 视觉识别系统（VIS）

视觉识别系统是指运用完整、系统的视觉传达体系，将企业理念、文化特质、服务内容、企业规范等抽象语意转换为具体符号的概念，塑造出独特的企业形象。视觉识别系统主要包括企业名称、企业标志、标准字、标准色、象征图案、宣传口号等要素，通过对这些要素的系统设计，形成企业固有的视觉形象，完整地展示出企业的经营理念、精神文化，形成独特的企业形象。

视觉识别系统是体现企业经营理念与精神文化的外在视觉形象设计，是品牌形象最外在、最直观的表现部分。行为识别系统是企业内外部各项活动运行的行为方式，是一种动态的识别形式，用于规范企业内部的组织、管理活动和对外经营的社会活动，是一种企业运作模式。理念识别系统是企业深层次的思想系统和战略系统。三者相互作用，有机结合在一起组成了完整的企业形象系统。

由此可见，企业形象策划是对企业形象系统的设计策划，是通过对企业身份的定位，借助一定的传播渠道将品牌形象传达给公众的一种策略，它有助于更好地树立与企业战略相关的企业形象，使企业与竞争者区别开来，形成良好的品牌知名度和美誉度。一个理想的企业形象可以赋予企业强大的生命力，因此，对企业形象进行科学、系统的设计与策划是非常必要的。

通过对企业形象策划的学习可以知道，公众最先感受到的企业形象是视觉形象，即企业的外观形象，如企业名字、商标等，然后才是行为形象、理念形象等功能形象或文化形象。而在进行企业形象策划时，则要采用反向策划法，即采用公众对品牌心理感受的相反顺序来进行企业的形象策划。因此，企业形象策划应该先塑造品牌深层次的核心形象，即形成理念识别系统，然后由深及浅地依次展示品牌其他形象的设计与策划。采用这种方法进行企业形象策划，是因为企业形象的塑造需要有一个核心形象，然后，围绕这个核心形象对企业的其他形象进行设计与策划，这样才能保证企业形象的完整性、统一性和易于传播性。

4.1.4　企业形象策划与营销的关系

企业形象策划的目的是塑造企业的形象，让消费者了解企业、认识企业、辨识企业，成为企业的潜在消费者。企业形象策划与营销的关系主要表现在以下 3 个方面。

◈ **互补关系**。企业形象策划是围绕企业的产品或服务的定位、质量、性能、价格、促销、售后等着力点展开的，而营销也主要是依靠产品或服务来满足消费者需求的。企业形象策划的各要素与营销的对象形成了互相弥补、互相照应的趋势，形成了互补的关系。

◈ **互融关系**。企业形象策划既需要对企业的规章管理制度进行规范，又需要通过视觉设计来对企业形象进行可视化呈现。营销则需要以企业管理条例为导向，以品牌、商标、包装、广告等为主体进行实施，因而两者具有相互融合的关系。

◈ **一致关系**。企业形象策划与营销的最终目的是一致的，都是增强企业的竞争实力、扩大企业的市场份额。

提示

> 企业形象策划与营销的作用主体不同，企业形象策划是以企业的理念、行为和视觉为主要主体，营销则是以消费者为主体。

企业形象策划与营销是相辅相成的，企业形象需要通过各种营销手段来传播，营销也需要品牌忠诚度高的消费者来创造价值。同时，企业形象策划也是营销策划的主要内容之一，在实施策划的过程中会考虑到市场环境、竞争环境、自身优劣势的分析等，这也为企业的其他营销策划打下了基础。总的来说，企业形象策划可以产生以下作用。

⚬ 通过营销，企业可以向消费者传播并树立自己良好的企业形象，让消费者对企业的理念产生认同，对企业提供的产品或服务产生信任，进而提高消费者的忠诚度，提升企业产品或服务的购买率。同时，忠诚的消费者还能形成品牌口碑，通过口碑传播带来更多新的消费者，形成企业消费的良性循环。

⚬ 企业形象策划是企业多元化发展战略的必要环节，通过对企业形象的营销，公众会对企业的实力、资源等产生良好的印象。当企业进军新市场、开发新的资源和能力时，良好的企业形象能够创造更有利的竞争环境，促进企业的健康发展。

⚬ 市场的发展决定了各种社会资源总是向具有良好企业形象的企业流动，通过营销将企业形象传播给公众后，企业就可以吸引更优秀的物力、人力、财力等各种资源，从而不断优化企业资源，壮大企业实力。

⚬ 企业形象策划与营销需要企业各部门的协作，良好的企业形象的塑造与传播更是离不开企业员工的共同努力，传播企业形象可以激发企业员工的工作热情，促使他们更加积极地参与企业的各项经营活动。当企业形象经过企业员工的努力而取得成果时，企业员工也会对企业产生强烈的归属感与认同感，增强企业的凝聚力。

课堂练习

> 根据前文的叙述，请你绘制企业形象策划与营销之间的关系图谱，并标明各对象的作用主体。

4.1.5 企业形象策划的创意技法

新媒体时代的竞争已经由产品和价格的竞争转为品牌和形象的竞争。要想在激烈的竞争中取得优势，企业形象策划的创意非常重要。本书在第一章详细介绍了营销策划的创意方法，除了这些方法外，在进行企业的形象策划时，营销策划人员还需要灵活应用以下技能。

1. 造势

策划企业形象时，可以在充分认清自身优劣势的前提下，捕捉机会，扬长避短，进行企业形象的宣传与塑造；此外，企业还应该主动借势来使企业跟上形势、顺应趋势。

在营销策划中，"势"可以划分为两类，一类是可预期的，另一类是不可预期的。

⚬ **可预期的势。** 节假日活动、重大体育赛事、热门电影上映、热播剧播放等具有预见性特点的预期事物提供的势，就是可预期的势。可预期的势可以方便企业提前准备素材，更好地开展营销策划。这类势较为常见，但参与营销的竞争者也多，因此，企业应该通过一个较为充足的策划周期来进行营销策划。尤其是在势到来之前，要提前几天进行营销预热，以充分建立与消费者之间的联系，保持始终领先的竞争优势。当然，在这个过程中，还可联合其他营销方式提升自身热度，以吸引更多消费者的关注。

　　◎　**不可预期的势**。娱乐新闻、实时热点、热门事物等具有突发性特点的事件提供的势，就是不可预期的势。这类势更加考验企业的临时应变能力和策划能力，其起势非常快，大众参与度也很高，但时效较短。企业要在事件发生的第一时间快速反应，策划并立即执行，否则，一旦热度下降，效果会大打折扣。

　　此外，当外界环境没有势时，企业还可自己造势进行形象策划。造势的效果由事物的客观事实与公众的需求决定。当公众与势产生心理上或利益上的关联时，企业形象的塑造也就越成功。但要注意，不能单纯地为了造势而创造新闻，或忽略势是否符合企业的形象。

课堂案例——海尔首席执行官张瑞敏怒砸冰箱

　　在物品供不应求的时代，大多数企业的产品只要还能用就有市场，一些残次品常以职工购买、折价购买的方式进行销售。青岛电冰箱总厂（青岛海尔股份有限公司的前身，以下简称"海尔"）在张瑞敏担任首席执行官之前也是这样做的。张瑞敏到海尔任职时，深知产品质量的重要性，他反复组织员工学习日本质量管理知识，成立质量管理小组，意在提高海尔出产的产品质量，但员工质量意识的提高，却不是一朝一夕的。

　　在张瑞敏任职期间，他收到一封投诉信，投诉他们生产的冰箱质量有问题。于是，张瑞敏对工厂仓库中的 400 多台冰箱做了检查，发现有 76 台冰箱的质量不合格。为此，张瑞敏召开员工大会，批评了以往处理有质量问题的产品的方式，并宣布将有问题的冰箱就地销毁。张瑞敏办了两个大展室，展室里摆放了 76 台有质量问题的冰箱，并通知全厂员工砸冰箱，他首先用一把大铁锤砸坏了有问题的冰箱，然后将大铁锤交给了责任者，转眼之间，76 台冰箱全都被销毁了。这一砸，不仅将 76 台有质量问题的冰箱砸碎了，还砸碎了企业员工陈旧的质量意识，唤醒了企业员工努力提高自身素质的意识。同时，也砸出了海尔的企业形象，向社会宣传了海尔以质量为本的企业理念，为海尔成为全球知名品牌打下了坚实的基础。

2.　出奇

　　在企业形象策划中，突破约束、跳出常规也是一种创意技法。出奇的表现有很多，如视角独到、产品新奇、手段新奇、思维独特等，但要注意，出奇制胜就要先抢占先机，先人一步才能脱颖而出、遥遥领先。

课堂案例——小罐茶融合互联网思维与创新理念打响了品牌知名度

　　我国自古就有饮茶的传统，茶市场的营销潜力与消费者的消费能力仍具有较大的挖掘空间。纵观整个茶行业，茶的种类多，名茶也多，但能叫出名字的茶品牌在"小罐茶"问世前寥寥无几。不管是消费者还是企业，都习惯用茶的种类和产地进行分类，如西湖龙井、云南普洱等。

2014 年，北京小罐茶业有限公司（以下简称"小罐茶"）创立，它融合了互联网思维、体验经济，以极具创造性的手法整合了国内茶行业的优势资源，联合六大茶类的八位制茶大师，坚持原产地、原材料、大师工艺、大师监制，独创小罐保鲜技术，打造了鲜明的品牌形象。

小罐茶通过广告宣传其"匠心精神"，使"大师手工制茶"的形象顺利在消费者心中扎根，再通过其独创的一罐一泡方式和精美包装来吸引消费者进行传播，其品牌知名度悄然上升，逐渐成为国内高端茶品牌的代表之一。

2016 年 7 月，小罐茶正式上市，当年销售回款在 1 亿元以上。2018 年小罐茶的全年销售额超过了 20 亿元。

4.2　企业理念识别系统策划

理念识别系统是企业形象策划的核心，是企业形象策划的方针与文化价值观，是企业形象策划的基本精神。它既要求企业理念在企业内保持统一，又要求企业理念具有独特性，以区别其他企业的理念。本节将对企业理念识别系统策划的相关知识进行介绍，帮助企业更好地明确自身的个性特征，构建长远发展的企业经营战略思想。

4.2.1　企业理念识别系统的核心

企业理念识别系统的核心组成部分主要包括企业使命、企业精神、企业价值观、行为准则和道德规范，下面分别进行介绍。

1. 企业使命

企业使命是企业存在的目的和理由，具体是指企业在社会进步和社会经济发展中所扮演的角色和承担的责任。明确企业使命，就是确定企业实现远景目标必须承担的责任或义务。简单地说，企业使命就是企业经营的基本指导思想，企业在制定营销战略前，必须先明确企业使命。企业使命有经济使命、社会使命和精神使命等不同的类型。

● **经济使命**。经济使命是企业为了追求经济效益而制定的企业经营发展的基本目的。它是企业发展的动力，是企业开展经济活动的支撑，如成为互联网企业的知名品牌等。

● **社会使命**。除了经济效益，企业还必须承担一定的社会责任，即社会使命。例如，淘宝网的社会使命是：致力于推动"货真价实、物美价廉、按需定制"网货的普及，帮助更多的消费者享用海量且丰富的网货，获得更高的生活品质；通过提供网络销售平台等基础性服务，帮助更多的企业开拓市场、建立品牌，实现产业升级；帮助更多胸怀梦想的人通过网络实现创业就业。

● **精神使命**。精神使命是企业在长时间的经营活动中所遵循的基本原则及共同的理想信念和追求。它是基于企业自身的性质、任务、宗旨、时代要求和发展方向，以价值观念为基础，以价值目标为导向的追求。例如，荣耀的使命是：创造一个属于年轻人的智慧新世界。

📜 **提示**

> 企业使命又可以叫企业目的、企业宗旨、企业愿景、企业理念等，它主要明确企业的业务范围和发展方向，反映企业的目的、特征和性质。

2. 企业精神

企业精神是企业在生产经营活动中应该遵循的根本原则及共同的理想信念和追求。许多成功的企业都有自己独特的企业精神，如华为的企业精神：爱祖国、爱人民、爱事业和爱生活是我们凝聚力的源泉。

3. 企业价值观

企业价值观是指企业全体成员共同认可的对客观事物的认识和观点。它影响了企业的使命，决定了企业的信念与道德标准，规范了企业员工的行为和意志，并始终贯穿企业生产、销售、服务和宣传的各个环节。每个企业都有自己的价值观，它是企业决策者对企业性质、目标、经营方式的取向所做出的选择，是企业员工所接受的共同观念。例如，中国移动的核心价值观是"正德厚生，臻于至善"；国际商用机器公司（International Business Machines Corporation，IBM）的价值观是"为消费者带来价值"。

企业价值观涵盖的内容很多，包括人才、服务、竞争、发展、危机、管理、质量、环境、法律等。

4. 行为准则

行为准则又分为企业行为准则和员工行为准则。企业行为准则是指企业期望员工在生产经营活动、处理人际关系和代表企业履行权责时应遵循的标准和规则。员工行为准则是企业期望员工在日常工作中应遵循的标准和规则。行为准则是企业价值观的一种表现，用于约束企业员工的行为，使企业员工更加自律，以树立良好的企业形象。

5. 道德规范

道德规范指企业生产经营过程中，依靠社会舆论、传统习惯和内心信念来维持的，以善恶、公私、荣辱、虚实等为标准的评价和规范。道德规范是依靠社会舆论、传统习惯和内心信念来维持的，企业应该对客观事物及各种利益关系都有公正的评判标准，包括对社会、对其他企业、对消费者、对内部员工。企业道德规范具有较强的适应性，是约束企业和职工行为的重要手段。

4.2.2　企业理念识别系统的设计原则

企业理念识别系统的设计需要遵循一定的原则，主要包括概括性原则、持久性原则、实践性原则和系统性原则，这些原则的具体内容如下。

　概括性原则。企业理念识别系统的设计应该具有高度概况的特征，以简洁明了地体现企业的理念，增强企业的识别度，让公众更好地理解、记忆企业的理念，形成推动企业发展的力量。

　持久性原则。企业理念是引领企业经营发展的战略性思想，伴随着企业成立发展与转型等各个阶段，它应该具有较强的生命力，能够跟随社会环境的变化，支撑企业的长期发展。

　实践性原则。企业理念不是高高在上的，它是为企业经营发展做指导的，因此它必须能在实际的经营发展中进行验证，保证其切实可行，这也是企业理念识别系统的设计重点。

　系统性原则。企业理念识别系统的组成要素众多，应该保证整体构成的完整性和理念系统的统一性。

4.2.3　企业理念识别系统的表现形式

企业理念识别系统策划的一个重要工作就是将企业使命、企业精神、企业价值观等抽象的理念内容经过提炼，转化为公众可识别、可传播的符号。这就需要对企业理念识别系统的表现形式进行深入了解，掌握理念识别系统可视化表现的常见方式。

1. 标语、口号

为了使企业内部成员和公众了解企业的理念，便于企业理念的传播和执行，在进行企业理念识别系统的设计时，常常需要将企业理念的核心内容概括成一句通俗易懂、精练简洁、朗朗上口的标语或口号。以下为各大企业通过标语或口号来表达其企业理念的典型案例。

海尔：海尔中国造	中国电信：世界触手可及
可口可乐：永远的可口可乐，独一无二好味道	妙脆角：妙到想不到
卓越：超越平凡生活	李宁：一切皆有可能

要想通过标语或口号更好地体现企业理念，使企业理念更生动、立体，提高公众对它的接受度，可以通过一些技巧来表达。

　　◉　**通过比喻表达**。将企业理念以具有相同特征的事物做比喻，利用公众对这些事物的认知来加强对企业理念的理解与记忆，如一提起狼性文化，人们普遍会想到华为。华为对狼性文化的定义是：偏执的危机感、拼命精神、平等、直言不讳、压强原则。它体现了华为敏锐的嗅觉、对消费者和市场的关注。

　　◉　**通过故事表达**。一条干巴巴的制度、一句空洞的口号或一堆枯燥、干瘪的理论，远远比不上一个生动的故事带给人们的认同感。对于企业来说，故事是展现企业理念的一个重要表现形式，故事的诠释和传播可以更好地呈现和普及企业的文化理念，引起人们的共鸣，起到给企业形象定性、加深企业在公众心中印象的作用。品牌故事就是通过故事来表达企业理念的典型代表，企业可以为故事取一个有个性的标题，然后围绕标题，选择具有代表性的事件进行故事写作，如海尔张瑞敏怒砸冰箱的故事。

　　◉　**通过品名表达**。所谓品名，就是指企业或产品的名称、企业商标的名称等，直接以这些名称来表达企业理念非常直观，但要注意选择具有代表性且与企业理念调性相符的名称，如永久自行车的精神标语就是"永久为民"。

　　◉　**通过人名表达**。通过人名表达是指用企业的领袖人物、楷模等能够表达企业精神的人名来表现，如××（人名或群体名）精神。

📜 **提示**

　　若企业理念较为复杂，包含的内容较多，无法简练地通过标语或口号进行完整表达，还可以根据实际情况设计多个宣传口号，在不同的营销战略下使用不同的宣传口号，以最大化实现企业形象的塑造。

2. 广告

广告是树立企业形象的常用手段，也是表现企业理念识别系统的常用方法。广告直观的表现形式与便于引发传播的特点，为企业理念的立体化展现提供了更好的实现空间。标语、口号等高度概括企业理念的内容可以通过广告语的形式在广告中得到体现，同时，企业品牌形象宣传、新产品推广等也可以融入企业理念，通过广告将这些信息传递给公众。特别是在新媒体时代，短视频营销非常火爆，通过拍摄短视频广告来展现企业理念可以更直接地向公众传递企业信息，但要保证广告内容的客观性、真实性，尽量选择能体现企业形象的画面来进行展示。

课堂案例——农夫山泉 20 周年形象宣传片《一百二十里》

农夫山泉 20 周年时发布了一则宣传企业形象的视频宣传片——《一百二十里》。该视频宣传片围绕其企业员工——水质监测员一天的工作展开，以水质监测员在武夷山（农夫山泉的水源地之一）取水并进行水质监测的画面来表现其水质的质量（见图 4-6）。

图 4-6　农夫山泉 20 周年宣传片截图

在视频宣传片中，水质监测员跋山涉水、辛勤工作的样子与武夷山美丽的风景给公众留下了深刻的印象，同时在视频宣传片中，该员工还自述了其工作的职责"瓶子做得再漂亮、盖子做得再漂亮、标签再漂亮，如果水质不行，那就没有存在的价值。水就是我们的生命之源。我的工作就是确保水的安全，给消费者一个放心。"，这直接向公众表达了企业的产品形象、经营理念。最后，通过"每一个员工的坚守成就了农夫山泉二十年的品质"作为结语，并配以农夫山泉的名称、标语进行展示，进一步深化农夫山泉的企业形象，让公众对其企业形象有更进一步的了解。

该视频宣传片在电梯广告位、网站、微博等多渠道进行投放，精美的视频画面表现、真实的监测场景再现，引起了公众的观看兴趣，同时农夫山泉员工勤勤恳恳的工作态度与坚忍不拔的精神也深深打动了公众。在视觉与情感的双重作用下，企业形象的塑造与提升效果不言而喻。

3. 歌曲

将企业理念通过歌曲的形式表现出来，可以借用歌曲的旋律来引发公众的广泛传唱。歌曲或婉转动听，或慷慨激昂，通过对歌词的巧妙编写与谱曲，融入企业理念，向公众展示企业的形象。例如，上海国际雅兰公司联手 CCTV《匠心》栏目组举办的《匠心美业人》活动，其主题曲——《匠心》，就以匠心出真工的角度，对企业的形象进行了塑造。当然创作了歌曲后，还要选择合适的渠道进行传播。而在新媒体时代，歌曲的传播是非常迅速的，各大音乐媒体平台，如网易云音乐、QQ 音乐等都是常用的歌曲发表平台，企业在这些平台上发布歌曲后，公众可以通过网络在线听歌、下载歌曲等方式传播给其他用户。图 4-7 所示即为上海国际雅兰公司的企业歌曲《匠心》在网易云音乐中的播放界面。

图 4-7　网易云音乐中的企业歌曲播放界面

4.2.4　企业理念识别系统的渗透

理念识别系统是企业形象塑造的基础，它的重点是企业的精神、风貌、价值的构建，是企业形象策划的原动力。因此也可以将企业理念识别系统看作一种意识战略，它具有很强的影响力和渗透力，且主要表现在企业内部所达成的共识程度与在外界的传播程度。理念识别系统的渗透方式有战略渗透、意识渗透和视觉渗透，下面分别进行介绍。

◎　**战略渗透**。企业形象策划的三大要素是相辅相成的，行为识别系统通过人的主观能动性来动态表现企业理念；视觉识别系统作为一种媒介，是企业理念的外在表现。由此可以看出，其他两者的策划都是基于对理念识别系统的充分渗透才能成功完成的，理念识别系统作为凝聚企业形象的核心动力，统筹了行为识别系统与理念识别系统。

◎　**意识渗透**。企业理念识别系统策划的目的是让企业内部明确企业的指导思想战略，遵守企业制定的各种方针政策，这既是对企业理念的统一，又在无形中向企业员工传递了企业信息。同时，在执行理念识别系统时，向公众传达企业理念的过程，也是意识渗透的过程。

◎　**视觉渗透**。理念识别系统主要是以视觉识别的方式，将企业的定位、品牌形象等渗透到企业的各种经营活动，如企业内外在经营、行为和视觉上对理念的统一和协调，又如以企业理念为指导，通过色彩、标志等视觉化形态来表达企业理念的内涵。

✏️ **课堂练习**

　　表 4-1 所示为从公众的角度对企业理念识别系统的效果进行量化考核的分值表，请自选一个企业按照下述内容进行分析，并对表中对应选项进行打分。借鉴该表的格式，还可对行为识别系统与视觉识别系统的效果进行分析。

表 4-1　企业理念识别系统的效果量化考核分值表

评价依据	理念口号（满分10分）	经营方针（满分10分）	价值观（满分10分）	企业使命（满分10分）	广告语（满分10分）	合计
是否体现企业文化						
是否便于公众记忆						
是否与同行有区别						
是否符合社会潮流						
是否体现企业风格						
合计						

4.3　企业行为识别系统策划

　　确定了企业理念后，企业可以通过两种方法来进行信息的传达，一是静态的视觉识别系统，二是动态的行为识别系统。其中，行为识别系统是对企业理念的具体落实，被贯彻应用在企业的生产经营活动中，分为对内和对外两个部分：对内负责建立完善的组织、管理、教育培训、福利、行为规范、开发研究等规章制度，以增强企业内部的凝聚力和向心力；对外则通过市场调查、产品开发、促销/广告/公益活动、信息沟通、竞争策略等进行企业理念的传达，最终达到树立企业形象的目的。下面先对企业行为的相关知识进行介绍，再对企业行为识别系统的构成与传播、推广进行讲解。

4.3.1　企业的内部行为

　　了解并规范企业的内部行为，有助于企业员工对企业理念达成共识，树立良好的企业内部形象，顺利进行企业理念的动态识别、呈现。企业的内部行为是以企业理念为依据形成的全体员工共同遵守的行为准则，主要体现在人事管理、决策行为和沟通行为等方面，下面分别进行介绍。

1. 人事管理

　　人事管理是企业的核心，是企业从内部塑造行为识别系统的依据。企业只有在人事管理中做好员工的选聘、培训、考评、激励等工作，才能规范企业的内部行为，从企业内部提升自身形象，更好地完成行为识别系统的策划。

　　◎　**员工选聘**。员工选聘决定了企业挑选员工的标准，是决定企业基本素质的先决条件。在进行行为识别系统的策划时，企业需要根据岗位要求，招聘具有较高的道德素质、身体素质、学历水平、业务能力等的人才。

◎ **员工培训**。员工培训能帮助企业员工更好地领会企业理念、了解企业信息，形成对企业的基本印象，更好地完成企业形象的塑造。员工培训主要包括知识培训和业务培训两个方面。知识培训主要是对企业的发展历史、企业的主要领导人物、企业的经营理念及具体运用、企业的行为准则和奖惩制度等的培训，以帮助员工全面理解并熟悉企业的各项信息，做好企业形象塑造的内部准备工作。业务培训主要是对员工从事岗位所需的知识和技能的培训，包括业务知识培训、软件操作技能培训、消费者沟通培训等。

◎ **员工考评**。员工考评是判断员工能力、员工行为是否合格的标准，对改进员工行为、提升员工素质，以及促进企业形象的内部塑造有重要作用。员工考评的内容主要包括员工的工作积极性、开拓性、创造性、合作能力、工作效率、工作质量和日常行为等。

◎ **员工激励**。员工激励是一种领导行为和奖惩制度，是为了激发员工的需求、动机、欲望，从而使员工形成某一特定目标并为了追求这一目标而保持高昂的情绪和持续的积极状态的一种手段。员工激励有助于员工保持工作的积极性，为企业创造价值，传播企业的良好形象。员工激励的方式很多，常见的有物质激励、荣誉激励、目标激励、职位激励等。

2. 决策行为

决策行为的科学性、有效性决定了企业形象的正面性与合理性。在行为识别系统中，决策行为的类型主要有战略决策行为、管理决策行为和业务决策行为。

◎ **战略决策行为**。战略决策行为是指由企业管理者做出的，影响企业发展的重大全局决策行为。

◎ **管理决策行为**。管理决策行为是指由企业中层管理人员做出的，为保证企业总体战略目标的实现而解决局部问题的重要决策行为。

◎ **业务决策行为**。业务决策行为是指由企业基层管理人员做出的，为解决企业日常工作中遇到的问题所做出的决策行为。

3. 沟通行为

沟通是企业文化建设的主要内容，不管是员工与员工之间的横向沟通、员工与领导之间的上向沟通，还是领导对下级的下向沟通，都要注意沟通的及时性以及信息的准确性。企业生产经营过程少不了人与人、部门与部门之间的沟通，有效的沟通能提升企业的管理效率和绩效，提升企业的整体凝聚力，促进企业形象的塑造。

4.3.2 企业的外部行为

企业的外部行为主要有创新行为、交易行为、竞争行为、服务行为和促销行为，下面分别进行介绍。

1. 创新行为

创新行为是树立企业形象的有效方法，在日益激烈的市场竞争中，只有具备创新意识，采取一定的创新手段才能获得竞争优势。创新的本质是求异思维，它始终贯穿企业的经营活动，用以指导企业管理者的经营决策和员工的经营行为。企业外部行为中的创新主要表现在市场中，如产品功能、特点创新、品牌创新、服务创新、广告创新等。

2. 交易行为

企业开展对外经营活动时，不可避免地会与经营对象发生交易往来，在交易过程中涉及的有关交易行为包括谈判行为和履约行为。企业员工应该在这些过程中展示自己的良好素养，以树立企业形象。

◎ **谈判行为**。在谈判时，谈判人员就是企业形象的代表，他们的语言表达能力、协调沟通能力、决策能力就是企业实力与形象的直观展示，因此谈判人员必须具备良好的素质。

◎ **履约行为**。履约行为主要表现为按合同要求按时、按质提供商品或服务，及时、全款支付货款等。履约行为是企业诚信度的体现，严格按合同要求履约能树立良好的企业形象，保证企业经营活动的正常开展。

3. 竞争行为

在对外经营活动中，竞争主要表现为产品竞争、价格竞争、分销竞争、促销竞争等，企业要经营发展就离不开竞争，要获得良好的市场份额、站稳脚跟，企业就必须具备强烈的竞争意识，并遵守公平竞争、优胜劣汰的基本竞争原则。同时，企业还要注意满足顾客的需求，不要为了打败竞争者而采用低劣的手段。

4. 服务行为

除了合作对象、竞争者外，企业经营活动的主要对象还有消费者，针对消费者的外部行为可以统称为服务行为。不管是企业管理者还是普通员工，都应该具备良好的服务意识，坚持在服务过程中以满足消费者需求为主导。此外，企业还要注意提高服务质量，做到按承诺履行服务、及时为消费者提供服务、保持良好的服务态度等。

5. 促销行为

促销行为是对外树立企业形象的有力工具，主要包括广告行为、推销行为、推广行为和公关关系行为等。不同的促销行为，其开展的过程和具体操作方法不同，但总的来说，都应该在明确促销目标的前提下，对促销宣传行为进行规范，在保证公众清楚识别促销信息的基础上，对促销宣传人员的岗位行为、与顾客来往的行为等进行规范。

提示

行为识别几乎涵盖了企业经营管理的全部活动，本章的内部行为和外部行为主要是按照行为涉及的公众对象来分类的。此外，还可按行为的状态将其分为静态行为、动态行为；按行为的规范性将其分为不规范行为、规范行为和创意行为。

4.3.3　企业行为识别系统的构成

行为识别系统是理念识别系统的动态识别形式，它通过将企业内外部的行为作为理念传播符号来传达企业的理念，其目的是推动理念识别系统的传播，塑造企业形象。从行为涉及的公众对象角度来看，行为识别系统主要由企业内部识别系统和企业外部识别系统两部分构成。

◎ **企业内部识别系统**。企业内部识别系统的主要作用是营造企业内部环境，进行企业员工的教育及行为规范。

◎ **企业外部识别系统**。企业外部识别系统的主要作用是对外部经营活动中涉及的产品规划、服务活动、广告宣传、促销推广等进行规范，以表达企业理念，获得公众的认同，提升企业识别度和形象。

企业的内部、外部识别系统都是企业理念的具体体现，能通过实实在在的行动来传达企业的精神理念和价值观，其中，员工教育、规范建立和管理提升是行为识别系统的核心要素，下面分别进行介绍。

◎ **员工教育**。如果只通过文字传达企业理念，很多员工可能并不放在心上，当然也就无法形成企业员工共同认可的价值观，也就不会通过行为来进行传达。因此，开展员工教育是非常有必要的。员工教育主要是向员工灌输企业理念与文化，使员工将知识转化为内在情感，产生对企业的认同感，提高员工忠诚度，进而使员工通过行为来贯彻实施。

◎ **规范建立**。行为识别系统的建立还需要一系列可操作的制度和规范的约束，使员工的行为规范统一、有章可循。

◎ **管理提升**。行为识别系统的策划需要依靠企业管理，企业管理水平的提升是行为识别系统构建的关键。企业不仅要注重组织和制度的管理革新，还要重视人才的开发和引进，建立高素质的现代管理团队。

4.3.4　企业行为识别系统的传播与推广

企业行为识别系统策划较重要的一个环节就是传播与推广。根据行为识别系统的构成，其传播与推广可以分为内部的传播与交流、外部的传播与推广两部分，下面分别进行介绍。

1. 内部的传播与交流

企业形象在对外传播前，必须要先进行内部的传播与交流，其目的是让企业的所有员工了解企业信息，明确企业形象传播的重要性，以促使员工积极参与企业行为识别系统的建立，为塑造良好的企业形象而努力。

行为识别系统内部的传播与交流通常会通过正规的传播媒介来开展，如内部通信、板报、公告栏、标语、会议、广播、简报、企业报等。

2. 外部的传播与推广

做好内部的传播与交流后，就能按部就班地开展外部的传播与推广。外部的传播与推广方式众多，其中策划"新闻事件"、开展活动是较为重要的两种方式。

◎ **策划"新闻事件"**。新闻事件具有高效传播的特点。在对外传播企业行为时，企业可以通过策划"新闻事件"来宣传企业形象，将企业的理念、价值观、品牌特色等传递给公众。

◎ **开展活动**。企业可以通过策划和开展活动来传达企业的理念和实力。在开展活动时一定要选择合适的切入点。例如，通过广告响应社会热点事件，在广告中表明企业对社会发展的关心；或以企业的名义发起某项公益活动，体现企业的人情味与责任感；又或者借节日、周年庆典活动表达对公众、合作对象的感谢等，以增进与外部传播对象的沟通与交流。

📜 提示

　　新媒体时代，线上线下融合是大势所趋，不管是传统线下企业，还是新型线上企业，都在朝着线上线下一体化发展。因此，加强企业的社区交往也是外部传播与推广的可行途径。这要求企业与所属地的社会公众搞好关系，主要表现在优先录用当地居民、参与地方开发、参与当地经济决策、建设当地标的建筑、关心民众生活等方面。

4.4　企业视觉识别系统策划

企业视觉识别系统是将企业抽象的经营理念和战略构想落实为具体可见的传达符号，以形成一整套象征化、统一化、标准化、系统化的标准。与行为识别系统的动态表现不同，视觉识别系统是企业形象的静态表现，它也常被称为企业对外传播的"脸面"。企业视觉识别系统策划主要包括基本要素策划和应用要素策划，下面先介绍企业视觉识别系统的设计流程，再对其策划内容进行介绍。

4.4.1　企业视觉识别系统的设计流程

企业视觉识别系统的设计需要经过一系列的流程，包括企业形象调查、视觉设计定位、设计稿筛选和定稿 4 个步骤，下面分别进行介绍。

1.　企业形象调查

进行企业视觉识别系统设计的第一步是对企业的形象进行调查，了解公众对企业形象的认知与记忆程度。同时确定企业要传达的视觉形象要点，分析视觉形象的主题要从哪个方向展开；或对已有的视觉形象进行分析，查看其是否表述到位，或能否再进行优化。

2.　视觉设计定位

对企业形象进行充分调查后，综合获得的反馈信息与企业的目标，围绕如何有效地通过视觉手段来传达企业的理念进行设计定位。视觉设计定位的最终目的是从企业理念识别系统中找到最具有传播价值的点，将其作为重点，然后使用视觉语言进行主题设计规划，确定视觉设计系统的构图、色彩、图案、线条等设计方案。

3.　设计稿筛选

设计人员根据视觉设计定位的具体要求即可对企业理念进行视觉化设计，但由于企业管理者、设计人员对企业理念与视觉效果的理解不同，或为了得到更好的设计效果，设计人员往往会按照不同的创意和表达方式进行多次创作，这样就会产生多份设计稿。此时，就需要在其中进行筛选，挑选能够明确表达企业理念、设计定位，且方便公众识别、记忆的设计稿。

4.　定稿

在多份设计稿中筛选出可行的终稿，以终稿为基础进行视觉识别系统的完善，最终完成整体设计。

4.4.2　企业视觉识别系统的基本要素策划

企业视觉识别系统的基本要素众多，其中企业名称、企业标志、企业标准色和企业标准字是其核心要素，也是企业视觉识别系统策划的重点内容，下面分别进行介绍。

1.　企业名称设计

与人名一样，企业名称（这里主要是指简称）是公众对企业的称呼，它是企业区别于其他企业的符号。企业名称的设计是非常重要的，一个好的企业名称可以快速让公众记忆，达到广告宣传的效果。企业名称的设计需要满足以下要求。

◈　**简洁明了**。简洁明了的名称易于公众在信息交流的过程中进行传播，因此，企业名称应尽量简洁明了、言简意赅，切忌拖泥带水、表意不清。很多企业的名称都控制在 2～5 个字，如前文提及的华为、小米、农夫山泉等。

◎ **易于识别、记忆**。企业名称应简单、易记，使用符合国家规范的汉字，且不使用生僻字、汉语拼音字母。

◎ **传达企业精神**。企业名称是传播企业形象的一种手段，因此企业名称应遵循企业理念，选择能体现企业理念或能联想到企业理念的词语来设计，这不仅能加强企业名称对企业形象的宣传，还能为企业未来的发展奠定精神基础。例如，小米就传达了该企业不可缺少的、亲民的文化。

◎ **新颖别致**。企业名称是独一无二的，不仅不能模仿其他企业的名称，还要体现出与竞争者的差异。企业可在企业理念的指导下，创造能体现企业特征的新词汇，在传播的过程中将该词汇传播出去，进而打响名声。例如，索尼（SONY，原为东京通信工业公司）就是对拉丁语"Sonus"（声音）与美国俚语"Sonny"（小家伙）的融合，该名称既体现了它在视听、游戏、通信、信息技术等经营领域的定位，又与其他竞争者形成了差异，充分体现了企业的个性化，给人耳目一新的感觉。

✎ **课堂练习**

　　根据你的认知，列举至少 5 个企业名称，并分别说明这几个企业名称满足了哪些设计要求。

2. 企业标志设计

企业标志是企业视觉识别系统的核心要素，它是指意义明确、造型独特且标准的视觉符号，常基于企业理念和企业名称进行设计，以具有代表性的图案、色彩、文字的组合向公众传达企业信息，达到识别企业和塑造品牌形象的目的。标志是企业形象、特征、信誉和文化的浓缩，独特的、具有标识性的标志能够快速让公众识别，在公众心中形成对企业或品牌的印象。企业设计标志时需要注意以下 3 点。

◎ **效果美观**。企业标志的外部形态应简洁、明朗，在设计时应充分利用点、线、面设计要素，结合创意和设计思维设计出能快速吸引公众视线的美观效果。

◎ **易于识别**。与企业名称一样，企业标志也要便于公众识别。特别是在新媒体环境下，公众获得的信息很多，企业标志只有具备容易识别、特点鲜明、意义深刻或造型独特等特点才能在众多信息中脱颖而出，区别于其他竞争者，让公众留下深刻印象。图 4-8 所示为小米的企业标志，其中的"MI"就是其名称中"米"的拼音，同时也是"Mobile Internet"的缩写，象征着小米是一家移动互联网企业。

◎ **包含企业信息**。企业标志是企业形象的外在视觉表现形式，除了具备识别性和唯一性外，还应该展现出企业的文化、内涵及理念等，以将企业的这些信息传递给公众，建立起公众对企业的印象。正如小米的企业标志，将其倒过来就是少了一个点的"心"字，这也体现了小米让消费者省心、为消费者贴心服务的品牌理念，如图 4-9 所示。

图 4-8　小米的企业标志　　　　　图 4-9　倒过来的小米企业标志

3. 企业标准色设计

标准色是企业视觉识别系统的另一基本要素，它是经过特别设计和定位的、运用于企业经营活动的所有视觉传达过程中的、由企业指定的某一个特定色彩或一组色彩系统，以表现企业的经营理念、文化风貌或产品的特质等。下面对企业标准色设计的相关知识进行介绍。

（1）企业标准色设计的着眼点

企业标准色的设计应考虑以下 3 点。

❀　**企业形象**。标准色设计应从企业经营理念或产品特质的角度考虑，选择能表现出企业关键信息的色彩，使色彩与企业的形象相符。例如，想向公众传达"乐观""友好""温暖"等信息，可选择橙色、黄色；想向公众传达"激情""自信"等信息，可选择红色；想向公众传达"安全""科技"等信息，可以选择蓝色；想向公众传达"健康""环保"等信息，可选择绿色。图 4-10 所示为上海百雀羚日用化学有限公司旗下品牌百雀羚的广告宣传图、会员推广图和产品展示图。该品牌主打"天然、不刺激"的护肤理念，因此标准色选择了绿色，与其天然、草本、温和定位相符合。

扫一扫
色彩的感情

扫一扫
彩图展示

图 4-10　百雀羚的广告宣传图、会员推广图和产品展示图

❀　**经营战略**。标准色设计还要考虑企业形象的差异性，以达到识别企业的目的。特别是经营相同产品的企业，由于产品功能的相似性，导致公众无法很好地区别企业，因此，应选择与竞争企业不同的色彩进行设计，并且，为了增加企业自身的优势，还应使用频率较高的传播媒体或视觉符号，以辅助标准色的传达，更快地在公众心中留下印象。同样是可乐，可口可乐和和百事可乐的标准色就具有很明显的差异性，图 4-11 所示为可口可乐的标准色，主要是红白色，图 4-12 所示为百事可乐的标准色，主要是蓝红白色，效果差异十分明显，能让公众快速区分。

扫一扫
彩图展示

图 4-11　可口可乐的标准色

图 4-12　百事可乐的标准色

◎　**技术与成本**。标准色的应用非常广泛，不管是线上通过新媒体平台进行传播，还是线下的宣传手册、包装盒、包装袋乃至门店设计、活动场地布置，都要考虑色彩的色差。在选择标准色时应尽量避免特殊色彩，以免通过线下渠道进行传播时，不仅在印刷技术和分色制版等方面增加成本，还达不到理想的效果。

> **提示**
>
> 企业标准色设计应符合企业的形象战略、经营理念，且体现出企业的性质、宗旨，突出企业的风格，并通过差异化体现个性。同时，还要注意结合消费心理与国际化潮流。

（2）企业标准色的设计结构

根据企业结构与经营发展的需要，企业标准色设计有不同的结构，主要包括单色标准色、复色标准色和多色系统标准色，下面分别进行介绍。

◎　**单色标准色**。单色标准色即企业标准色只有一个颜色。单色标准色具有集中、强烈的视觉效果，能更快地被公众识别、记忆，并方便传播，如爱马仕的橙色、美团的黄色等。

◎　**复色标准色**。复色标准色是指企业标准色有两种以上的色彩，它追求的是色彩的组合效果。复色标准色主要通过色彩的搭配来增强色彩的韵律和美感，以更好地体现和传达企业的相关信息，如香奈儿的黑白色、百事可乐的蓝红白色等。

◎　**多色系统标准色**。多色系统标准色是指在选择某个色彩作为企业标准色的前提下，再配以多个辅助色彩。多色系统标准色主要用于表示母公司与子公司的关系，或表示企业内部的各个部门、品牌或产品的分类。如可口可乐子品牌零度可口可乐、健怡可口可乐的标准色就是典型的多色系统标准色，如图 4-13 所示。零度可口可乐的标准色是红黑白色、健怡可口可乐的标准色是红灰白色，它们都是基于其母品牌红白标准色进行设计的。

扫一扫
彩图展示

图 4-13　可口可乐子品牌的标准色

> **提示**
>
> 企业标准色设计完成后，还应制定标准色的管理规范，主要包括标准色的用色规范、色彩传达过程规范。同时还要注意对标准色的使用进行监督、追踪，查看标准色的使用反馈效果，并将反馈信息作为企业标准色再设计的参考。

4. 企业标准字设计

企业标准字设计是指将企业形象或有关称谓整理、组合成一个群体字体，通过文字的可读性、说明性等明确化的特征，创造独特风格的字体，以达到识别企业、塑造企业形象的目的。标准字与企业标志、标准色一样，都是视觉识别系统的基本要素之一，且因字体种类繁多，创造性和操作性强而得到广泛应用。通过文字，标准字可以直接传达企业信息，同时结合对字体的个性化设计，还能通过视觉冲击力来强化企业形象与品牌诉求。

标准字设计一般是基于企业或品牌名称、活动主体等设计的，它对文字的笔画走向、字距宽度、线条粗细等做了细致的规定，要求文字的整体视觉效果统一、美观，且能体现出企业的个性。设计企业标准字时需要注意以下 5 个方面。

⚙ **做好调查分析**。企业在设计标准字前应做好对自身与竞争者的调查分析。对自身的调查分析主要表现在对行业、产品形象特征的分析，对竞争者的调查分析主要表现在对竞争者标准字的样式、含义的分析，以取其精华去其糟粕，建立公众更容易识别的字体样式，增加企业标准字的识别度。

⚙ **选择合适的文字字体**。标准字的字体不同，文字所呈现的笔画、走向与带给公众的视觉感受就不同。企业在进行标准字的设计时，首先要根据品牌或产品的风格或特点来定位字体，以更好地体现主题，精准地向公众传达企业的经营观念和内容。例如，科技类和运动类企业往往会选择粗犷、棱角分明的字体来突出其气势磅礴、个性张扬的形象。

⚙ **做好字体的造型设计**。为了更好地体现企业或产品的特性，且与竞争者产生差异化，企业标准字的设计还应该注重字体的造型设计。通过对字体的横竖、曲直、宽窄、粗细等进行设计，加强文字的节奏与韵律，设计出更具有识别度和感染力的效果。同时，还要注意企业标准字的字形变化不能太大，不能随意增减笔画，以免文字难以辨认，产生相反的效果。

⚙ **做到文字样式的统一**。企业标准字的设计要与企业全称的字体风格统一，以充分体现企业的整体风格和形象，此外，从文字样式的角度来说，文字的笔画粗细、倾斜方向等都要统一。只有保证文字样式的统一，才能在开展企业经营活动的过程中通过对标准字的应用，向公众传达统一的文字视觉形象，加强企业在公众心中的印象。

⚙ **注意色彩的搭配**。在企业标准字的设计中，要在充分理解企业产品特点与企业经营理念的基础上，结合企业标准色来进行标准字的设计，这样才能更好地塑造企业形象、传达企业理念。

提示

企业标准字的设计可分为中文标准字、装饰标准字和英文标准字的设计。企业在进行标准字设计的过程中，应根据文字的类型和用途分别进行标准字设计，以更好地达到视觉与听觉同步传达信息的效果。

4.4.3 企业视觉识别系统的应用要素策划

企业视觉识别系统应用要素是对视觉识别系统基本要素的应用与传播，它主要应用在办公事务用品、企业外部建筑环境、企业内部建筑环境、员工服装服饰、交通工具、广告媒体和产品包装等方面。下面对企业视觉识别系统的应用分别进行介绍。

◎ **办公事务用品**。常见的办公事务用品有邀请函、信封、信纸、便笺、名片、介绍信、账票、备忘录、资料袋、公文表格等，通过对这些办公事务用品进行统一和规范化的设计，如在其中统一添加企业标志、应用企业标准色设计结构等，体现企业的文化和形象。图 4-14 所示为小米手机 MIX 2S 新品发布会的邀请函，通过对企业标志和精神文化的展示来传达企业形象；图 4-15 所示为小米的名片，其结合了企业标志、标准色、企业名称和企业口号来展现企业形象。

扫一扫
彩图展示

图 4-14　小米新品发布会的邀请函

图 4-15　小米的名片

◎ **企业外部建筑环境**。对建筑造型、旗帜、门面、招牌、公共标识牌、路标指示牌、广告牌等外部建筑环境中的应用要素进行设计，是企业形象在公共场合的公开化、视觉化展示，它直观地向公众传达了企业的面貌特征。在企业外部建筑环境中应用视觉识别系统基本要素时，要在充分融入周围环境的基础上，突出和强调企业的识别元素，以便于公众识别。图 4-16 所示为小米的企业外部建筑环境。

◎ **企业内部建筑环境**。企业内部建筑环境是指企业的办公室、销售厅、会议室、休息室等内部环境。企业通过将视觉识别系统的基本要素贯彻应用在企业室内环境中，可以从根源上塑造、渲染、传播企业的形象。图 4-17 所示为小米的企业内部建筑环境。

图 4-16　小米的企业外部建筑环境

图 4-17　小米的企业内部建筑环境

　　◎　**员工服装服饰**。统一、整洁的服装服饰可以改变企业员工的精神面貌，提高员工对企业的归属感。通过员工服装服饰进行企业视觉识别系统的应用，应该根据企业员工的工作岗位、工作性质和特点，设计针对不同岗位的服饰服装，如西装制服、文化衬衫、T 恤、胸卡等。图 4-18 所示为小米物流配送人员的制服，主要通过标准色和企业标志进行视觉传播。

　　◎　**交通工具**。交通工具流动性、公开化的特点，能在无形中建立企业的形象。企业通过交通工具来进行视觉识别系统的设计时，应该考虑交通工具的移动速度和流动特点，通过醒目的企业标准色和标准字的设计来统一交通工具（如大巴、货车、工具车等）中的企业视觉形象的外观效果。图 4-19 所示为京东集团通过货车来传递其形象的效果，从图中可看出，货车的车身采用其企业标准色的主色——红色来进行设计，色彩鲜艳，视觉吸引力强，并通过其企业标志、名称等进一步向公众展现企业形象。

图 4-18　小米物流配送人员的制服

图 4-19　京东集团的货车

　　◎　**广告媒体**。广告媒体是传播企业形象较为快速的一种方式，也是营销策划战略的一大要点。除了电视、报纸、杂志、路牌等传统媒体，新媒体环境下诞生的数字电视、数字报纸、数字广播、手机短信、移动电视、新媒体平台等，都可以结合多样的广告表现形式，如文字广告、图片广告、视频广告等，进行企业形象的塑造与宣传。例如，小米就充分利用了论坛、微信、微博、社群等新媒体社交平台来开展营销，使其在短短几年内成了国内的知名品牌。

　　✎　**课堂练习**

　　　　通过网络搜索，回答小米是如何通过新媒体开展营销的。

　　◎　**产品包装**。产品不仅是企业的经济来源，还是公众形成对企业认知的直接途径。从功能上来说，产品包装能保护产品；从视觉识别系统的策划来说，产品包装则是传播企业形象的一种途径，产品的包装材料（如纸、木、玻璃、塑料、陶瓷等）、包装设计都直接展示了企业的形象。图 4-20 所示为农夫山泉矿泉水的产品包装，可看出其产品包装越来越注重美观度与产品外形的设计。

图 4-20　农夫山泉矿泉水的产品包装

✐ **课堂练习**

根据你的理解，回答下列问题。

（1）列举手机行业中标准色为蓝色、绿色的代表企业，并分析其标准色的设计理念。

（2）在网上搜索京东集团的相关资料，对其企业标准色、标准字，以及视觉识别系统的应用要素等进行分析。

4.5　企业形象导入的策划

企业形象策划是一项策略性极强的系统工程。企业要在经营发展的过程中全面衡量人力、物力和财力的投入，选择合适的时机进行企业形象的导入。下面对企业形象导入的相关知识进行介绍。

4.5.1　企业形象导入的时机

出现以下现象时，需要进行企业形象的导入。

◉ 企业知名度低，缺少能代表企业形象的统一性标志，无法让公众对企业进行识别。

◉ 由于企业的全面性发展与多角化经营，企业形象的统一性、整体性逐渐弱化。

◉ 企业名称与产品形象不符或企业名称老化，公众识别度不高，易被公众误认、误解。

◉ 与其他企业合并后，需要重新塑造企业形象。

◉ 在同行业竞争中，竞争者的企业形象处于有利地位。

◉ 企业形象塑造不够，影响员工的士气。

◉ 企业人才吸引力差，无法吸引优秀的人才。

◉ 企业原有的形象与当前的营销战略不匹配，赶不上市场的发展，无法与国际化形象接轨等。

在导入企业形象时，还要找准时机，一般在以下情况可以导入。

◉ 企业成立或合并，或因扩大经营规模、朝多元化方向发展时。

◉ 企业周年或纪念日。

- 进军海外市场，迈向国际化经营。
- 提升品牌或品牌升格为企业商标。
- 重整企业经营理念。
- 竞争产品信息模糊，品牌差异性不明显。
- 企业开发并上市新产品。
- 企业改组成功或经营高峰更换，全面创新。

企业形象导入是企业形象策划整体战略系统的组成部分，它既要求企业充分调研本企业的历史、现状、未来发展前景，又要求企业基于对理念识别系统、行为识别系统和视觉识别系统的规划和设计进行整体策划，形成完整的企业形象策划战略。

4.5.2　企业形象导入的程序

企业形象导入的程序包括提出和确定计划、调研与分析企业、企业形象的策划、企业形象策划的发表和企业形象策划的效果测定，如图 4-21 所示，下面分别进行介绍。

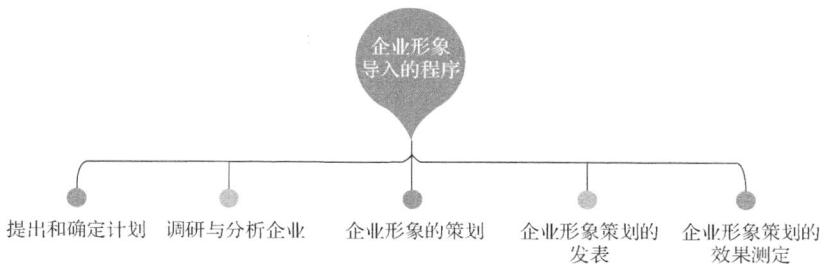

图 4-21　企业形象导入的程序

1. 提出和确定计划

导入企业形象前需要先提出和确定企业形象策划的相关计划，具体包括以下 3 个方面。

- **提出企业形象策划计划**。只有先提出企业形象策划计划才能开展、执行，提出计划的对象可以是企业最高负责人、企业内部负责人、企业内部顾问或外界专业人士。
- **制定企业形象企划案**。要实施计划，需要有一份详细的计划方案，针对企业形象策划的方案即企业形象企划案。它用于说明开展企业形象策划的目标，导入企业形象的理由和背景，企业形象策划的方针、具体施行细则，导入企业形象计划的推动和组织者，以及实施企业形象策划的预算等。
- **成立企业形象策划执行委员会**。企业形象策划执行委员会主要负责企业形象系统具体内容的策划，它影响着企业形象策划的具体执行。企业应明确企业形象策划执行委员会的组成、职责和权限，并与企业共同执行企业形象策划的导入计划。

2. 调研与分析企业

企业形象导入前需要进行详细的企业调研与分析，企业开展营销策划一般需要进行市场调研、竞争者调研和社会环境调研，这些调研内容与企业形象策划是密不可分的。此外，要更好地进行企业形象的导入，还需要充分进行内外部环境调研，加强企业的自我诊断，明确企业自身的优劣势，做到知己知彼。企业内部条件的调研与分析主要包括以下 7 个方面。

- 企业的物资供应、资金使用情况和筹措能力等。
- 企业的产品开发、生产能力，以及产品销售能力的现状与趋势等。
- 企业的历史、文化背景和发展前景等。

- 企业的经营现状、发展战略，以及经营管理能力等。
- 企业的法定代表人、现有职工的素质及能力等。
- 企业经济管理制度的现状和改革措施，以及经营机制的完善程度等。
- 企业的科研、技术改造和设备更新能力的现状与未来的需求情况等。

调研与分析的方法较为简单，制定好调研流程并选择合适的调研方法即可。

3. 企业形象的策划

企业形象导入必须建立在完整的企业形象策划的基础上，只有明确了企业的理念识别系统、行为识别系统和视觉识别系统的构建标准，通过企业理念识别系统明确企业的理念、精神，并通过行为识别系统来校正企业内外部的各项行为，基于理念进行企业视觉识别的设计，才能有效地开展企业形象的塑造。

4. 企业形象策划的发表

做好企业形象的策划后即可对其进行发表，让企业所有员工明确企业形象塑造的重要性，并根据企业形象策划的内容来要求自身，提升企业内部员工的整体素质。对外，企业也能更好地展现自身形象，给公众留下良好的口碑。企业形象策划的发表需要注意发表的时机和对象，分别介绍如下。

- **发表的时机**。企业形象策划的发表时机可以根据企业经营发展的需要自行决定，既可以在企业形象策划完成之后立即发表，也可以在企业形象策划的过程中同步发表。

- **发表的对象**。企业形象策划的发表对象主要是企业内部和企业外部，一般来说，其发表顺序是先内后外，但也可根据实际需要先外后内或同时发表。

5. 企业形象策划的效果测定

导入企业形象后，企业还应对企业形象策划的具体实施效果进行检测，检查其对企业带来的经济效益，如销量是否增多、利润是否增长等。企业形象策划对企业经济效益的正面影响主要表现在两个方面：一方面是企业社会效益的提高，由于企业形象的导入与运作，企业的知名度、信誉度得到提升，加强了公众对企业的认同与接纳，树立了企业的形象；另一方面是企业经济效益的直接提高，在社会效益提高的前提下，企业的竞争力更强，品牌影响力更高，导致企业产品的价格即使高于市场平均价，消费者仍然会接受，而产品价格的升高则直接为企业带来了经济效益。

同时，若企业形象的导入效果不佳，还要及时发现导入过程中存在的问题，通过进行总结并对企业形象进行调整与修正，以完善并二次导入企业形象策划系统，更好地为企业形象的塑造提供支持。

提示

> 企业形象导入的效果与企业实施导入的时间、宣传推广的手段有关，企业不应为了一时的经济效益而频繁地进行企业形象的策划。企业形象的策划、导入与运作需要长期的维护，需要健全的企业制度、完整的组织领导机构来监督实施，以确保企业塑造良好形象。

4.6 案例分析——腾讯 20 周年更新 Logo

深圳市腾讯计算机系统有限公司（以下简称"腾讯"）于 1998 年 11 月在我国深圳成立，2004

年 6 月在中国香港交易及结算所有限公司主板上市。腾讯是一家以互联网为基础的平台公司，通过技术丰富互联网用户的生活，助力企业数字化升级。腾讯的使命是"用户为本，科技向善"。2018年 11 月腾讯成立 20 周年，为了庆祝其 20 周岁的生日，腾讯推出了全新的"Tencent 腾讯"Logo，图 4-22 所示为更新前、后的腾讯 Logo。新 Logo 做了两个改变，一是采用了腾讯自创的斜体"腾讯字体"，二是颜色变"蓝"了。

图 4-22　更新前、后的腾讯 Logo

早在 2004 年腾讯就将蓝色作为企业标准色，寓意腾讯像大海般包容，如天空般广阔。此次更新 Logo 后的蓝色则是腾讯与全球流行色权威色彩机构"彩通色彩研究院"（Pantone Color Institute）合作设计的"腾讯蓝"。这款蓝色不仅融合了海洋与天空的基础蓝色，还融合了白色与紫色，提升了蓝色的亮度，使"腾讯蓝"更有活力和想象力，能更好地体现腾讯的原则与其在技术方面精益求精与追求创新的精神。

扫一扫
彩图展示

除了"腾讯蓝"，腾讯还设计了一套"腾讯色盘"作为其企业标准色的平衡与补充，如图 4-23 所示。这套色盘是腾讯的企业标准色系统，以腾讯蓝作为核心，将其应用在企业形象塑造的方方面面，如桌椅板凳的颜色、网站页面的颜色、周边产品的颜色等。

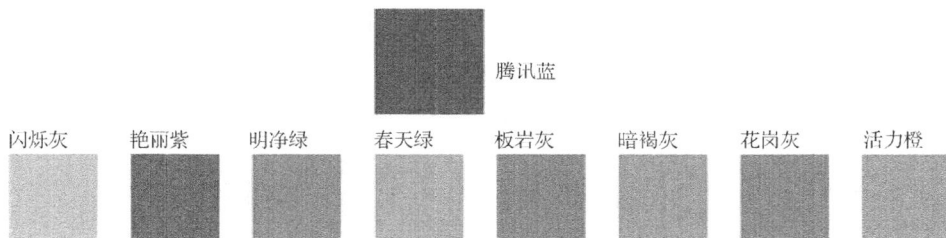

图 4-23　腾讯色盘

结合本案例并查阅腾讯相关资料，回答以下问题。

（1）腾讯的企业理念和使命是什么？

（2）腾讯是如何通过行为识别系统来传播其企业形象的？

（3）腾讯是如何通过视觉识别系统来传播其企业形象的？

（4）腾讯为什么选择在 20 周年更新其 Logo？

★ 课后思考

（1）简述什么是企业形象策划。

（2）企业形象策划的战略组成有哪些？每个部分之间的关系是怎样的？

（3）企业理念识别系统的外在表现形式有哪些？

（4）企业行为识别系统是如何划分的？对内、对外是如何表现的？

第5章

品牌策划

学习目标

/ 了解品牌策划的基本知识。

/ 了解品牌定位的作用和方法。

/ 了解品牌的名称定位策略。

/ 熟悉品牌传播的模式、策略与误区。

/ 了解品牌延伸的作用、策略与误区。

引导案例

　　某国产餐饮品牌的主营特色食品为蒸品。在西式快餐还未兴起时，由于竞争对手较少，该餐饮品牌一直在餐饮行业中占主导地位。但肯德基、麦当劳等品牌进入快餐行业后，其市场份额受到了冲击。该餐饮品牌经过市场分析后发现，由于自身品牌没有清晰的定位，消费者并不理解自身品牌的核心文化和经营理念。

　　因此，该餐饮品牌重新对品牌进行了定位，并经过充分的市场调研与消费者分析，舍弃了与竞争对手相同的西式快餐油炸食品，选择它们没有的蒸品作为主要产品，建立了产品差异化的竞争优势。该餐饮品牌仍旧选择蒸品的原因是：蒸煮是我国传统的烹饪方式，具有悠久的历史文化，其营养价值丰富，具有区别于西式快餐的明显的功能定位。从产品的角度来看，蒸品的烹饪方式可以在一定程度上保留食物的营养成分，保证身体对营养的需要。因此，基于该餐饮品牌的主要产品，将其品牌核心价值定位为"营养还是蒸的好"，传递出关注健康、追求生活品质和美好用餐体验等的核心企业理念；使消费者在与品牌接触的过程中，能够通过产品、情感、店面、服务等感知品牌的核心价值，形成对品牌的深层次形象。

　　可以看出，品牌策划的最终目的是在消费者心中形成对品牌形象的强烈共鸣，产生对品牌形象的认同感。品牌定位是品牌策划的首要环节，也是企业经营发展的重要战略，其重要程度对企业来说不言而喻。本章将对品牌策划的相关知识进行介绍，包括品牌策划概述、品牌定位策划、品牌传播策划和品牌延伸策划等一系列影响企业发展的相关策略。

本章要点

　　品牌化策划　　　　　品牌定位策划　　　　　品牌传播策划　　　　　品牌延伸策划

5.1　品牌策划概述

　　品牌是企业获得竞争优势的重要手段，而要开展品牌策划，需要先了解品牌、品牌策划的流程以及品牌化策划，下面分别对这些内容进行介绍。

5.1.1　了解品牌

　　现代营销学之父菲利普·科特勒对品牌的定义是：品牌是一种名称、术语、标记、符号或设计，或是它们的组合运用，其目的是识别某个销售者或多个销售者的产品或服务，并使之同竞争者的产品和服务区分开来。这个定义侧重于品牌的构成及其差异化的功效。整合营销传播之父唐·舒尔茨对品牌的定位是：品牌是为买卖双方所识别并能够为双方都带来价值的东西。这个定义侧重于品牌价值的体现。这两个定义虽然侧重点不同，但都体现了品牌的重要性。

　　现代社会,企业之间的竞争非常激烈,品牌的作用越发明显。一个好的品牌能够表达出属性、利益、价值、文化、个性和使用者 6 层含义。

◉ **属性**。属性指品牌所表现出的特定属性，是品牌传递给消费者的某种感受，如香奈儿的高雅、简约、精美。

◉ **利益**。利益有两个方面，一是功能性利益，二是精神性利益。功能性利益指品牌能够满足消费者的功能需求，如香奈儿能够满足消费者对定制服装、香水、彩妆、护肤品、腕表、珠宝配饰等的购买需求；精神性利益指品牌能够满足消费者精神上的需求，使消费者获得精神上的享受。

◉ **价值**。价值指品牌能够体现企业的价值观，如香奈儿的经典、时尚、品质、个性。

◉ **文化**。文化指品牌能象征一定的文化，如香奈儿富有传奇色彩的品牌故事至今仍被人津津乐道。

◉ **个性**。个性指品牌的差异化，有自身的特性和风格，如香奈儿时尚简约、婉约大方的形象深入人心。

◉ **使用者**。使用者指品牌能体现出其目标消费群体，如香奈儿的目标消费群体是女性。

好的品牌会提高公众对企业的认知度，因此，也可以将品牌广义地理解为公众对企业的认知。品牌是企业的无形资产，新媒体时代，公众的选择性和主动性增强，企业的品牌知名度越高、口碑越好，公众对企业的印象就越好，越容易选择该企业的产品进行消费。

课堂案例——香奈儿的品牌发展史

香奈儿（Chanel）由 Coco Chanel（原名是 Gabrielle Bonheur Chanel，中文名是加布里埃·香奈儿）于 1910 年在法国巴黎创立。该品牌的产品种类很多，包括服装、珠宝饰品及其配件、化妆品、护肤品、香水等。香奈儿的设计理念是高雅、简约、精美，它一直致力于划时代的创新理念与前瞻创意，为女性塑造自由、优雅、与众不同的风格。下面对其品牌发展史做简述。

（1）第一阶段——香奈儿的创立

香奈儿的创立与发展离不开其创始人香奈儿女士，香奈儿女士 1883 年出生在法国，由于家里生活拮据，她在 1905 年为自己起了艺名"Coco"，开始了自己的歌女生涯，这为她后来开设女装帽子店筹备了资金。1910 年，Coco 在巴黎开设了一家女装帽子店，由于帽子的款式简洁耐看，针线质量好，店铺生意非常好，一年后 Coco 将店铺搬迁到了时尚气息浓厚的街道。Coco 有着强烈的事业心，她对时装比较感兴趣，因而也涉足了高级定制服装领域。1913 年，Coco 开设了她的第一家时装精品店。这家店铺的服装风格灵感来源于男装，借用男士服装的风格打破了当时过分艳丽的女士服装风格局面。这就是后来的品牌香奈儿的雏形，这也标志着香奈儿正式诞生了。

（2）第二阶段——香奈儿的发展

20 世纪 20 年代，法国女性的服装大多是华丽且昂贵的礼服，Coco 则用球衣材料来制作服装，她主张时尚、舒适、年轻，这样新潮且独到的时装美学见解和才华使她结交到了很多好友，名声也越来越大。1920 年，Coco 的时装店进一步扩大规模，她简洁和自由的风格深受女性的喜爱。1921 年，Coco 推出了香水，香奈儿 N°5 这款标志性的香水直到现在也受到消费者的喜爱。1924 年，Coco 推出了她的第一个"服饰珠宝"系列，其中较具有代表性的是珍珠长项链，这一系列也被称为具有革命性的设计。香奈儿的标志是 Coco 在 1925 年设计的，这个重叠在一起的双"C"标志一直沿用至今。1926 年，Coco 推出了她最具标志性的设计——黑色小礼服。

1929 年，Coco 还设计了钱包。1955 年 2 月，Coco 设计了 Chanel 2.55 手提包。1957 年，Coco 设计了两款简约的露跟鞋。1970 年，香奈儿推出另一种香水，香奈儿 N°19。

（3）第三阶段——香奈儿的现状

1971 年 Coco 逝世，1983 年起，卡尔·拉格菲尔德（Karl Lagerfeld）成为香奈儿的总设计师。卡尔·拉格菲尔的设计风格偏向自由、随意、轻松，如何将两种对立的事物统一在一个设计中是他的拿手好戏。他一直坚守着香奈儿细致、奢华、永流行的精神，也将香奈儿的时装推向了另一个高峰。2019 年 2 月 19 日，拉格菲尔德去世。2019 年 4 月 18 日，香奈儿品牌全球精品部总裁布鲁诺·洛夫斯基（Bruno Pavlovsky）在上海开幕的"走进香奈儿"展览中说道，"当下的奢侈品已经变得日常化了，但香奈儿是'真正的奢侈品牌'。我们在乎的是'创意'，香奈儿是一个关于香奈儿女士、关于 Karl Lagerfeld、关于 Virginie Viard、关于'创意'的未来的品牌"。

5.1.2　品牌策划的流程

品牌策划是一项有挑战性的工作，如果不按照一定的顺序进行操作，可能会产生适得其反的效果。企业在进行品牌策划时可按照图 5-1 所示的流程开展。

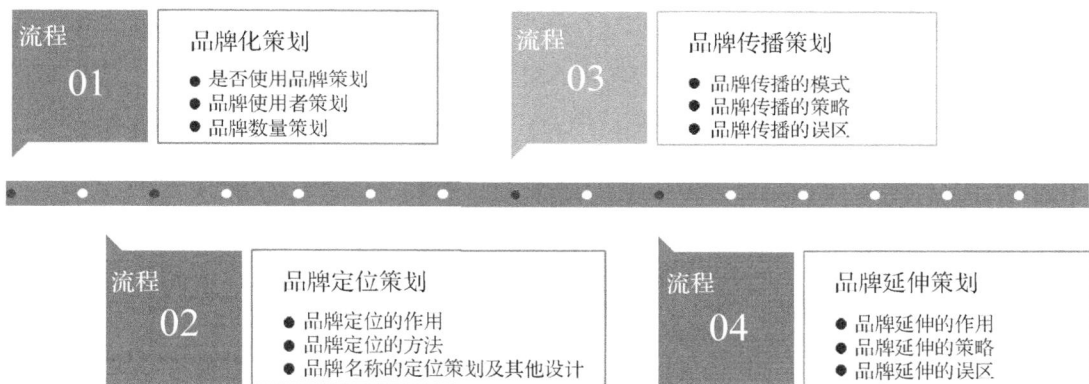

图 5-1　品牌策划的流程

5.1.3　品牌化策划

品牌化策划是品牌策划的首要工作，是对企业是否使用品牌、使用谁的品牌以及使用一个品牌还是多个品牌等的策划。下面将对品牌化策划的相关知识进行介绍。

1. 是否使用品牌策划

企业在开展营销策划前首先要确定的一个问题就是是否使用品牌。品牌是企业获得竞争优势的有力工具，但创建品牌也需要企业投入大量的人力、物力和财力，如果品牌的后期运营不成功，企业将承担一定的风险，严重时甚至会造成企业破产。因此企业有品牌策划的想法时，就应该先明确自身是否适合使用品牌。当企业产品有以下情况时，建议不使用品牌。

- 企业产品的品种、规格与竞争者同质化严重，没有自身特色或差异化优势。
- 企业的主营产品是农副食品、零部件等消费者不按品牌偏好来购买的产品，如面粉、食盐、白糖等。

◎ 企业产品没有过硬的技术标准，且生产简单，便于他人复制，如文具、农具等。

◎ 产品市场基本饱和，消费者已经形成了明确的购买倾向，乐于在固定的地方购买包装简单、无品牌的产品。

虽然不使用品牌会为企业节省成本，但随着社会的发展与市场竞争的加剧，品牌化在企业营销策划中占据越来越重要的位置，品牌化的效果也卓见成效。一些原本不适合开展品牌化的传统企业也逐渐开始了品牌化之路，如茶叶品牌"小罐茶"，水果品牌"褚橙"等。企业在品牌化上投入的成本越来越多，企业应综合分析自身的产品特点、内部资源、外部市场环境等，在排除了不适合使用品牌的情况下，慎重决定。总的来说，品牌化是大势所趋，它能在企业经营发展的过程中产生以下3个作用。

◎ 如果有品牌，当企业需要上市或推广新产品时，就会让消费者基于对品牌的信任而更容易接受新产品，从而使新产品快速进入市场，减少企业对新产品的宣传推广成本，且也有利于树立新产品的良好形象。

◎ 品牌能将企业或产品的信息传递给消费者，这些信息的来源是由企业控制的，企业可以通过灵活控制品牌信息的传递来更准确地细分市场。特别是当企业有多个品牌时，可以针对不同消费群体的需求来打造不同的品牌，通过对品牌形象的塑造来传递品牌信息，进而获得精准的消费群体。

◎ 当企业品牌的知名度、信誉度和忠诚度都较高时，消费者对品牌产品的价格敏感度就会降低，在同类产品中更容易接受该品牌的高价产品，这就是常见的慕名心理。

2. 品牌使用者策划

当企业确定需要使用品牌后，就需要对品牌使用者进行策划。品牌使用者策划主要是确定企业使用谁的品牌，一般来说有以下3种情况。

（1）使用自己的品牌

使用自己的品牌即使用制造商品牌。绝大多数企业都使用自己的品牌。采用这种方式，企业需要投入的成本较多，但获得的收益也较大，并且企业可以拥有品牌的全部权益，甚至企业还可以将自己的品牌授权租赁给他人使用，以获得品牌特许权使用费。但要注意，租赁品牌时要考察接收方的信誉、企业形象，避免败坏自身品牌的口碑。

（2）使用他人的品牌

使用他人的品牌即使用中间商或其他制造商的品牌，也叫使用分销商品牌。如果企业的资金薄弱、市场经验不足，或自己的品牌声誉远不及他人的品牌时，可以使用他人的品牌，以集中企业有限的资源来开展其他营销活动。使用他人的品牌，主要是依据消费者的从众心理，即消费者对产品不了解时容易选择信誉良好的品牌，但这也容易因为消费者对品牌下某个产品产生不满，而影响企业的产品销售。

（3）使用混合品牌

顾名思义，使用混合品牌就是同时使用自己的品牌和他人的品牌的一种品牌策略。这种策略主要表现为以下3种形式。

◎ 企业部分产品使用自己的品牌，部分产品使用他人的品牌。在保证自身品牌特色与权益的前提下，扩大企业的盈利来源。

◎ 在进入市场的初期，企业先使用他人的品牌，取得一定的成果后再建立自己的品牌。

◎ 在同一个产品中同时使用自己的品牌和他人的品牌，集合两个品牌的力量进行营销。这种情况在联合营销中较为常见，如某个品牌与另一个品牌共同开发一款产品，并以联名品牌的形式发售，如图 5-2 所示。

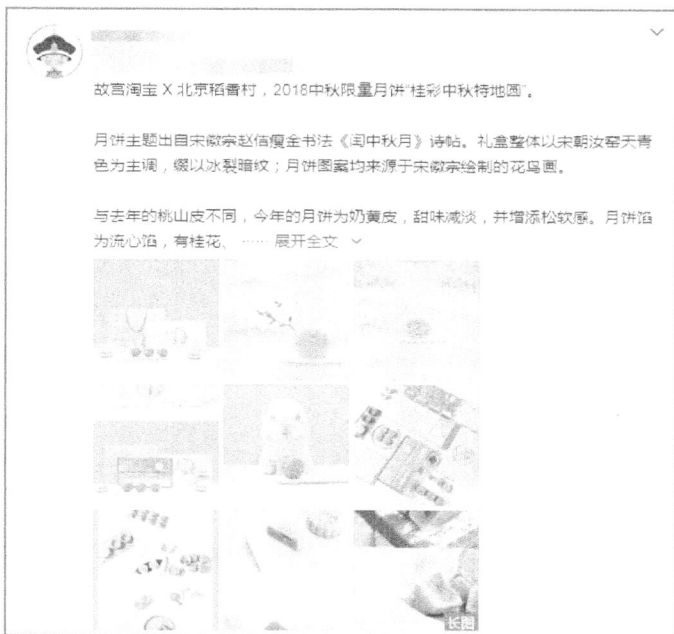

图 5-2　多品牌合作开发产品

3. 品牌数量策划

品牌数量策划就是对使用多少品牌做出决策，适用于生产非单一产品且使用自己品牌的企业。品牌数量策划的策略主要有以下 4 种。

◉ **使用统一品牌**。企业的所有产品都使用同一个品牌，以节约企业在品牌上投入的成本。同时，同一个品牌也有利于突出品牌形象，提高企业声誉，使企业在新产品的开发与推广上获得更多的优势。但要注意，该品牌下的各种产品的质量应均衡，不能参差不齐，影响品牌的口碑。

◉ **使用个别品牌**。企业的不同产品使用不同的品牌。这种方式可以更好地为每个产品定位，但需要企业投入大量的成本。

◉ **使用分类品牌**。将企业的产品按照一定的标准进行分类，根据类别使用品牌。这种方式可以兼顾使用统一品牌和使用个别品牌的优点，是目前较为常用的品牌策略，如宝洁公司在洗发水市场上推出的飘柔、海飞丝等多个品牌。

◉ **使用统一的个别品牌**。将企业的商号或商标作为统一的品牌，然后将该统一的品牌与企业的每一种产品的品牌联用，使产品的品牌冠以企业的统一标识，进而享有企业的声誉，更好地进行品牌的规范化和个性化，如前文提到的可口可乐有零度可口可乐、健怡可口可乐等。

✎ **课堂练习**

回答下面列出的 3 个品牌的品牌使用者与品牌数量。

（1）江小白　　　　　　（2）李宁　　　　　　（3）丰田汽车

5.2 品牌定位策划

品牌的成功经营离不开准确的品牌定位。企业如果不能进行有效的品牌定位，就无法树立品牌个性与差异化的竞争优势。品牌定位是品牌策划的基础，也是影响企业市场竞争的关键性因素，本节将对品牌定位策划的相关知识进行介绍。

5.2.1 品牌定位的作用

品牌定位是企业在市场定位和产品定位的基础上，在特定的品牌文化取向及个性差异上的商业性决策，它是建立一个与目标市场有关的品牌形象的过程和结果。品牌定位的作用主要表现在以下3个方面。

1. 塑造差异化的竞争优势

菲利普·科特勒曾明确指出，品牌定位就是企业通过设计自己的产品形象，让产品在消费者心中占据一定的位置，使品牌在消费者脑海中形成具体而确切的形象，特别是当企业产品与市场中的其他产品没有太大差异，仅靠产品无法获得竞争优势时，品牌定位可以建立起消费者对产品价值的差异化认识，实现产品或服务的最终转化。因此，品牌定位的目的之一就是建立差异化，明确的品牌定位不仅可以满足消费者的需求，还能引导消费者主动"对号入座"，增强企业的竞争优势。

例如，在滴滴打车（2015年9月9日后更名为"滴滴出行"，以下简称"滴滴"）已经站稳脚跟、成为行业领头人时，神舟专车通过独辟蹊径的品牌定位，将自己"安全"的品牌形象传递给消费者，打破了滴滴当时对"共享"品牌定位的垄断局面，吸引了一大批重视乘车安全的目标消费者，这就充分体现了差异化的品牌定位所带来的竞争优势。

2. 提升品牌传播的效果

品牌要被消费者知晓，就需要传播，而传播的前提是明确的品牌定位。只有在品牌定位的基础上，企业通过合理的传播手段和策略将品牌形象传递给消费者，消费者才能形成对品牌的独特印象。品牌定位与品牌传播密不可分，一方面品牌定位只有借助品牌传播才能达到最终效果，另一方面品牌传播也必须以品牌定位为前提。这也充分说明品牌定位决定了品牌传播的内容，影响着品牌传播的效果，明确的、有吸引力的品牌定位可以提升品牌传播的效果。

3. 增强企业信息的传播性

企业要想更好地开展经营活动，只有通过品牌定位，为自己的产品、服务等塑造一个有价值的、能打动消费者的形象，才能在这个信息过剩的时代里快速传递企业的信息，让消费者通过品牌对企业产生的正确认识，进而产生品牌偏好和购买行为。

✎ **课堂练习**

根据你对品牌名称的理解，举例说明其在提升品牌传播效果和增强企业信息传播性方面的作用。

5.2.2 品牌定位的方法

品牌定位能够使企业与消费者建立长期稳定的关系，为企业产品或服务的开发和营销活动指引方向。品牌定位的方法主要有以下 9 种。

　　◎　**消费群体定位**。消费群体定位是指以企业产品或服务的消费群体为诉求对象，通过突出服务的针对性来获得目标消费群体的认同。这种定位方法将消费者与品牌直接联系起来，更容易让消费者产生品牌归属感，如"小儿葵花牌"的葵花药业和"男人的衣柜"的海澜之家等品牌就采用了这种方法进行品牌定位。

　　◎　**企业理念定位**。企业理念定位是指使用企业具有鲜明特点的经营理念和企业精神作为品牌定位的诉求点，体现企业的优良本质，以建立企业的品牌形象，提升品牌价值，如美国 IBM 就是以其经营理念的精髓"IBM 就是服务"来进行品牌定位的。

　　◎　**品质定位**。品质定位是指以产品优良或独特的品质作为诉求点，向注重产品品质的消费者推广品牌。这种定位方法的实质是将品牌与产品品质或特征关联起来，再结合消费者的品质认知进行品牌定位。例如，空调产品的"变频"功能在消费者的认知中就是一种优良品质，海信作为业内率先推出变频空调的企业，将其品牌定位为"变频专家"，就很容易获得消费者的好感。

　　◎　**功能定位**。功能定位是指通过强调产品能满足消费者的某种诉求以及产品的某种重要功效来进行品牌定位。因为产品功能与使用价值是消费者对产品最基本的要求，所以从这个方面进行产品定位也是非常常见的方法。以这种方法进行定位时要注意企业的产品可能并不单一，功效可能也有多种，而消费者往往只会对某一强烈诉求点产生较深的印象，因此企业最好只选择一个最能够突出品牌个性的功能点或诉求点来进行定位，以避免因信息过多对消费者记忆造成干扰。例如，同样是洗发水品牌，飘柔的品牌定位是"柔顺"，海飞丝的品牌定位是"去屑"，潘婷的品牌定位是"健康、亮泽"。

　　◎　**情感定位**。情感定位是指通过情感的抒发与表达来唤起消费者心理与精神上的共鸣，提高他们对产品或品牌的认同感、依赖感和归属感。情感的种类有很多，亲情、爱情、友情、关怀、牵挂、思念、温暖、怀旧等都可融入品牌定位。如果消费者在购买、使用产品的过程中获得这些情感体验，就容易唤起消费者内心深处的认同和共鸣，最终使他们对品牌产生喜爱感，提高其忠诚度。例如，999 感冒灵颗粒就从关怀的角度切入，通过"暖暖的，很贴心"带给消费者强烈的情感共鸣，使品牌价值得到了有效体现。

　　◎　**档次定位**。档次是指事或物好坏的等级、层次。档次定位是指根据这种等级、层次来体现品牌带给消费者不同的心理感受和体验。一般来说，档次定位主要是对高档次产品进行定位，以传达企业产品、品牌的高品质，这通常也意味着产品的高价位和高价值。高档次产品被赋予很强的表现意义和象征意义，如劳力士、浪琴等品牌代表成就、完美、优雅等，给消费者一种精神上的高端体验。

　　◎　**文化定位**。文化定位是指将文化内涵融入品牌，形成企业品牌文化，提升品牌的形象。在进行文化定位时，可以汲取我国历史长流中积极的故事、精神元素、文化内涵等并将其融入品牌中，如酒品牌与酒文化的连接。

　　◎　**对比定位**。对比定位是指通过与事物的客观比较来进行品牌定位。这种定位方法要求企业通过对比分析来找出对比事物的缺点或弱点，并改变其在消费者心中的现有形象，进而确立自己的品牌形象。对比的对象既可以是企业的竞争者，也可以是自然现象、事物认知或自我对比。例如，农夫山泉通过天然水与纯净水的客观比较，得出天然水比纯净水更优质的结论，然后调整其营销策略，只出品天然水并在包装上印制"饮用天然水"等字样，鲜明地体现了品牌的定位，树立了专业健康的品牌形象。

✿ **概念定位**。概念定位是指对某个现象、说法给出新定义，以形成一个新概念，打破消费者的思维定式，使消费者产生认同感。例如，脑白金就将送礼这种现象与年轻态、健康品关联起来，给消费者传递了新的概念，吸引了有这部分需求的消费者，引起了购买热潮。

品牌定位是品牌策划中非常重要的一个环节，它是企业树立品类意识，建立领导者品牌的关键。通过品牌定位，企业可以将品牌打造为品类的代名词，使消费者提到或看到该品类的产品时就想到自己的品牌。例如，提到冰淇淋，消费者首先会想到哈根达斯；提到电商，则首先会想到淘宝。成功的品牌定位可以充分地体现品牌的差异化优势及个性，这也是品牌定位要解决的核心价值问题。只有在品牌定位时充分考虑其核心价值，才能使品牌在消费者心中占据主导地位。

课堂案例——王老吉的品牌定位

在未进行系统、严谨的品牌定位前，王老吉的销量虽然高，但消费者对王老吉的认知却并不明确，这是因为企业无法明确地告知消费者，王老吉到底是什么品类的产品，其功效是什么。王老吉缺乏基本的品牌定位，这也导致王老吉无法顺利地开展其他营销策略。为了解决这一问题，王老吉从产品功能与消费者需求的角度出发，综合多种方法确定了品牌定位，最终使其深入人心。

王老吉与一般的饮料相比，其原料是中草药，如夏枯草、仙草、金银花、鸡蛋花、布渣叶、菊花、甘草等。王老吉根据其产品独特的功能将品牌卖点总结为"预防上火"和"降火"。在人们的观念中，"上火"是一种亚健康状态，并且随着消费者生活水平与健康意识的提高，人们对"预防上火"和"降火"的需求也不断增加，王老吉独特的功效正好满足了消费者的需求，也为它顺利进入饮料市场打下了坚实的基础。

但以中草药为原料的饮料并不符合消费者对饮料口味的偏好，因此，经过反复的口感测试与配方改良，王老吉选择了接近饮料口感的偏甜口味，并将其定位为传统广东凉茶。与其他饮料相比，王老吉"去火"的功效非常突出，与其他传统凉茶相比，王老吉的口感更好，这就是它的差异化优势。最终"怕上火，喝王老吉"深入人心，王老吉也凭借其准确的品牌定位吸引了更多对健康饮品有需求的消费者，提升了产品的销量，增强了品牌的知名度。

5.2.3 品牌名称的定位策划

品牌名称是消费者对品牌的直接称呼，也是消费者对品牌的直接印象。消费者常通过品牌名称来进行不同品牌的区分，因此品牌名称要体现品牌自身的个性和特色。在进行品牌名称的定位策划时，应考虑市场营销、语言文字和相关法律，并掌握一定的命名技巧，下面分别进行介绍。

1. 从市场营销的角度进行定位策划

品牌名称的定位应首先考虑其对产品市场营销的需求，这种需求主要表现在以下 4 个方面。

✿ **便于识别产品类别**。品牌名称可从表现产品品类信息的角度进行策划，以快速吸引对该品类产品有需求的消费者的注意，便于消费者快速识别并记忆品牌，形成产品与品牌名称的直接关联，如农夫山泉、东方通信、味全食品等。

◎ **突出消费者的利益**。除了考虑产品类别外，也可以从能为消费者提供的利益等角度入手，如可口可乐就体现了使消费者感到可口、快乐等利益。

◎ **体现产品的性能**。品牌名称能直接体现产品的性能、特征，可以直接将产品的卖点展示给消费者，使消费者有一个直观的了解，吸引对产品功能有兴趣的消费者的注意。但要注意，《商标法》规定商标不能直接反映产品的质量、主要原料、功能、用途、重量、数量和其他特点，因此，需要在品牌名称上体现创意。

◎ **表明产品目标消费者的特征**。从产品目标消费者的特征（如年龄、性别、地域等）角度入手策划品牌名称，可以直接吸引精准的目标流量，减少对目标消费者的筛选投入，如以儿童为目标消费者的喜之郎，以文艺青年为目标消费者的知乎等。

2. 从语言文字的角度进行定位策划

品牌名称的语言文字对品牌名称的最终效果有重大影响，在进行语言文字的策划时，需注意以下 3 个方面。

（1）品牌名称的语音

品牌名称的语音是否朗朗上口、易于记忆，影响品牌传播的最终效果。在考虑品牌名称的语言文字时，首先，要注意尽量选择平声（一声或二声）或开口呼（音韵学术语，凡是韵头不是 i、u、ü 的韵母均属于开口呼）的字词，以给人清脆响亮、铿锵有力的感觉，如光明、欧莱雅、蒙牛等。其次，还要注意掌握品牌名称的音调搭配，产生抑扬顿挫、悦耳动听的效果。最后，还要注意避免使用方言、生僻字等。

（2）品牌名称的语形

新媒体时代，品牌传播不仅靠口口相传，还靠视觉媒体的应用与传播。所谓品牌名称的语形，即品牌名称的字形和字体的效果。在进行品牌名称的定位策划时，除了考虑语音，还要结合企业视觉识别系统中对企业标志、企业标准色、企业标准字的要求来规范品牌名称的视觉效果，选择笔画适中、结构稳定、繁简适宜的字形进行设计，使其既符合企业形象策划的规范，又能形成独特的风格。

（3）品牌名称的语义

品牌是企业形象的直接体现，品牌名称的语义解读应该是正面的、积极向上的，且与企业理念、文化等符合。如果企业有走向国际市场的发展战略，还应注意品牌名称的语义在其他国家的含义，避免违反其他国家的风俗习惯。

3. 从法律的角度进行定位策划

从经济学的角度来看，品牌名称是一个经济概念，它本身不受法律的保护；从语意符号的角度来看，品牌名称不能违反社会道德和风俗习惯；从市场营销的角度来看，将品牌注册转化为商标，品牌名称也会受到法律保护。因此，在进行品牌名称的定位策划时，还要考虑品牌是否违反了《商标法》，在严格遵守相关法律条款的基础上进行策划。在从法律的角度进行品牌名称的定位策划时，应注意以下 3 个方面。

◎ 企业应首先通过相关部门查询意向品牌名称是否与其他已被注册的品牌名称相同或相近，若相同或相近应重新策划，以免产生品牌名称侵权行为。

◎ 确认品牌名称是否被允许注册，若无法注册，品牌名称将不能得到法律保护。

● 品牌名称符合《商标法》的条文规定，且注册成功后，品牌名称即可得到法律保护，降低被其他品牌模仿或抄袭的风险。

提示

大部分企业的品牌注册意识较为淡薄，因此也常发生某品牌名称被其他品牌抢先占用的事件。这不仅会增加品牌识别的难度，还会加大企业宣传推广的成本。甚至有些企业为了得到未被及时注册的品牌名称，还会花重金买回。

4. 品牌名称的命名技巧

做好品牌名称的定位策划后，即可开始品牌名称的命名。下面介绍一些品牌命名的技巧，帮助营销策划人员进行实际操作。

（1）使用企业名称作为品牌名称

采用单品牌战略或主副品牌战略的企业可以直接使用企业名称作为品牌名称，以统一企业的品牌形象，便于进行品牌的策划与传播。使用企业名称作为品牌名称后，企业在未来的品牌战略发展中，可以使用同一品牌名称或以主品牌名称背书的方式来发展副品牌。三星、海尔、格力等就是直接用企业名称作为品牌名称的典型代表。

（2）使用人名作为品牌名称

使用具有一定影响力的或具有特殊含义的人名作为品牌名称，可以借用其影响力或含义来增强消费者对品牌名称的印象，体现企业的属性文化或精神理念。企业创始人的名字、历史人物的名字、童话/神话人物的名字等不涉及法律纠纷的名字均可。李宁、迪士尼等就是使用人名作为品牌名称的典型代表。

（3）使用地域作为品牌名称

若企业具有较为特殊的地理位置或地理优势，还可直接使用企业所在地的地名作为品牌名称。这不仅可以借助地域的风土文化对品牌做包装，还能将品牌与当地的特色联系起来，提高品牌名称的识别度。青岛啤酒、哈尔滨啤酒等就是使用地域作为品牌名称的典型代表。

（4）使用产品特征作为品牌名称

当产品具有较突出的功能、特征或功效时，可直接使用产品特征作为品牌名称，以让消费者快速了解品牌产品的卖点，吸引有这些需求的消费者的注意。汰渍、飘柔、立白等就是使用产品特征作为品牌名称的典型代表。

（5）使用褒义词或表达祝愿的词作为品牌名称

品牌名称应呈现健康、积极向上的意义，因此多使用褒义词或表达祝愿的词会更容易赢得消费者的好感。长虹、周大福、红双喜、富康等就是使用褒义词或表达祝愿的词作为品牌名称的典型代表。

提示

除品牌名称外，品牌标志、品牌标准色等也需要融合品牌理念、行为和视觉等识别系统进行策划，其原理与企业形象策划类似，这里不赘述。

填写表 5-1 所示的内容，加深对品牌定位与品牌名称定位策划的掌握程度。

表 5-1 不同企业的品牌定位

企业	品牌	品牌定位的方法	品牌名称的策划角度	品牌名称的命名技巧
小米科技有限责任公司				
宝洁（中国）有限公司				
康师傅控股有限公司				
蒙牛乳业（集团）股份有限公司				

5.3 品牌传播策划

做好品牌定位后，企业需要将品牌信息传递给消费者，让消费者逐渐认识品牌并对品牌产生印象。好的品牌传播策划是增强品牌传播效果，提升品牌知名度、美誉度的必备手段，下面对品牌传播策划的相关知识进行介绍。

5.3.1 品牌传播的模式

品牌传播有着科学而健全的模式，如图 5-3 所示。它是在品牌定位的基础上，通过各种传播媒介将品牌特征传播给消费者，让消费者形成对品牌的认知，进而形成品牌资产的积淀。当然，若消费者不接受品牌特征，企业应该及时对品牌重新定位，修正品牌定位后再进行品牌的传播。

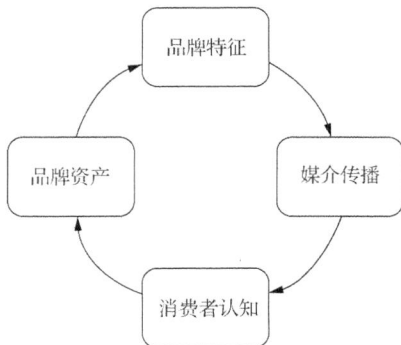

图 5-3 品牌传播的模式

（1）品牌特征

品牌特征是品牌传播的起点，它是指企业希望传递给消费者的品牌的属性、价值、个性或文化等信息。当消费者还未形成对品牌的认知时，品牌特征主要是企业单方面想要传达给消费者的信息，当品牌特征经过传播，有了一定的消费者认知后，消费者接受和认可的品牌特征才是品牌需要保留的，这也是经过消费者验证后形成的真实的品牌特征。

（2）媒介传播

新媒体时代，企业之间的竞争越发激烈，只有主动利用各种媒介传播品牌，才能有效地将品牌特征传递给消费者，接受消费者的检验和认可。新媒体时代，品牌的传播推广方式多种多样，传统媒体广告、促销活动、新媒体平台宣传等都各有各的优势，企业应根据自身情况选择合适的媒介开展传播。那么企业该如何选择合适的品牌传播媒介，有效地将品牌信息传递给消费者呢？

很多企业在这个过程中会陷入一个误区，认为品牌传播是企业占据主导地位，应该从企业的主观角度来选择传播媒介。其实不然，新媒体时代，消费者接收信息是非常自由的，他们不再受传统媒体时代单一信息传播方向的限制，可以自由地选择如何接收信息，因此，企业还应考虑目标消费群体的信息接收方式，了解他们喜欢以何种方式，在哪段时间、哪个地点更容易接触到品牌。只有综合这些信息与企业的传播诉求，才能选择出合适的传播媒介，使品牌传播的效果最大化。

（3）消费者认知

我国经济实力与生活水平的提高，大大增强了消费者的消费主动权，消费者不仅可以决定要买什么产品，还能决定怎么买、在哪里买。这不仅影响企业的生产、营销策略，也说明消费者如果对品牌不感兴趣或不信任品牌，就会影响企业的品牌传播效果。因此，企业要重视消费者的认知，只有获得消费者的认可才能证明该传播策略是有效的。相反，如果消费者反感或不认同，企业就应该根据消费者反馈的信息进行品牌的重新定位，然后采用新的传播策略进行品牌传播。

（4）品牌资产

品牌资产是指品牌知名度、忠诚度、认知度和品牌联想等。它是消费者对品牌形成的一种固化认知，只有消费者认可品牌后才能将品牌特征转化成品牌资产。

5.3.2　品牌传播的策略

在市场营销学中提到品牌传播，总是离不开整合品牌传播。所谓整合品牌传播，是指企业从内容和时间上整合所有可能影响消费者的接触点，持续传递统一的品牌识别，最终建立品牌资产的一切营销活动。整合品牌传播分为企业内部品牌传播和企业外部品牌传播两个部分。

（1）企业内部品牌传播

企业内部品牌传播是指在企业内部及其合作伙伴之间通过一定的传播策略来进行品牌的传播，其目的是塑造企业内部对品牌核心价值的认同。同时，明确企业在今后开展品牌传播时应遵循的规范。内部品牌传播的媒介主要有宣传媒体、会议、活动、演讲、内部沟通等，它传播的内容主要是品牌理念、品牌价值观、品牌与其他品牌的区别等。

（2）企业外部品牌传播

企业外部品牌传播主要针对消费者进行品牌传播，它从消费者的角度出发，强调与消费者的接触点、互动，以及传播时间的连续性等。外部品牌传播的方式有很多，如活动、促销、广告、公关、推销或口碑等。

由此可以看出，传统的品牌传播策略注重的是从内到外的品牌统一与传播。在新媒体快速发展的当下，这种品牌传播的策略仍然是通用的，但是，如果仅仅沿用这些传统策略，很可能会跟不上时代的发展，错失品牌传播的先机，不能达到理想的传播效果。在新媒体环境下进行品牌传播时，企业可以在整合品牌传播的基础上，注意以下4个方面。

（1）在战略上重视新媒体

新媒体成本低、传播速度快、覆盖范围广等优势可以为品牌传播带来裂变式的传播效果。企业除了采用传统方式进行品牌传播外，还要充分认识新媒体为品牌传播带来的机遇和影响，根据自身情况选择合适的新媒体进行品牌传播。

（2）在策略上精准定位目标消费群体

新媒体环境下，企业与消费者的关系是双向的，消费者有权选择是否接受企业传递的品牌信息。广撒网式传播策略不仅会增加企业的传播成本，还会因为消费群体的定位不准确而流失目标消费者。因此，精准定位目标消费群体是非常重要的，特别是大数据的支持让企业可以更方便地获得消费者的网络浏览情况和购买行为等数据，这无疑大大提高了消费群体的定位精准性，从而达到吸引精准消费群体、快速传播品牌信息的目的。

（3）在战术上注重媒体的整合

不管是传统媒体还是新媒体，都有其特有的优势。传统媒体的公信力更强，目标受众较为固定；新媒体的信息传播速度更快，影响范围更广。两者互相配合才能在最短的时间内实现品牌认可度与美誉度的提升。

（4）完善危机公关

企业进行品牌传播时既要满怀对品牌传播效果的正面期待，同时，又要对可能引发的负面影响做好应对准备。只有及时做好负面影响的处理与善后工作，才能减少品牌的负面口碑，将损失降到最小。

总的来说，新媒体环境下，企业要打破传统的传播思维，充分了解传统媒体与新媒体之间的差别与各自的优势，再根据自身情况选择合适的媒介开展营销推广，以将品牌形象传达给消费者。在这个过程中，企业还要注意对传播效果的跟踪和评估，根据传播的具体情况进行传播渠道和传播方式的调整，积极应对可能出现的各种结果。

课堂案例——蒙牛的品牌传播之路

内蒙古蒙牛乳业（集团）股份有限公司（以下简称"蒙牛"）始建于 1999 年，经过 20 年的发展，蒙牛已经成了国际品牌，它不仅成功塑造了其品牌形象，还多年入选全球乳业十强。

蒙牛在成立之初就非常重视品牌，而因为它"无工厂""无奶源""无市场"的劣势，且当时国际品牌达能、雀巢，国内品牌三元、光明和伊利几乎分割了乳业市场，所以，蒙牛在经过分析后提出了"向伊利学习，争做内蒙古第二品牌"的品牌传播口号，以吸引消费者的注意。这是因为当时伊利在国内市场中的知名度和美誉度较高，蒙牛巧妙地通过借势传播策略，借用消费者对伊利的信任与好感来进行自身品牌的传播。不仅在产品的包装上印有"向伊利学习，争做内蒙古第二品牌"的字样，还提出了"为民族工业争气，向伊利学习"的口号。这是蒙牛的品牌形象快速被消费者认知的重要传播策略。此外，蒙牛打造了《为内蒙古喝彩》广告来歌颂内蒙古，不仅向外宣传了自己的地域形象，还借用内蒙古的其他名企来衬托自己，将自己放在了与它们等同的位置，提升了自身的品牌形象。

在实际的经营过程中，除了通过产品的质量、价格、企业员工提供的服务等进行品牌口碑传播外，蒙牛还通过广告媒体和事件营销来传播其品牌，其中较为经典的是"神舟五号"飞天。蒙牛经过严格的质量把控和筛选，成了中国航天的合作伙伴，因此它打出了"中国航天员专用乳制品"的口号来宣传其产品品质，同时，它抓住"神舟五号"飞天这一全民关注的热点事件来宣传其品牌。2003 年 10 月 16 日早上 6 点"神舟五号"一落地，蒙牛的广告就在各大门户网站、电视台等开始播放，"蒙牛牛奶，强壮中国人"和"蒙牛牛奶，航天员专用牛奶"的口号，快速遍布全国各地，消费者很快就被大量的蒙牛广告吸引，记住了该品牌，蒙牛以航天品质定义好牛奶的品牌定位也瞬间引爆了市场。这样的品牌传播事件还有很多，如 2005 年"超级女声"的"酸酸甜甜就是我"，2016 年里约奥运会的"牛到里约，跑动中国"等。

借助多起热点事件，蒙牛快速打响了品牌知名度。2019 年，蒙牛通过其 20 周年庆活动，再一次进行了全方位的品牌传播。蒙牛首先明确了其品牌传播的核心点——"品质""品牌""国际化""社会责任""高质量发展"，在此基础上蒙牛充分考虑传统媒介与新媒体传播的特点，构建了覆盖国外权威媒体、中央官媒与微信、微博等新媒体的立体化传播渠道，策划并撰写了几十篇稿件来宣传其核心形象，如在《人民日报》、美国《纽约时报》、英国《每日电讯》、德国《商报》与西班牙《国家报》等上刊登关于蒙牛 20 周年庆的活动报道；通过 CCTV 2、内蒙古卫视等电视台报道此次 20 周年庆活动；以及在多家新媒体微信公众号上发布长文等。此外，不得不提的还有与消费者息息相关的促销活动、街头采访视频宣传等。

截至 2019 年，蒙牛跻身"2019 年全球品牌价值 500 强"。蒙牛能达到今天这样的成绩，与其品牌传播的策略是密不可分的。

✎ **课堂练习**

在网上搜索蒙牛品牌传播中的经典案例，试从品牌内部传播、外部传播的角度进行分析。

5.3.3 品牌传播的误区

品牌是企业经营发展的重要战略，企业通过对品牌的传播来获取消费者的认可，进而谋求利益。虽然都知晓品牌传播的重要性，但在实际的操作过程中，有些企业由于缺乏对品牌的认知及系统性的管理，可能会陷入一定的误区。下面对品牌传播过程中常见的误区进行介绍。

（1）不重视传播

有些企业认为"酒香不怕巷子深"，只要自己的产品或服务质量过硬，就自然有消费者愿意买账，品牌口碑也会"水涨船高"。其实不然，当下的市场环境竞争非常激烈，产品同质化现象严重，消费者面对类似的产品或服务，更愿意选择有品牌的、品牌口碑更好的企业进行消费。因此，传播是非常重要的，企业不能忽略传播对品牌塑造效果的影响，不能不采取传播策略，也不能在产品经营的过程中或末期才开始进行品牌传播，这会浪费塑造品牌的最佳时间，使产品推广的效果达不到理想的状态。还有些企业认为品牌传播只是一件日常事务，将其具体工作都打包给广告部或广告代理商来运营即可，忽略了自身对品牌塑造的影响，这也是万万不可取的。

（2）成本投入不足

品牌传播要想达到一定的效果，就离不开广告、公关活动等方面的成本投入。但有些企业认为资金有限，品牌传播又是一个较为长期、缓慢的过程，因此削减品牌的广告投入或直接撤销品牌广告。这虽然能为企业节省成本，但从长远来看，并不是正确的。据有关研究表明，广告投入与企业的收入、利润和市场份额等有正相关关系，当企业的广告投入跟不上市场竞争或品牌的后续发展时，就会降低消费者对品牌的忠诚度，直接产生效益影响。

（3）品牌曝光过度

与某些企业为了节省开支而削减广告相反，有些企业为了快速达到品牌曝光的目的而过分进行品牌传播，这虽然能提高品牌的知名度和曝光度，却很容易引起消费者的反感，降低品牌的口碑和档次。成功的品牌传播应该能够为消费者塑造一个特别而具有个性的品牌形象，让消费者看到或联想到该品牌时能产生好的印象，而不是随处可见的商标和毫无说服力的广告。

（4）以传播量来衡量传播效果

品牌传播是一个长期的过程，其效果也难以通过某个具体的标准来衡量。但有些企业只通过传播量、转发量、广告投放的个数等来衡量品牌传播的效果，这是非常片面的。品牌传播的效果是无形的，品牌的口碑、声誉等是慢慢累积的，某个数据的增长或变化不能作为品牌传播效果的衡量因素，消费者的某一次行为也可能不是出于对品牌的信任而产生的，因此不能盲目地进行传播效果的评估。

（5）过于追求创新或变化

在品牌传播的过程中，有些企业为了追求与众不同的效果，达到快速吸引消费者的目的，在传播策略上不断进行创新或变化。诚然，创新和变化是有必要的，但若过于追求创新或变化，甚至在这个过程中改变了品牌的定位就得不偿失了。不管是品牌的传播还是定位，应该都是循序渐进的，不能过于频繁地进行调整或变化，因为这不仅会增加企业品牌塑造的成本，还容易改变消费者前期对品牌形成的印象，使品牌的形象变得模糊不清。

5.4　品牌延伸策划

当企业的品牌获得成功，有较高的知名度与信誉度时，就可以将该品牌用于新产品或改进型产品，即将一个现有的品牌名称用于一个新类别的产品上。这是企业品牌发展的一种特殊策略，也常被称为品牌延伸。下面将对品牌延伸的相关知识进行介绍，包括品牌延伸的作用、品牌延伸的策略和品牌延伸的误区。

5.4.1　品牌延伸的作用

品牌延伸是在已有相当知名度和市场影响力的品牌基础上，将原品牌运用到新产品或服务上，以期望降低新产品进入市场的风险的一种营销策略。品牌延伸是企业经营战略的重要组成部分，其作用具体体现在以下 3 个方面。

1. 降低市场风险

品牌延伸策略的前提条件是企业已经建立起了良好的品牌知名度和信誉度，通过借用已有品牌的良好口碑和形象对企业的其他产品进行宣传推广，增加消费者对企业其他产品的接受度，降低产品的宣传推广成本和产品进入市场的风险。

2. 提升企业营业额

与市场营销中常说的二八定律的原理一样，开发一个新消费者的成本远远高于维护一个已有消费者的成本。同理，新开发一个品牌并打造品牌知名度也远比直接使用已有品牌提高知名度更有难度。品牌延伸不仅能增加消费者对企业新产品的接受度，还能丰富企业的产品或品牌线，为消费者提供更多的选择，当这些产品或品牌线足够吸引消费者时，就会使消费者在市场中优先选择购买自己品牌的产品，进而增加企业的盈利。例如，雀巢的产品线就有咖啡、柠檬茶、奶粉、冰淇淋、麦片、巧克力、糖果、熟食等，且每个产品线的产品销量都非常不错。

3. 为品牌增值

成功的品牌延伸策略能通过共享已有品牌的影响力，使企业在短时间内快速提高产品竞争力和企业经济效益，提高企业产品的市场占有率，扩大企业的市场规模。品牌延伸策略在品牌上的正面影响就是扩大品牌的市场影响力，增强品牌的价值并提升企业的综合竞争实力，进而实现品牌增值。

提示

> 品牌延伸是一把双刃剑，它既可以带来上述的正面作用，也可能有较大的潜在风险，当品牌延伸不成功时，则会造成损害原有品牌形象、降低企业市场份额等负面影响。因此，品牌延伸虽然重要，但要根据企业的实际发展情况决定是否实施品牌延伸策略。

5.4.2 品牌延伸的策略

品牌延伸有两种基本策略——品牌横向延伸策略和品牌纵向延伸策略。

◈ **品牌横向延伸策略**。品牌横向延伸策略是指企业将成功的品牌直接用在新开发的不同产品上，如小米就先后推出了手机、笔记本电脑、平板电脑、电视、路由器和智能硬件等一系列产品。

◈ **品牌纵向延伸策略**。品牌纵向延伸策略是指企业成功推出某个品牌后，再推出新的经过改进的该品牌产品，从而不断升级该产品，但保持其品牌不变。品牌纵向延伸是品牌在同一产品领域里的延伸，如小米手机品牌中的红米，就有红米1、红米2、红米3、红米3S、红米4、红米4A、红米4X、红米5、红米5Plus、红米6、红米6A等版本。

品牌横向延伸比品牌纵向延伸的风险更大，但不管选择哪种延伸策略，都可以通过以下步骤来实施策略。

（1）根据企业战略规划选择母品牌

企业在开展品牌延伸策略时，应先根据企业的战略规划选择适合企业发展的母品牌。一般来说，认知度高、口碑与信誉度好的品牌才适合作为品牌延伸的母品牌。同时，该母品牌的形象还要与新产品相符合，以更好地通过母品牌为新产品背书，支撑新产品的发展与宣传推广。

（2）选择品牌延伸的类型

确定了母品牌后，就需要确定品牌延伸的类型，是选择横向延伸策略，还是选择纵向延伸策略。

（3）测量消费者对母品牌的认知情况

为了确保母品牌选择的正确，企业应该对母品牌的消费者认知情况进行调查，从消费者的角度，而不是从企业的角度来判断母品牌是否适合开展品牌延伸。

（4）识别可能的品牌延伸候选对象

品牌延伸的对象需要经过严格的考查和识别。一般来说，品牌延伸的候选对象根据其功能表现的不同，可分为高功能—高表现的品牌、高功能—低表现的品牌、低功能—高表现的品牌和低功能—低表现的品牌，企业应根据候选对象的特点进行判断。

◎ **高功能—高表现的品牌**。这类品牌的技术性、价值性、替代性和互补性都较强，是最适合作为品牌延伸候选对象的品牌。它的竞争力较强、限制较少、消费者认可度较高，延伸成功的可能性也较大。

◎ **高功能—低表现的品牌**。这类品牌的价值性比不上技术性、互补性和替代性，因此，选择这种品牌作为候选对象时，不建议从价值性上进行延伸。

◎ **低功能—高表现的品牌**。这类品牌的技术性、互补性和替代性较低，建议首先考虑价值性的延伸。

◎ **低功能—低表现的品牌**。这类品牌可以从互补性与替代性上进行延伸。

（5）选择和评估延伸产品

在确定了品牌延伸的对象后，即可选择延伸产品，并对延伸产品可能产生的效果进行评估。在这个过程中，企业应该重点考查的内容有：消费者对延伸产品的接受程度、延伸产品对母品牌产生的影响等。

（6）设计实施延伸的品牌营销计划

对已选择的延伸品牌进行营销策划，对品牌名称、标志等进行设计，对品牌产品进行营销推广，建立该品牌的形象，形成良好的品牌口碑，以提升该品牌产品的销售额。

（7）评价品牌延伸的成败

最后，还要对品牌延伸策略的最终效果进行评价，查看其是否延伸成功，是否提升了企业的销售额，对母品牌产生了怎样的影响。根据评估的结果来判断品牌延伸策略是否成功，若成功则继续保持，若不成功，则需要调整延伸策略，及时修正并重新定位。

5.4.3　品牌延伸的误区

企业在实施品牌延伸策略的过程中，可能会遇到各种各样的问题，下面对实施品牌延伸策略过程中的误区进行介绍。

1. 偏离品牌定位

品牌力量的表现之一就是对消费者印象的占领。消费者在购买产品时，会优先选择印象深刻的品牌产品，或将某一品牌作为自己的购买倾向，重复购买该品牌的产品，这源于品牌定位的精准性与企业对该品牌的塑造。品牌延伸是基于企业已有品牌而开展的一种营销策略，如果产品偏离了母品牌的定位，不仅不能享有母品牌的优势，还会影响消费者对母品牌的印象，降低消费者对品牌的好感，最终不仅品牌延伸不成功，还会损害母品牌的声誉。因此，品牌延伸绝不能偏离品牌定位，如果延伸品牌与母品牌的定位不同，就不应该采用延伸策略，而应该创造一个新的品牌，塑造新的品牌形象。例如，宝洁公司的洗发水产品系列，由于产品功能的不同，就分为修复型品牌——潘婷、柔顺型品牌——飘柔、去屑型品牌——海飞丝和护发型品牌——沙宣。

2. 盲目开展品牌延伸

品牌延伸的成功主要受企业的技术基础、人才保障、创新能力，企业的管理、营销能力，以及企业的资金等的影响。如果企业以上条件较为成熟、完备，则品牌延伸的成功率是很高的，如果不具备某一条件，则需要其他条件具有很强的互补性，能够弥补不足。企业切忌不对自身条件进行判断，就认为自己具备品牌延伸的实力，从而盲目实施品牌延伸，导致时间、人力和资金的浪费。

3. 忽略消费者需求的差异性

消费者既对不同的产品有不同的需求，又对同一个产品有不同的需求，这是由消费者属性的不同而决定的。企业实施品牌延伸策略时，要明确高忠诚度的消费者只是部分，低忠诚度和无忠诚度的消费者往往会很容易发生品牌的转移，所以不能认为延伸品牌能完全继承母品牌的所有消费者，从而忽略低忠诚度和无忠诚度消费者的需求，不对延伸品牌进行宣传与推广，导致流失已有的消费者。因此，当企业以同一品牌进行延伸时，要充分考虑消费者需求的差异性，通过宣传推广说服消费者，吸引消费者购买其产品。否则，企业就要根据消费者需求的不同推出不同的品牌，明确不同品牌之间的差异性。

5.5 案例分析——喜茶的品牌定位与传播

随着经济的发展与人们收入水平的提高，人们对物质和精神生活的品质需求越来越高，而对奶茶这种非刚需的饮品需求也不断增大。在众多奶茶品牌中，喜茶无疑是品牌知名度、用户忠诚度较高的一个品牌，其受欢迎程度在一段时间内在微博和朋友圈"刷屏"。喜茶是一个典型的通过新媒体运营而打造的"网红"品牌，它之所以能在众多奶茶品牌中脱颖而出，最基本的因素就是其准确的定位。

喜茶对自身的定位是高品质，这主要体现在两个方面：一是产品品质，二是门店装修。喜茶在同质化严重的奶茶市场中以乌龙茶、茉莉茶等作为其优质茶底，与普通的粉末茶、奶精茶、碎茶拉开了差距，在奶茶的用料和口味上体现其高品质。喜茶的门店主要分布在一线城市，这些城市的目标用户消费水平较高，对奶茶的品质要求也更高。同时，喜茶的门店装修以现代简约风为主，店面空间大，这也充分满足了目标用户的精神生活需求。

喜茶高品质的定位源于其目标用户的定位。当代热爱生活、追求时尚潮流的年轻消费者是喜茶的主要目标用户，对他们来说，品质和服务才是决定产品价格的关键。满足了用户对品质和服务的需求，他们自然会乐于分享，成为品牌口碑的忠实传播者。

当然，要达到"火爆"全网的效果，自然离不开对品牌形象的传播。在新媒体环境下，喜茶基于分享的需求，以微信作为品牌传播的途径。首先，喜茶非常注重公众号的运营，将公众号打造成一个有格调、有品位，但又不失随性自然的形象，如早期通过"喜茶music"专栏定期推送与品牌形象相符的歌单，与用户互动。其次，喜茶通过优惠促销活动吸引大量用户在门店排队，用户自发拍照并通过朋友圈分享，这在朋友圈中引起了较大的曝光量与二次传播。同时，喜茶还联合一些微信公众号、微博"大V"进行软文推广，持续增加其曝光量，扩大品牌影响力。在微博，喜茶则通过与用户的互动来增加品牌好感度与忠实粉丝数，如点赞用户发布的关于喜茶的微博，回复粉丝提出的问题、建议，及时处理不好的评论等。

精准的品牌定位和传播策略使喜茶红遍全网，门店顾客络绎不绝。2019年4月18日，喜茶获第八届"中国食品健康七星奖"。2020年12月5日，喜茶荣获"2020年度中国食品企业精准扶贫奖"。

请你根据以上材料，查阅喜茶目前的相关资料，回答以下问题。

（1）喜茶是如何进行品牌定位的？

（2）喜茶是如何进行品牌传播的？

（3）针对奶茶市场目前的情况，你认为喜茶还应采取哪些品牌策略？

★ 课后思考

（1）简述你对品牌的理解。

（2）品牌定位有什么作用？请列举其定位方法的典型案例。

（3）品牌传播的策略有哪些？传播过程中容易进入哪些误区？

（4）实施品牌延伸策略的过程中容易进入哪些误区？

第 **6** 章

广告策划

● 学习目标

/ 认识广告。
/ 掌握广告主题策划的方法。
/ 掌握广告创意策划的方法。
/ 掌握广告媒体策划的方法。

引导案例

农夫山泉进入饮用水市场后，饮用水市场逐渐形成了娃哈哈、乐百氏、农夫山泉三足鼎立的局势，其中娃哈哈凭借其强大的实力占据着一席之地，乐百氏则缘于其"27 层净化"理念的营销。

乐百氏的"27 层净化"广告，针对"饮用水市场中消费者无法分辨怎样的水才是纯净水"这一问题而展开，通过拍摄视频广告，层层解释其 27 层净化究竟是如何实现的。该视频广告的整体基调是蓝色的，广告一开始，一滴晶莹剔透的水滴，自上而下一层层过滤，历经 27 层过滤后，水滴汇入纯净水中，再搭配"为了您可以喝到更纯净的水，乐百氏不厌其烦，每一滴都经过严格净化，足足有 27 层，您会喝得更放心。乐百氏纯净水，真正纯净、品质保证"这一广告词，在消费者心中建立起了其纯净、品质有保证的形象。

扫一扫
乐百氏 27 层净化

凭借这一广告，"乐百氏纯净水经过 27 层净化"很快家喻户晓，乐百氏也因此在竞争激烈的饮用水市场中占据一席之地，在短短几个月内，销售额就达到了 2 亿元。时至今日，乐百氏的层净化的广告仍然被津津乐道，是一个非常典型的广告案例。

广告是企业树立形象、推广产品的重要途径，是企业营销策划必不可少的工作。本章将先对广告进行介绍，再介绍广告主题、创意和媒体的策划方法。

本章要点

广告的类型　　　　广告主题　　　　广告创意　　　　广告媒体

6.1　认识广告

街边的叫卖、店家的招牌、户外的大屏幕播放的视频及手机上的产品推广都可以看作广告，广告出现在我们身边的每一个角落，影响着我们每个人。要想顺利地进行广告的策划，企业就必须要对广告有一定的了解。

6.1.1　什么是广告

顾名思义，广告即"广而告之"，这说明了广告的根本任务就是传播信息。广义的广告是指广告主（企业、商家或个人）有意识地通过某一传播媒介向目标消费群体传递特定信息的活动，而本书使用的广告是指商业性主体通过传播媒介向目标消费群体传播产品、服务、市场、观念等方面信息的活动。

经过长时间的发展和变革，如今的广告呈现多样化、高频化、新颖化、高技术化的发展趋势，但其大众性、市场性、经济性、明确性和说服性等特点一直存在，下面分别进行介绍。

- **大众性**。广告是针对大众的传播。这主要是指两个方面：一是广告的传播不能设置门槛，每个人都可以借由传播媒介平等地接收到广告信息；二是商家一般会希望广告传播的范围尽可能大，接收广告信息的人尽可能多。

      市场性。广告一般都有明确的目标市场和目标消费群体，应该遵循市场规律，满足市场需要，刺激消费者的现实需求或潜在需求。

      经济性。大部分广告的主要目的都是取得经济利益，要么展示产品的优势，要么树立品牌的形象，要么突出企业的实力，以博得消费者的认同，促进产品或服务的销售，帮助广告主获取经济效益。

      明确性。广告信息一定要指明广告主，让消费者能够通过广告信息知道广告所宣传的是哪家的产品或服务，这样才能达到广告目的。同时广告主也要对广告信息的真伪，以及因该广告产生的问题负责任。

      说服性。广告需要影响消费者并促使其进行广告主预想的行动，如产生购买行为或二次传播该广告等，所以广告应具有说服性，能够影响消费者的行为。

📜 提示

> 这些特点是大部分广告的普遍特点，但这并不意味着广告必须具备这些特点，特别是在新媒体环境下，广告的个性、创意、内容等更受消费者关注。

6.1.2　广告的作用与类型

随着社会的发展与科技的进步，广告也在不断地发展和变化，企业对广告的作用和类型有足够的了解，才能更好地进行广告策划。下面分别对广告的作用与类型进行介绍。

1. 广告的作用

广告最根本的作用就是帮助广告主向目标消费群体传递信息，以求达到广告主的预定目的。在此基础上，广告对企业的经营发展还有以下作用。

      促进产品销售。广告能够传递产品信息，让目标消费群体了解产品、信任产品，又能扩大品牌的影响范围，从而提高产品的销量，增加企业的经济效益。

      提升企业知名度。利用广告宣传能够让目标消费群体了解企业信息，加深对企业的认知，从而提升企业知名度、扩大企业影响力、塑造企业形象。

📜 提示

> 广告还能给人潜移默化的影响，改变人们的认知和行为，如某些公益广告尤其注重向目标群体传达正面的价值观，主要传播社会公德、文明美德等内容，从而促进了社会精神文明的建设。

2. 广告的类型

广告发展到今天，种类多样，根据分类标准的不同，广告可以分为多种类型。常见的广告分类方法有以下5种。

      按照目的分类。按照广告目的的不同，可以把广告分为商业广告和非营利广告。商业广告是指通过对产品或服务等宣传来达到获取利润的广告，商业广告是当代广告业的主体。非营利广告主要是为了宣传某种思想、传播某种理念而发布的广告。

- **按照媒介分类**。广告的传播依靠媒介，根据传播媒介的不同可以将广告分为口头广告、印刷广告、电视广告、广播广告、网络广告等，其中印刷广告又可分为招贴广告、报刊广告、个人印刷品广告等。
- **按照投放区域分类**。按照广告投放的区域不同，可将广告分为国际性广告、全国性广告、地区性广告等。
- **按照内容分类**。按照广告内容的不同，可以将广告分为产品广告、服务广告、品牌广告、公益广告、社会广告等。
- **按照目标群体分类**。按照广告所面对的目标群体的不同，可以将广告分为消费者广告、工业客户广告、商业用户广告等。

此外，还有一些其他的分类标准，如按广告策略可分为单一广告和系列广告；一些广告类型也可以再进行细分，如产品广告可以按照产品类别的不同分为服装广告、食品广告、办公用品广告、家电广告等。

6.2 广告主题策划

广告主题就是广告要表达的中心思想，它是告知消费者广告诉求，激发消费者潜在需求，进而促使消费者做出消费行为的重要因素。因此，广告主题策划是非常重要的。广告主题策划就是广告定位策划，企业需要先了解广告定位与产品、品牌的关系，再掌握广告主题的确定、广告诉求的策划与广告语的创作策划，下面分别进行介绍。

6.2.1 广告定位与产品、品牌的关系

广告定位的前提是正确的产品与品牌定位，如果企业的产品或品牌定位不清晰，就会导致广告定位发生偏差。广告定位的目的是发掘产品或品牌的特殊性，即产品或品牌所特有的优点，这些优点应该是竞争者所不具备的，但正好是符合消费者需求的。根据广告定位制作出来的广告才能吸引消费者观看，从而诱发消费者的消费行为，使企业获得更大的竞争优势。

当然，有些企业的产品或品牌定位本身并不清晰，消费者对该企业的印象也比较模糊，而企业通过广告定位则可以强化和突出企业的产品或品牌形象，消除消费者对企业产品或品牌的认知误区，进一步深化并明确产品和品牌形象。但也要注意，广告定位并不是对产品或品牌的改变，它只是给产品或品牌一个更恰当的表现方式，将产品或品牌的复杂特征提炼为广告符号，简单明了地表现出来，以让消费者快速将企业的产品和品牌与竞争者区别开来，并在其心中树立不可取代的地位，以期在消费者有购物欲望时，第一个联想到本企业的产品或品牌，使产品或品牌与消费者建立起所知、所想、所思的联系。

6.2.2 广告主题的确定

广告主题是对广告内容和制作目的的集中体现和概况，它主导和统率着各部分广告信息的创作，广告诉求、广告创意、广告语等均需围绕广告主题展开。下面对广告主题确定的相关知识进行介绍。

1. 广告主题三要素

广告主题包含广告目标、信息个性和消费心理 3 个要素，它是营销策划人员基于对企业目标的理解，充分挖掘企业产品或品牌的特征，并融合市场和消费者需求后所提炼出的广告的中心思想。

◎ **广告目标**。广告目标是确定广告主题的基础。一方面广告目标应与企业营销的目标保持一致，另一方面还要考虑广告目标与广告主题的融合，即如何通过广告主题表现广告目标。

◎ **信息个性**。信息个性是指广告所宣传的产品、企业或观念的与众不同的特点。营销策划人员需要深入了解产品、企业的相关信息，并与竞争者进行比较，筛选出自身特有的优势或特点，以确定广告的信息个性。

◎ **消费心理**。消费者的消费心理对广告主题的影响也较大，特别是当前的市场环境下，消费者对产品品质、精神需求等的要求越来越高，自主选择权越来越大，消费者的消费心理也越来越多样化。因此，广告主题是否能与消费者的消费心理契合，能否引发消费者的共鸣也非常重要。

2. 广告主题确定的要求

广告主题的确定还有一些要求，具体如下。

◎ **完整**。广告主题要同时具备 3 要素的特征，且使它们融合为一个有机的整体。

◎ **醒目**。广告主题要能快速引起消费者的注意。

◎ **易懂**。广告主题要简单、精炼，尽量以简单的形式将产品的特征、企业的理念、带给消费者的利益与承诺等信息准确地表现出来，便于消费者理解。

◎ **独特**。广告主题要与竞争者具有明显的区别，便于消费者识别并留下深刻印象。

◎ **协调**。广告主题要与广告产品、企业形象一致，以巩固并深化产品或品牌信息。

◎ **稳定**。广告主题要尽量单一，且诉求焦点准确。

3. 广告主题确定的方法

确定广告主题可以从以下 3 个角度出发，下面分别进行介绍。

（1）产品角度

从产品角度确定广告主题，可以考虑以下 3 个方面。

◎ **产品原材料**。产品原材料的产地、历史、品质、专利等方面的优势或特点。如农夫山泉矿泉水就以其产品原材料的产地——千岛湖作为广告主题来进行产品品质的宣传。

◎ **产品制造过程**。产品的制造方法和特点、技术水平、制造环境、制造过程、制造方法等方面的优势或特点。如引导案例中的乐百氏纯净水就以其制造过程中的 27 层净化来突显其与竞争产品的差异化特点。

◎ **产品价值**。产品的用途、方法、效果、承诺等方面的优势或特点。如贝克咖啡的"喝上一杯，让烦恼随香而去"就体现了其价值。

（2）企业角度

从企业角度确定广告主题，主要可从企业的历史、规模、服务质量、服务方式和服务态度等方面的优势和特点入手。如张裕葡萄酒的"百年张裕，传奇品质"就体现了其历史和品质。

（3）消费者角度

从消费者角度确定广告主题，主要是从消费者的消费心理角度出发，以情感共鸣的方式来引发消费者的认可。如 DR 钻戒的"男士一生仅能定制一枚"就体现了其"一生·唯一·真爱"的品牌理念。

6.2.3　广告诉求的策划

广告诉求是广告宣传中强调的内容，是广告所传达产品的利益或形象。与广告主题从多个角度去寻找产品或企业的独特优势不同，广告诉求能通过激发消费者的潜在需求，使消费者产生行为动机，从而影响消费者对产品或品牌的感觉。简单地理解，广告诉求就是说服消费者接受广告主题的理由，下面对广告诉求策划的相关知识进行介绍。

1. 找准诉求对象

诉求对象是指广告针对的目标消费者。诉求对象主要由产品的目标消费群体和产品定位，以及产品的实际购买决策者决定。

◈ **由产品的目标消费群体和产品定位决定**。市场定位与产品定位的过程就是进行目标消费群体定位的过程，因此，企业市场和产品定位过程中明确指向的消费群体就是广告的诉求对象。

◈ **由产品的实际购买决策者决定**。不同的消费者在购买行为中所起的作用不同，因此也会导致市场和产品所指向的消费群体不是最终做出购买决策的消费者的情况出现，如儿童的实际购买决策者是他们的父母。因此营销策划人员还要考虑最终决策者因素。

2. 明确诉求重点

诉求重点是指广告诉求重点传达的信息。广告的展示时间和范围有限，因此广告诉求的重点一定要清晰且明确，它主要由广告目标和诉求对象的需求决定。如广告目标是短期促销，则广告诉求重点应向消费者传达利益信息；如诉求对象更关注品质，则广告诉求重点应向消费者强调产品质量。

3. 应用诉求方法

广告诉求方法主要有感性诉求、理性诉求和情理结合诉求 3 种，下面分别进行介绍。

（1）感性诉求

感性诉求通过表现与诉求内容相关联的情绪与情感因素来传递广告信息，它更关注消费者的情感动机，通过消费者的情绪变化和情感共鸣来激发消费者的购物欲望。感性诉求能以情动人，常利用亲情、爱情、同情、恐惧等情感和情绪来表达，唤起消费者的认同和共鸣。目前消费者对直白的广告内容较为抵触，而通过情感和情绪的感染力来吸引消费者则是一种很好的方式，江小白就是感性诉求的典型代表。

（2）理性诉求

与感性诉求不同，理性诉求更关注消费者的理性思维。理性诉求主要通过完整的逻辑认知来向消费者介绍产品的特质、功能，如完整的概念解说、思维推理等。理性诉求需要消费者通过理性思考，进行分析、比较，进而做出选择，为避免使用不当造成消费者抵触的情形。一定要注意所传递信息的真实性和客观性。

（3）情理结合诉求

感性诉求贴近消费者的切身感受，但可能过于注重情绪和情感的表达而忽略了广告信息的传递；理性诉求则侧重准确、客观和说服力，能完整地传达广告信息，但直白的表达方式又可能影响消费者对广告的兴趣。因此，情理结合，以感性诉求引发消费者的共鸣，再辅以理性诉求的客观信息传递，综合两者的优势来表现广告诉求更容易达到目的。

不同的诉求方法有不同的优势，企业在应用诉求方法时，要针对自身的特点、产品的不同生命周期、消费群体的需求和营销目标来进行选择，并且，诉求方法并非一成不变，企业要灵活根据市场情况的变化选择不同的诉求方法来传递广告信息，以有效地树立产品和品牌的形象，提升消费者的购买兴趣。例如，很多企业在推出新产品时，一般会先通过理性诉求告诉消费者该产品的功能、效用或能带给消费者的利益等，吸引消费者购买，当有了一定的市场占有率后，又会通过感性诉求与消费者的情绪或情感进行关联，引起消费者的共鸣并树立品牌形象。

6.2.4　广告语的创作策划

广告主题最终通过广告信息（包括广告画面、广告语等）进行表达，其中广告语是对广告主题的高度提炼，一般是一个简洁的短语或一句话，其意蕴深刻、内涵深远，是引起消费者注意并引发消费者传阅的重要因素。经典的广告语就是企业产品或品牌的代名词，也是企业产品、品牌等的宣传口号，因此，营销策划人员必须学会广告语的创作。下面从广告语创作的基本要求和广告语创作的思路两个方面介绍广告语的创作策划。

1. 广告语创作的基本要求

广告语创作需要满足以下要求。

◎　**广告语要符合品牌的定位或内涵**。例如，农夫山泉的"农夫山泉有点甜"，王老吉的"怕上火，喝王老吉"，汰渍的"有汰渍，没污渍"等都很好地表现了品牌的特点，诉求表达得十分清晰、明确。

◎　**广告语要有冲击力和感染力**。例如，脑白金的"送礼就送脑白金"，海尔的"海尔，中国造"，携程网的"携程在手，说走就走"等就能表现出较强的推动力和感染力，让消费者快速产生情感共鸣，进而主动传播。

◎　**广告语要易于传播**。纵观传播范围较广的广告语，大多具有简短、易发音、无生僻字、朗朗上口等特点。广告语的字数一般在 6～12 个字较好，要能够清楚地表达广告诉求，且便于消费者记忆和传播。例如，耐克的"just do it"，瓜子网的"二手车直卖网"等。

2. 广告语创作的思路

对传播度较高的广告语进行总结分析，可发现有效的广告语创作思路体现在以下 10 点。

◎　**激发特定行动**。例如，益达的"吃完喝完嚼益达"，哈根达斯的"爱她就请她吃哈根达斯"等通过动词来激发消费欲望的广告语。

◎　**消费者认可的理念、价值观念**。例如，美的电器的"原来生活可以更美的"，海尔的"真诚到永远"。

◎　**产品的独特卖点**。例如，大众甲壳虫汽车的"想想还是小的好"，GEXO 的"会呼吸的鞋子"，红牛的"困了累了喝红牛"，海飞丝的"头屑去无踪"。

◎　**竞争角度**。例如，Avis 出租汽车的"我们排行第二"，七喜汽水的"非可乐"。

◎　**消费者定位**。例如，百事可乐的"新一代的选择"，乔士衬衫的"男士的选择"。

◎　**描述功效结果**。例如，大宝的"要想皮肤好，早晚用大宝"，OPPO 的"充电五分钟，通话两小时"。

◎　**唤起生理感受**。例如，雀巢咖啡的"味道好极了"，麦氏咖啡的"滴滴香浓，意犹未尽"。

◎　**唤起心理情感**。例如，自然堂的"你本来就很美"。

◎　**表达信心**。例如，格力的"好空调，格力造"，特仑苏的"不是每一滴牛奶都叫特仑苏"。

◎　**表达对消费者的关心**。例如，益达的"关爱牙齿，更关心你"。

广告创意策划

创意是影响广告效果的重要因素，优秀的广告创意可以提升广告效果，产生持续不断的影响力，甚至在广告产品和广告主都退出市场后依然被人们津津乐道。对于企业来说，了解广告创意策划的原则、流程和表现策略是广告创意策划的必备工作，下面分别进行介绍。

6.3.1　广告创意策划的原则

广告创意从本质上来说是一种创造性思维活动。营销策划人员在进行广告创意策划时，需要了解其原则，以更好地开展策划工作。

◈ **科学性原则**。广告创意无法凭空产生，需要营销策划人员前期进行科学、缜密的广告调查和研究，深入了解消费者的需要、品味、偏好以及风俗与禁忌等信息，这样才能点燃创意的火花。从根源上来说，广告创意需要打动消费者，而人类的思维、情感都是遵循客观规律的，广告创意正是诞生在对科学规律的深刻认识和准确把握之上。成功的广告创意总能在哲学、社会学、心理学以及经济学中找到依据。

◈ **艺术性原则**。广告创意是一门美妙的艺术，广告需要用艺术的手段来向消费者传达信息，从而调动消费者的情绪，影响消费者的认知和行为。任何一个有生命力的广告都具有某种刺激人心的效果，给消费者以审美上的艺术魅力。

◈ **统一性原则**。广告创意的统一性原则体现在两个方面：一是广告创意必须和广告目标相统一，广告创意是为广告目标服务的，要清晰明确地传达广告主题；二是广告创意必须与消费者相关联，广告的表现形式是消费者喜闻乐见的，广告的呈现效果是广大消费者都能理解的，广告的观点符合消费者的价值观和文化习惯。只有满足了统一性的广告创意，才能提升企业效益，满足广告主的要求，否则哪怕成功提高了广告的传播效果，也无法提升产品或服务的营销效果。

◈ **原创性原则**。原创性是广告创意的本质属性，再绝妙的创意，在反复使用后也只会成为"套路"，失去其作为"创意"的功能。新奇的广告创意会成为人们平淡生活的"亮色"，自然能取得良好的传播效果。原创性的本质就是打破常规，打破市场的常规做法，打破消费者的常规思维，但要注意不能为了颠覆而颠覆，为了创新而创新，而是要找到新的定位、新的主张、新的手法。

◈ **可执行性原则**。营销策划人员在进行广告创意活动时一定要考虑现实情况，保证广告创意有实现的可能，既要考虑有没有足够的资源和时间来实现，也要考虑实现创意的费效比。无法落实的广告创意是没有价值的。

6.3.2　广告创意策划的流程

广告创意不是突然产生的，它需要经过严密的逻辑筛选，且被应用到广告的设计、制作中，才能最终被消费者看到。一个能够吸引消费者注意的广告创意策划需要经过以下 4 个阶段。

1. 收集资料

收集资料是广告创意策划的第一步。在该阶段，营销策划人员应大量收集与广告相关的各种资料。根据资料类型的不同，资料又可以分为特定资料和一般资料。

◈ **特定资料**。特定资料是指与产品、企业、市场、消费者和竞争者等密切相关的资料，如产品的生产技术、独特卖点，企业的优势、历史背景，消费者的偏好、购物心理，竞争者的实力，未来发展方向等资料。营销策划人员必须广泛收集这些资料，从而对其有深入、全面的了解，为广告创意的产生提供基本的依据。

◆ **一般资料**。一般资料是指营销策划人员个人所具备的知识和信息，它来自营销策划人员平日信息的积累和兴趣爱好的培养。

2. 激发创意

收集好资料后，营销策划人员需要将收集的资料进行分析、归纳和整理，从中找到表现广告诉求的最佳方式。然后在这些资料的基础上，充分地让思维意识自由发展，从不同角度酝酿并构思创意思维，将产生的各种想法记录下来，充分激发创意的产生。

提示

> 广告创意的产生过程，就是营销策划人员将收集的资料进行整合，通过思维的拓展与创意进行资料的使用过程。因此，营销策划人员收集的资料的质量，直接影响着广告创意对消费者的吸引力。

3. 完善创意

对产生的各种创意想法进行分类、筛选、组合，使其凝聚为一个基本的创意构想，形成大致的创意模型，将其与企业的整体经营策略和营销目标做比对，查看其是否一致，在保证一致的前提下，再将它与竞争者进行比较分析，评估是否存在竞争优势。如果不存在，则需要重新构思，如果存在，则需要进一步对创意进行研究和修改调整，加强其竞争优势，使其真正成为一个具有吸引力的广告创意。

4. 表现创意

确定好创意后，最后还需要将创意应用到广告中，通过文字、图形、视频等元素的设计来进行创意的具象化表现，让创意融入广告，并尽量保证该创意能够被消费者识别且称赞。

6.3.3 广告创意的表现策略

广告创意只有以合适的表现形式表现出来才能达到吸引消费者的目的。广告一般是通过视觉形象进行传播的，如何在广告中有效地表现出创意，从视觉上说服消费者，是广告创意策划的关键。广告创意的表现策略主要有以下 7 种。

1. 直接表现

直接表现是指直接在广告中运用摄影或绘画等技巧将产品的优秀特征如实地表现出来，从而着力渲染产品的质感、形态和功能用途等，面向消费者直观地展示广告的创意，给消费者逼真的现实感，从而吸引消费者对广告所传达的内容产生亲切感和信任感。图 6-1 所示的视频广告截图就通过直接表现方式，在广告一开始通过推开大门揭示广告主题"6·18 好礼送不停"，然后拍摄不同模特传递礼盒的画面，最后展示礼盒的排列效果与礼盒的内容，让消费者直观地看到广告所传递的信息。

2. 对比

对比是一种把具有明显差异、矛盾和对立的多个事物安排在一起，进行对照比较的修辞手法。在广告创意中运用对比，就是把所描绘的事物、现象和过程中具有明显差异的双方，放在一起并通过鲜明的对比来表现，使借彼显此，互比互衬，从而更鲜明地强调或提示广告所要表达的内容，给消费者深刻的视觉感受。图 6-2 所示为湿纸巾的创意广告海报，海报画面通过使用该产品前后的对比效果来突显其功效。

图 6-1 直接表现

3. 合理夸张

夸张是为了达到某种效果，对事物的形象、特征、作用、程度等方面有意夸大或缩小的一种修辞手法。在广告创意中运用夸张，是指对广告所宣传的内容的品质或特性的某个方面进行明显的夸大或夸小，以加深消费者对其的认知。图 6-3 所示为小罐可乐的创意广告海报，海报通过对可乐的体积进行明显的缩小，并通过手指与其大小的对比来进行直观的体现。

4. 联想

联想是指人们根据事物之间的某种联系由一个事物想到另一个事物的一种思维活动。在广告创意中运用联想，是借助联想的事物之间的关联性来进行思维的发散，进而更好地表现广告主题，给消费者更深刻的印象。图 6-4 所示为一款牙膏的创意广告海报，海报将牙齿设计为安全帽的样式，让消费者通过安全帽联想到该牙膏保护牙齿的功效。

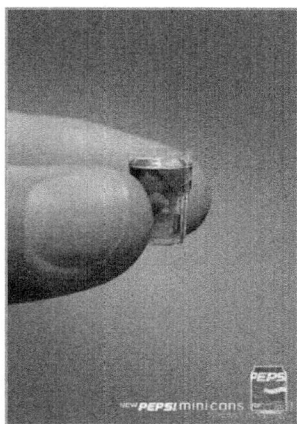

图 6-2 对比　　　　图 6-3 合理夸张　　　　图 6-4 联想

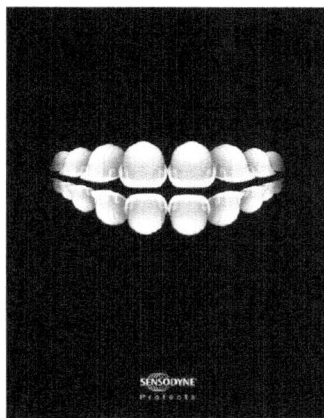

5. 以小见大

以小见大是指通过小事可以看出大节，或通过一小部分看出整体。在广告创意中运用以小见大，是指对广告中的立体形象进行强调、取舍、浓缩，抓住一个点或局部，以集中表现或延伸放大，从而提升广告的灵活性和表现力，给消费者带来更多的想象空间。图 6-5 所示为途牛旅游网的创意广告海报，海报以"以读攻独"（即读书的人不会孤独）为主题，通过以小见大的手法来表现读书、旅行与人生之间的关系。

6. 比喻

比喻是指用与 A 事物有相似点的 B 事物来描写或说明 A 事物的一种修辞手法。在广告创意中运用比喻，是指在广告中选择两个互不相干而在某些方面又有相似性的事物，以此物喻彼物，从而进行广告主题的延伸转化，给消费者一种委婉的感觉。图 6-6 所示为椰子汁饮料的创意广告海报，通过将椰子比作足球，给消费者传递该饮料适合体育运动的诉求。

7. 悬念

悬念是指对剧情做悬而未决和结局难料的安排，以引起观众急欲知晓其结果的期待心理的一种技巧。在广告创意中运用悬念，是指通过设置悬念的视觉表现手法，让消费者一开始对广告的内容产生不解，营造出猜疑或紧张的氛围，引起消费者的好奇心和思维联想，并在广告最后揭开谜题，给消费者难以忘怀的感受。图 6-7 所示为滴滴出行的创意广告海报，海报通过"寻找 85 号乘客""这是他留下的线索"等信息，引起消费者的好奇心，加深消费者对滴滴出行的印象。

图 6-5　以小见大

图 6-6　比喻

图 6-7　悬念

课堂练习

除以上表现策略外，还可通过哪些方式表现广告创意？在网上搜索"广告创意的表现策略"进行了解，并列举几个典型案例。

6.4　广告媒体策划

广告媒体是用于向消费者发布广告的传播载体，一般是指传播产品或服务信息所运用的物质与技术手段。广告信息要被消费者知晓，必须通过广告媒体进行传播，因此广告媒体策划是非常重要的，它影响着消费者对广告信息的接收。下面对广告媒体策划的重点内容进行介绍，包括广告媒体的类型及优缺点、广告媒体的选择方法和广告媒体的组合战略。

6.4.1　广告媒体的类型及优缺点

在介绍广告类型时，我们讲解了按照媒介的不同，广告可以分为不同的类型，这里的媒介就是指媒体，不同的媒体有不同的优缺点，营销策划人员在进行广告媒体策划时，需要先了解不同媒体的类型及其优缺点。

从媒体的角度来说，报纸、电视、广播、杂志这 4 种媒体常被称为传统媒体，它们在互联网和新媒体还未普及之时独领风骚，风靡广告行业，是消费者接受广告信息的主要途径。但互联网和新媒体的发展使它们受到了较大冲击,现在消费者获取信息的途径已发生了较大的变化,这导致目前的广告媒体也发生了变化。下面将针对互联网和新媒体环境,结合线上与线下,从消费者信息接收的角度,对常见的广告媒体类型及其优缺点进行介绍。

扫一扫
传统媒体的优缺点

1. 生活圈媒体

生活圈媒体的广告是指构成消费者生活圈的高频线下场景广告,主要包括电梯广告、影院广告和户外卖场广告,其对应的媒体如图 6-8 所示。生活圈媒体的广告投放主要由邮电通信、商业及服务性行业、食品、IT 产品及服务、娱乐及休闲等行业为主。

影院广告 02
影院屏幕

电梯广告 01
电梯电视媒体
电梯海报媒体

生活圈媒体的广告

03 户外卖场广告
户外
实体商场
消费场所

图 6-8　生活圈媒体的广告

生活圈媒体与目前新型线下消费场景相匹配,紧紧围绕消费者的生活圈展开,其优缺点主要表现如下。

（1）优点

◎ 生活圈媒体与消费者的距离很近,且重复出现在消费者的日常生活中,其覆盖范围广,曝光率也较高。

◎ 由于线上流量的竞争越发激烈,生活圈媒体的广告位也逐渐覆盖全国大部分城市的中高端社区,并具备规模化传播的能力,生活圈媒体的规模和广告效应越来越强。

◎ 在互联网和新媒体环境下,资源的标签化越来越容易实现,生活圈媒体能根据消费者的活动特征、收入水平等进行社区标签化管理,广告投放的精准性更高。

◎ 生活圈媒体围绕消费者生活的多个接触点来打造分众型媒体,众多的生活接触点能够形成有效的广告传播途径,加强消费者对目标信息的接收。

◎ 生活圈媒体利用消费者行走或等待的碎片化时间来传播广告,并且其出现的频率高,在广告阅读方面有一定的强制性,能够吸引有潜在需求的消费者的注意力。

（2）缺点

◎ 生活圈媒体的范围较广泛,但各个媒体的发展不太均衡,其中电梯媒体、数字视频媒体的效果较为显著,其他媒体的效果较弱,整体产业链还未成形。

◎ 生活圈媒体围绕消费者的生活场所组建,但生活场所产权、经营权或用途等的变化使生活圈媒体的广告投放并不稳定。

◎ 虽然生活圈媒体与消费者的接触点众多,但由于缺乏对消费者的引导,生活圈媒体的广告到达率难以保证。

◎ 生活圈媒体直白的广告表现形式,可能导致消费者对广告内容产生抵触情绪,特别是一些质量不太高或低俗的广告，甚至可能对品牌产生负面影响。

图 6-9 所示即为典型的生活圈媒体广告的投放效果。

图 6-9　生活圈媒体广告的投放效果

2. 网络媒体

网络媒体是指以网站为信息传播平台，来传播广告信息的一种数字化、多媒体化的传播媒介。网络媒体的广告主要有网幅广告、弹窗广告、邮件广告、链接广告、网络视频广告等形式。网络媒体的优缺点主要表现如下。

（1）优点

⊙ 网络媒体的传播速度快、覆盖面广，只要有互联网，消费者进入网站就能看到广告。

⊙ 网络媒体的响应速度快，能够在发布广告后立即被互联网上的消费者看到并做出反馈行为，具有较强的交互性。

⊙ 网络媒体的表现形式多样，如可通过文字、声音、图像、视频等形式进行广告的全方位展现，给消费者更强烈的感官体验。

（2）缺点

⊙ 网络媒体的目标群体范围过于广泛，广告的针对性较弱，需要对消费者进行充分分析与研究后才可能获得理想的投放效果。

⊙ 网络媒体的信息自由度使得垃圾信息泛滥，抄袭复制现象严重，广告的质量参差不齐。

⊙ 网络媒体的稳定性、安全性、数据传输等在一定程度上制约了广告内容的制作。

图 6-10 所示为常见的网络媒体广告投放效果。

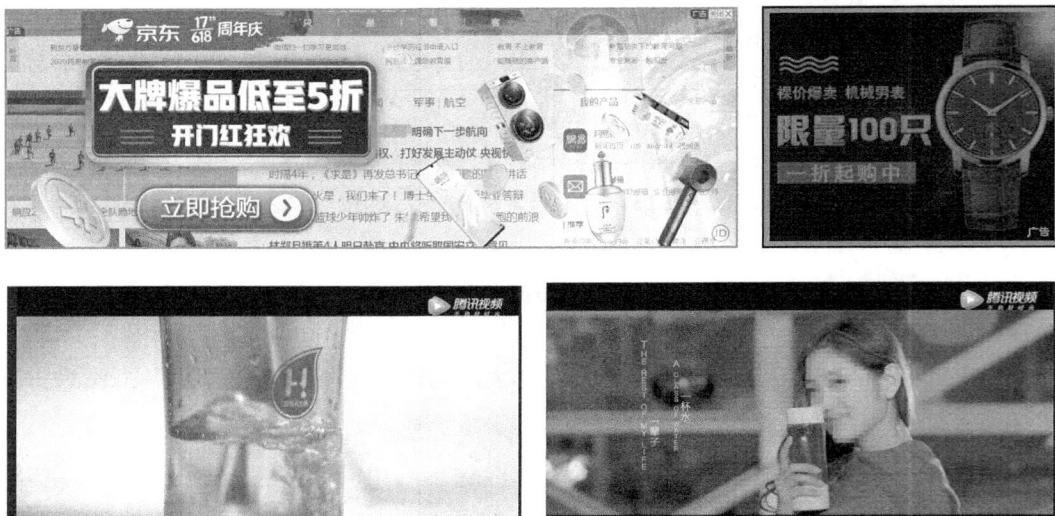

图 6-10　网络媒体广告投放效果

3. 新媒体

新媒体是新的技术支撑体系下出现的媒体形态，如数字化的传统媒体、移动端媒体、数字电视、数字报刊等，目前常见的新媒体平台主要有微博、微信、社群、短视频App等。新媒体广告常以轮播图/焦点图广告、开屏广告、信息流广告、文章详情页广告、弹屏广告、短视频广告等形式表现。新媒体的优缺点主要表现如下。

（1）优点

◉ 新媒体整合了传统媒体的优势，结合了报纸、广播、电视等的特点，充分融合了文字、图片、声音、视频等要素，能给消费者更强烈的体验感。

◉ 新媒体的交互性很强，广告主不仅可以投放广告，还能与消费者进行互动。

◉ 新媒体的限制因素较少，广告实现方式也较多，广告主可以根据实际情况选择合适的广告方案。

◉ 新媒体的信息传播是多层次的，其传播效果可以借由一个传播者传向数以万计的其他传播者。

（2）缺点

◉ 新媒体环境下，消费者拥有着信息的主动选择权与操作权。若广告不符合消费者的需求，会被直接忽略，因此广告的到达率和效果不能保证。

◉ 新媒体的信息量巨大，且存在垃圾信息和虚假信息，导致消费者无法很好地甄别信息，造成广告不容易被消费者信任。

图6-11所示为常见的新媒体广告投放效果。

图6-11 新媒体广告投放效果

✎ **课堂练习** ————————————————————————————

根据你的理解，回答以下问题。

（1）列举2个日常生活中你经常看到的广告媒体，并说说其广告内容。

（2）在网站或微博中浏览信息时，你看到过广告吗？如果有，是哪些广告？

6.4.2 广告媒体的选择方法

广告媒体类型众多，且每个类型下还有不同的细分媒体，选择一个合适的媒体进行广告投放，对广告效果的影响非常重要。营销策划人员可参考以下方法进行广告媒体的选择。

1. 根据广告目标选择媒体

广告媒体的选择首先要基于广告目标，即该广告的定位是什么，想要达到什么效果。不同的广告目标对媒体选择的影响是不同的。如果广告的目标是产品促销，则可通过网络媒体或新媒体投放产品优惠信息广告，并给出购买的跳转方式，让消费者快速购买，如网站 Banner 广告、微博开屏广告、详情页广告等。如果广告的目标是品牌宣传，则可通过生活圈媒体、新媒体广告等投放拍摄的视频广告，不断重复消费者对广告的记忆，加深消费者对品牌的印象。

2. 根据消费者喜好选择媒体

消费者是广告信息传播的目标对象，因此消费者的喜好也影响着广告媒体的选择。一般来说，消费者的年龄、性别、职业、收入、文化程度、社会阶层不同，其喜好也会有所不同。营销策划人员应该以广告的目标消费对象为分析蓝本，将具有相同特性的消费者归纳为同一个消费群体，对消费对象进行层次划分，从而根据不同消费层次的消费群体来选择广告媒体。总的来说，目标消费对象本身就是具有某一类特征的消费者的集合，其消费层次不会太多，当有明显的层次区分时，营销策划人员可根据不同消费层次选择不同的广告媒体。

3. 根据产品选择媒体

产品的类别、性能、特点和使用价值不同，广告宣传的内容与要求也不同，营销策划人员要根据产品来选择广告媒体。例如，对于日常消费品等需要向消费者详细说明其功能或用途的产品，应选择便于通过图文或视频形式进行广告展示的媒体，如网络视频、文章详情页、短视频 App 等。

4. 根据目标市场选择媒体

不同的产品、不同的广告目标，其作用的目标市场不同，因而选择媒体的标准也不同。不同媒体的信息传播率与到达率不同，广告所产生的效果也就不同。如果目标市场是某一特定的细分市场，则应考虑媒体是否能覆盖与影响该目标市场；如果目标市场的范围较大，则应选择传播范围较广的媒体。

5. 根据广告预算选择媒体

不同媒体投放广告的成本不同，若广告预算少于媒体的投放成本，就会导致广告效果不理想，因此营销策划人员应根据自身的支付能力、产品的广告诉求，以及广告预算选择费用合理、效果较好的媒体。

综上所述，选择广告媒体应综合考虑各种因素，在满足各条件的前提下，选择一个最符合企业自身广告诉求的媒体，以使广告效果最大化。

6.4.3 广告媒体的组合策略

广告媒体的组合是指应用两种以上媒体或同一媒体应用两种以上发布形式、发布时间的组合状态。市场的需要和广告诉求，使得单一的媒体投放不能很好地达到广告效果，因此通过多种媒体对同一则广告进行密集投放，是一种企业扩大广告效果的常用方式。但实际上并不是广告投放的媒体越多、投放的频次越多就能达到理想的效果，营销策划人员只有掌握广告媒体的组合策略才能让广告媒体发挥出预期的效果。

1. 广告媒体组合的作用

广告媒体组合是广告策划的重要内容，它对广告效果的影响非常大，其作用主要体现在以下 3 个方面。

（1）提高广告到达率

单个媒体的影响范围是有限的，即使是电视、网络、新媒体这样普及率较高和覆盖范围较大的媒体，也不能保证将广告信息传递给每一个消费者，因此，单个媒体的目标市场到达率并不高。通过广告媒体组合，整合多个媒体的覆盖范围，就能使广告影响更多的消费者，提高广告到达率。

（2）弥补单一媒体的不足

不同媒体的传播寿命不同，因而单一媒体对广告信息的传播时间有限，无法保证消费者对广告信息的接触程度。通过媒体的组合，可以综合各媒体的传播优势，提高消费者接触广告信息的频次，再通过重复效应可强化消费者对广告的印象，进而弥补单一媒体在传播效果方面的不足。

（3）整合不同媒体的传播优势

广告媒体组合是对各媒体的优势进行有机整合，弥补不足，进而更好地发挥整体效益的一种广告投放策略。因此，营销策划人员可以充分利用广告媒体组合的整体优势，结合企业情况，选择资金合适、效果不错的媒体进行广告投放。若企业资金不足，也可组合多种费用较低、效果一般的媒体，这样仍然可以获得一定的广告效果。

提示

广告媒体组合包括媒体种类的组合、媒体载体的组合和媒体单元的组合。其组合原则是对不同类型的媒体进行综合比较，从中选出适合广告信息传播的媒体渠道，并对各种媒体进行合理搭配，各取所长。

2. 广告媒体组合的方法

在实际的广告媒体组合应用中，主要涉及媒体载体和媒体单元的组合，下面分别对其进行介绍。

（1）媒体载体的组合

媒体载体的组合是指对具体的媒体进行组合，它既可以对同类媒体进行组合，也可以对不同类型的媒体进行组合。此外，还可将这些媒体与企业的自有媒体进行组合。

◎ **同类媒体的组合**。同类媒体的组合即将属于同一类型的媒体组合起来，如新媒体常将微博和微信组合起来进行广告投放，从而对某一细分市场或具有相同需求的消费群体进行广告信息传播。

◎ **不同类型的媒体组合**。不同类型的媒体组合即将不同类型的媒体组合起来，如线上线下广告传播常将电梯广告、户外投屏广告、网络视频广告等组合在一起，以有效地整合多个媒体的优势，增强消费者对广告的印象。

◎ **与企业自有媒体的组合**。企业自有媒体是指企业自备的，用于促销产品或宣传品牌的媒体，如企业自建的网站、网店、产品销售站点等。与企业自有媒体进行组合，可以进一步发挥众多媒体的优势，更好地进行广告传播。

（2）媒体单元的组合

媒体单元是指媒体发布广告的具体时间、长度、版面等基本单元。媒体单元的组合决定了广告的最终呈现效果，需要营销策划人员在选择组合媒体载体时同步进行单元的组合。

6.5 案例分析——"来伊份"品牌广告策划

近几年，零食市场的需求越来越大，且随着消费者生活品质的提升，消费者对零食的要求也越来越高，口感、健康等成为目前消费者购买零食时的主要衡量指标。零食市场的竞争越发激烈，各大零食企业如何巩固原有的市场优势，并不断创新产品拉动增长是推动该行业发展的关键。上海来伊份股份有限公司（以下简称"来伊份"）基于对市场和消费者需求的分析，推出"新鲜零食"的全新品牌概念，并围绕这一概念开展了一系列的广告宣传。

为了传播自己的品牌理念，来伊份邀请了演员作为其品牌代言人，并拍摄了一支广告片。该广告片的整体氛围轻松、惬意，画面背景、色调、食材、代言人穿搭都干净明亮、颇有质感，该广告片通过直接展现的方式展示了来伊份零食的制作过程，生动形象地让"新鲜"这个概念跃然而出，给消费者留下鲜明的印象。该广告片通过抖音短视频平台发布，借助目前消费者较偏好的短视频媒体来传播其品牌形象。同时，来伊份在微博和各大 App 中同步发布贴片广告和视觉海报，全力借助新媒体的优势进行宣传，很快掀起＃来伊份品牌代言人××＃热潮，并凭借粉丝的强大传播力进行多层次传播。

此外，来伊份还发布了两支 H5 广告。一支以促销为目的，通过"同款零食疯狂送"主题，以发送优惠券和赠送零食为利益点吸引新消费者和代言人粉丝，带动产品的销量与消费者的积极性。另一支以"打卡手记"为主题，围绕品牌代言人设计了打卡奖励，提高代言人粉丝的参与热情，甚至提供了优厚的奖励，使代言人粉丝发动了身边的人参与互动，引发传播热潮。

来伊份还在各电商平台、App、小程序、社群等媒体渠道中发布广告海报，传播产品促销信息、活动信息等，进一步扩大广告的传播范围，使"新鲜零食"的概念落地到销售层面，完成广告传播效果的销售转化。

除了针对代言人粉丝外，来伊份还通过微博、微信公众号、抖音短视频等媒体传播广告信息，巩固品牌的忠实消费者；联合美食类、娱乐类等关键意见领袖（Key Opinion Leader，KOL），针对不同的消费群体制作广告内容，从而达到广告信息的深度沟通和分发曝光，实现消费群体的全面覆盖。

请你根据以上材料，查阅来伊份的相关资料，回答以下问题。

（1）来伊份的广告主题是什么？是如何确定的？

（2）来伊份的广告创意体现在哪些方面？

（3）来伊份是如何通过广告媒体进行信息传播的？

★ 课后思考

（1）简述你对广告、广告类型的理解。

（2）广告语有什么作用？如何创作广告语？

（3）广告创意对广告效果有什么影响？其表现方式有哪些？

第 7 章

商业活动策划

学习目标

/ 掌握营销活动的策划。
/ 掌握公关活动的策划。

引导案例

华美食品在临近中秋之际，在微信、微博和微视等新媒体平台上举办了一场促销活动——华美"会说话的月饼"。该活动以拍摄视频短片的形式、诙谐幽默的手法，借助网络热门元素描述了月饼的前世今生。

华美"会说话的月饼"的玩法如下。

① 用户购买华美月饼，扫描二维码，进入华美微信服务号活动主页面。

② 拍摄微视频短片，录制并上传祝福视频，复制微视祝福链接，输入华美月饼独有的祝福编码，提交。

③ 分享祝福到朋友圈，就有机会抽取华美食品提供的钻戒、iPhone 手机、手表和华美月饼等丰厚奖品。收到月饼礼物的用户，扫描二维码即可查看祝福视频。

华美食品"会说话的月饼"活动吸引了网络"红人"、微博"大咖"的参与，他们大力支持华美"会说话的月饼"促销活动，使其传播范围更加广泛。凭借全新的推广模式和创意祝福方式，以及过硬的品质与服务，华美食品创造了一场前所未有的销售活动。

对于活动来说，策划非常重要。华美食品此次的促销活动借助新媒体平台，利用中秋节引入"月饼会说话"的概念，既新颖有趣，又能唤起亲情引起用户共鸣。其视频短片以动画的形式，描述了月饼的前世今生，融入"国民某某"等网络热门元素，在网络中引发了病毒式传播。

开展促销活动是使用户了解企业产品和品牌的一个非常好的途径，是快速吸引用户并提升品牌知名度的重要方法。不得不说，以新媒体为突破口从众多同质化产品中脱颖而出并非易事，但华美食品此次举办的新媒体促销活动富有创意，借助和融入节日主题元素，是富有故事和价值的一场活动，真正提高了用户的参与热情，将促销活动推向了高潮。

本章要点

营销活动　　　　　　节日活动　　　　　　公关活动　　　　　　危机公关

7.1 营销活动策划

在市场营销中，随处可见活动的身影，如开业活动、周年庆活动、产品促销活动、品牌宣传活动等。活动是使消费者了解企业产品和品牌的一个非常好的途径，是企业快速吸引消费者并提升品牌知名度的重要方法。活动在企业的营销策划中占据着重要的地位，下面先介绍营销活动策划的作用、要求和策划步骤，再以较为常见的促销活动和节日活动为例介绍营销活动的策划要点。

7.1.1 营销活动策划的作用

企业要开展营销活动，首先需要进行活动的策划。营销活动策划是一种隶属于市场策划范畴的活动方案，其目的是根据企业的营销目标，通过对企业的产品、服务、创意、价格、渠道、促销等内容进行设计和规划，生成一份可执行且创意突出的活动策划方案，以帮助企业梳理营销活动的环节，更好地开展营销活动。具体来说，营销活动策划的作用主要体现在以下 3 个方面。

1. 指引活动的方向

企业开展营销活动有其目的和动机，为了指导企业内外部工作人员的工作内容，保证活动的顺利执行，营销活动策划是必不可少的。营销活动策划需要在充分考虑企业需求与消费者需求的前提下，遵循企业的营销目的，明确活动的流程、制定合理的活动预算成本，设计出有创意的、可执行的策划方案，从而指导企业活动的顺利开展。

2. 提升活动的最终效果

营销活动策划不仅可以指引企业开展活动的方向，而且对如何进行活动做了详细的规定，如活动的时间、活动的地点、活动的举办方式、活动的对象、活动的流程安排、活动的应急预案等。完备的、具有可执行性的营销活动策划，能吸引更多的消费者参与活动，提升活动的最终执行效果，使企业获得更多的经济效益。

3. 提升企业的形象

营销活动策划不是简单的推广，它是为实现企业的特定目标而进行的综合方案设计，要求体现企业的风格和特色，这无疑对企业的专业度和价值取向进行了很好的传播，能够向人们传达企业的形象，达到树立并提升企业形象的目的。

7.1.2　营销活动策划的要求

不少企业都深知活动的重要性，也在积极开展活动，但由于有些企业并不知晓营销活动策划的要求，导致活动的效果并不理想。下面对营销活动策划的要求进行介绍，帮助企业更好地掌握营销活动策划的要点。

1. 主题明确

活动主题是指活动要向消费者传达的主要信息或核心概念，它是活动成功与否的关键，活动的创意、文案、流程设计等均需要围绕主题进行策划。一个好的主题可以迅速吸引消费者参加活动，但活动主题因为企业的营销目标、产品的性质、市场需求和消费者需求等而有所不同。

在进行活动策划时，企业应首先明确活动主题，尽量做到目标单一且重点突出，不要试图通过更多的信息表达来获得优势，因为这样会让消费者无法很好地分辨活动要表达的内容，使主题模糊不清，影响活动对消费者的吸引力。此外，主题还应当新颖、独特，能与同类产品或活动有所区别，以增强对消费者的吸引力。

2. 利益明确且有诱惑力

对开展的活动进行观察，可发现有些活动的效果并不理想，如活动参与人数不多、活动的消费转化不高等。这主要有两方面的原因，一是活动没有体现出与消费者相关的直接利益点，二是活动虽然有利益点，但对消费者的吸引力不够。不管是哪一方面的原因，总的来说，就是活动利益不够明确，且没有诱惑力，不能让消费者产生参与活动的热情。因此，策划活动时要明确与消费者切身相关的利益，且该利益要足够有吸引力，能够激发消费者对参与活动产生积极性，如超低价购买产品并享受礼品赠送等服务。

3. 活动对象定位准确

部分企业在开展活动时认为活动吸引的人越多，活动所取得的效果就越好。这种看法并不准确，如果活动吸引的人并不是企业的目标消费群体，只是随大流、凑热闹的人，那么他们中的大部分人不会产生活动转化，不能为活动的效果带来有利的影响。因此，活动对象的定位要准确，要紧紧围绕目标消费群体展开，尽量吸引有潜在转化行为的消费者参与活动，如通信企业为了开拓校园市场，常针对高校大学生开展手机卡促销活动。

4. 有较强的可操作性和可执行性

要想活动成功，则策划时必须考虑其可操作性和可执行性，这对任何一种活动策划都是通用的。在活动策划中要重点考虑活动的成本预算、人员安排与沟通、时间安排、宣传渠道等内容。

提示

要保证营销活动策划方案的实际操作性，营销策划人员必须合理考虑企业举办活动的能力。若企业规模较大，部门分工明确，则可以由企业自身运行活动，方便进行活动的监管与控制；如果企业自身不具备活动运行能力，则需要联系其他活动主办方来运行活动，此时，要在考虑现有资源的前提下，选择一个能力足够，人力、物力充足的活动主办方进行合作。

7.1.3 营销活动策划的步骤

营销活动策划的过程实际就是对活动整体框架的搭建过程。在这个阶段，营销策划人员应当构思活动的总体方案、估算活动整体的费用、确保活动内容的真实可行、制定活动工作的详细安排、确定活动具体流程和备用方案。

（1）构思活动的总体方案

活动的总体方案中需要列出活动的主要事项，包括活动的目的、活动的主题、活动的时间、活动的地点、活动的对象、活动的流程等，形成方案雏形，指导后续工作的开展。

（2）估算活动整体的费用

任何活动都需要资金，因此，策划时营销策划人员还要明确活动大概需要的资金，包括活动宣传费用、场地费用、物料费用、人员费用、设备费用、酒水餐饮费用等。

（3）确保活动内容的真实可行

在完成活动的总体方案构思和费用估算后，营销策划人员还要分析策划方案涉及内容的真实性、可行性，确保活动内容真实可行。一般来说，营销策划人员可以从可执行性、实际操作性和绩效3个方面分析。

（4）制定活动工作的详细安排

为保证活动每个环节的顺利进行，营销策划人员还需要制定一份详细的工作安排表，将活动涉及的内容分解成不同的小环节，明确每一环节的时间和工作内容，确保顺利实施策划。

（5）确定活动具体流程和备用方案

除了制订整个活动的工作计划外，营销策划人员还要对活动的具体流程进行安排和细化，让活动参与人员了解并熟悉活动的具体内容，这样才能使活动更加严谨，后期也更容易举办成功。另外，备用方案是为了妥善解决活动过程中发生的无法预测的意外事故而准备的，如开场时间延迟、活动嘉宾缺席、设备故障或电力中断、安保人数不够等不可控问题。

7.1.4 营销活动策划的要点

常见的营销活动有促销活动和节日活动，两者的策划要点不同，营销策划人员应根据实际情况针对不同活动进行策划。

1. 促销活动的策划要点

促销活动是较为常见的一种活动，主要通过各种促销手段来提高产品销量，增加企业的实际收益。按照促销活动的渠道进行划分，可以将促销活动分为线上促销活动和线下促销活动，下面分别介绍这两种类型的促销活动的策划要点。

（1）线上促销活动的策划要点

线上促销活动是指通过网络进行的促销活动，其策划要点主要包括促销时间、促销方式和促销推广，下面分别进行介绍。

① 促销时间

促销时间主要包括促销活动的开始时间、持续时间和频率时间。

◈ **开始时间**。开始时间即线上促销活动的开始时间，需要精确到具体的某天、某小时、某分钟，如 2020 年 6 月 20 日 11:00、2020 年 6 月 20 日 15:30、2020 年 6 月 20 日 19:00 等。

◈ **持续时间**。持续时间即线上促销活动从开始到结束的时间，可用持续时间或结束时间两种方式来表示。例如，本活动开始于 2020 年 6 月 20 日 11:00，持续 2 个小时；或本活动开始于 2020 年 6 月 20 日 11:00，结束于 2020 年 6 月 20 日 13:00。

◈ **频率时间**。频率时间即每次开展线上促销活动的间隔时间，是针对每次完整的线上促销活动而言的。促销活动的频率时间不能太短，应该根据企业的发展和市场需求来确定，如一月一次、节假日时间等。

② 促销方式

线上促销的方式很多，可以根据促销形式将其分为定价促销、回报促销、折扣促销、奖励促销、时令促销、限定促销、赠送促销和组合促销等不同类型，下面分别进行介绍。

◈ **定价促销**。定价促销是指通过降低产品价格来促进产品的销售。这种促销方式的使用时机一般是具有重大意义或特殊事件的日子，以降低某些产品的价格来吸引消费者购买，或在前期制定较高的产品价格，后面再大幅降价，给消费者营造一种优惠感，刺激消费者购买。图 7-1 所示的产品价格原价为 5 699 元，促销价为 4 699 元，与原价相比，降低了 1 000 元。

◈ **回报促销**。回报促销是指当消费者满足活动条件时，企业以让利或奖励的方式来回报消费者。回报促销主要包括免费和返利两种形式，其中免费是指为消费者提供产品或服务，以优秀的产品质量和良好的服务体验来刺激消费者的购买欲，如免费试用、免单等。图 7-2 所示的买 1 送 1 即为免费赠送相同的产品。返利是指通过返还给消费者一定的利润来吸引消费者达到目标消费额度，如"满送""满减"等，如图 7-3 所示。

◈ **折扣促销**。折扣促销又叫打折促销，是指企业根据商品原价确定让利系数，进行产品的减价销售。使用该方式促销时应该在保证产品基本利润的基础上进行让利，以避免使企业利益受损。

◈ **奖励促销**。奖励促销是指以赠品或优惠奖励的形式为消费者提供产品或服务，以激励消费者，使其产生购物行为，进而增加销售额。奖励的形式有很多，常见的有购买抽奖、抽取幸运顾客、签到或收藏有奖、发放优惠券或抵用券等，如图 7-4 所示。

图 7-1　定价促销　　　图 7-2　免费赠送相同的产品　　　　图 7-3　"满减"

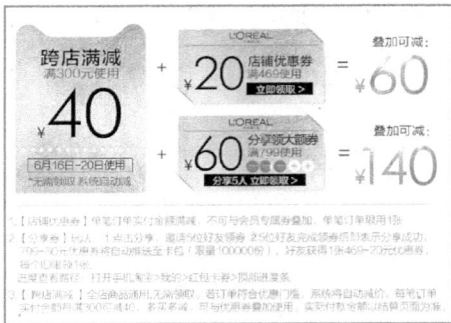

⊛　**时令促销**。时令促销是指企业根据时间的变化而采取的促销方式，主要有清仓甩卖、季节性促销等，如"夏末清仓""年底清仓""夏装热卖""春季上新"等。

⊛　**限定促销**。限定促销是指一种限定产品品种、数量和时间的促销方式。这种促销方式的原理与饥饿营销类似，是通过营造一种稀有感来使消费者产生唯恐错过良机而急于购买的心理，刺激他们快速做出购物决定，如"限量销售""独此一家""仅此一款""秒杀活动""今日半价"等，如图 7-5 所示。

⊛　**赠送促销**。赠送促销是指通过向消费者赠送小包装的新产品或其他便宜的商品，来介绍所赠产品的性能、特点、功效，以达到促进销售的目的。赠送促销的形式主要有礼品促销、回馈促销等。

⊛　**组合促销**。组合促销是指将多个产品以组合优惠的形式打包销售，以刺激消费者购买，如图 7-6 所示。常见的组合促销方式有搭配促销（如上衣和裤子搭配、墨镜和帽子搭配）、捆绑促销（如买上衣送裤子、买帽子送墨镜）等。

图 7-4　奖励促销　　　　　　图 7-5　限定促销　　　　　　图 7-6　组合促销

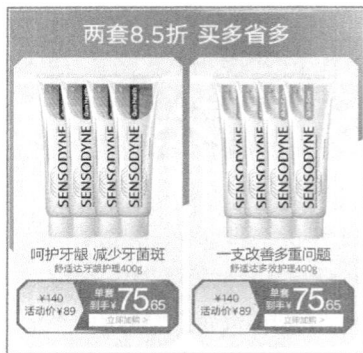

③ 促销推广

不管选择什么促销方式，营销策划人员都要保证促销活动的成功。在网络环境下，根据促销渠道的不同，推广方式主要分为站内广告推广和站外广告推广两种，下面分别进行介绍。

a. 站内广告推广

站内是指企业自建网站内部，一般为企业官网或企业网上商城内部等。站内广告推广是一种性价比较高的推广方式，主要有以下两种表现形式。

⊛　在企业自建网站功能的基础上，通过站内页面设计、站内信、站内广告位等推广手段来进行促销活动的推广。

◎　通过搜索引擎优化（Search Engine Optimization，SEO）进行网站优化，提升网站在搜索引擎中的自然排名，或通过竞价推广抢占排名，以增大网站被消费者搜索到的概率。促销活动的信息一般以网页的形式呈现在网站中，消费者搜索网站并进入网站即可查看。这种推广方式不仅可以让消费者了解企业开展的促销活动，还能在消费者心中树立品牌形象。

b.　站外广告推广

站外是指除企业自建网站外的其他渠道。站外广告推广需要注意两个方面，一是要选择一个合适的推广渠道，二是要制作出有吸引力的广告。选择站外渠道时可从渠道的人气、类型、广告投放费用等角度考虑；制作广告时则要在保证展示促销活动信息的前提下，以消费者感兴趣的方式呈现，以吸引消费者注意。图 7-7 所示即为花呗通过微博进行"6·18"促销活动的推广。

图 7-7　花呗通过微博进行"6·18"促销活动的推广

（2）线下促销活动的策划要点

虽然线上促销活动更符合网络营销环境，但线下促销活动作为一种传统的营销方式仍具有不可忽视的作用。对线下促销活动的策划同样需要注意促销时间、促销方式和促销推广，其中促销时间、促销方式与线上促销活动类似，这里不赘述，重点介绍促销推广。

线下促销活动推广应该以自身产品定位为基础展开，主要有以下 3 种常见方式。

◎　在人流量较大的商场或餐厅等地方进行促销活动推广，如发放宣传单、播放广告等，让更多消费者知晓促销活动，吸引消费者参与，并与之进行互动交流。

◎　通过搭建展会或建立免费体验店推广，让更多的潜在目标消费者参与，通过参与者的口碑传播来推广，进而扩大产品或品牌影响力。图 7-8 所示为华为线下店铺，店铺中提供了华为的各种产品，如手机、笔记本电脑、耳机等，并供消费者随时试用，给消费者带来了良好的体验，为品牌良好形象的传播奠定了口碑基础。

◎　在公交、地铁等公共交通设备的行经路线或区域中投放广告，借广告牌的超高曝光率来提高促销活动的曝光率，将活动信息传递给目标消费者。图 7-9 所示为华为在地铁行经路线中投放的广告。

提示

　　线下促销活动也可结合线上促销活动来全方位覆盖线下、线上的目标消费者，并发挥线上渠道更容易引流、造势的优势，为线下促销活动聚集人气，打造热度。

图 7-8　华为线下店铺推广

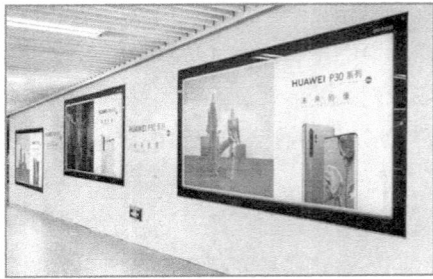

图 7-9　地铁广告

2. 节日活动的策划要点

节日通常是人们为了纪念某种民俗文化或适应某种需要而共同创造的重要日子。节日也可以看作一种知识产权（Intellectual Property，IP，这里是指有成名文创作品的统称），有非常大的热度和非常多的流量。企业可以借助节日的巨大热度开展节日活动进行产品销售或品牌曝光。因此，掌握节日活动的策划也是非常有必要的。下面对节日活动的策划要点进行介绍。

（1）明确策划的时间节点

开展节日活动前需要明确节日的时间。目前我国的节日有很多，可以大致分为传统节日和新兴节日两类。

💧　**传统节日**。传统节日是悠久的历史文化长期积淀下来的产物，其形式多样，内容丰富，蕴含着丰富的文化内涵。营销策划人员应以当年的日历为标准，将该年的所有传统节日列出来，以明确活动的具体时间，更好地进行活动策划。

💧　**新兴节日**。在网络快速发展与年轻消费者引领网络潮流的社会背景下，衍生了越来越多的网络新兴节日，如"5·17吃货节""3·7女生节""5·20网络情人节"等。这些节日体现了年轻人的个性和兴趣，是非常具有代表性的从普通消费者中发展出来的新兴节日。除此之外，各大商家和企业为了营造节日氛围，增加促销感，也纷纷开始设立品牌节、活动节，如淘宝"双十一网上购物节""京东6·18店庆日"等。这些节日随着网络的发展和消费群体需求的变化而发生变化，是各大企业目前开展商业促销的首选节日。

（2）找到节日与产品或品牌的契合点

开展节日活动的最终目的是产品销售或品牌宣传，因此策划活动时应找到节日与产品或品牌的契合点。例如，在情人节或七夕节等象征爱情、美好的节日中，鲜花、巧克力、戒指等能够表达这些含义的产品销量就非常高，同时主营这些产品的品牌曝光也会大大增加。要想找到节日与产品或品牌的契合点并将其与节日关联起来，可以使用分解法，将步骤分为以下3步。

① 节日分析。每个节日都有其特殊的意义，营销策划人员在策划节日活动前应该深入了解节日的起源、内涵、目标群体等，将节日可能涉及的内容一一列举出来，方便开展思维风暴。

② 产品或品牌特点分析。产品或品牌是节日营销的最终对象，要想消费者对产品或品牌感兴趣，就要在开展营销活动前对产品或品牌进行分析，将产品或品牌的功能、卖点、需求、目标消费群体等信息一一列举出来，与节日信息进行匹配。

③ 节日与产品或品牌的关联。将前面两个步骤中整理出来的信息进行匹配，将具有关联性的内容挑选出来，通过内容包装与策划将节日与产品或品牌关联起来，引导消费者由节日联想到产品或品牌，强化消费者对产品或品牌的认知，最终引起消费者的购买兴趣，提高产品或品牌的实际转化率。

（3）明确活动的输出形式

节日活动的输出形式主要有两种，一是内容，二是活动。

① 内容

内容是指内容生产和分发，即通过内容创作与传播来进行节日活动信息的发布，其目的是告知消费者活动的存在，以更好地触达目标消费群体。内容生产的平台有很多，营销策划人员可以在微博、微信、社群、资讯平台、知识问答平台等进行节日活动的营销内容创作，但要注意选择与目标消费群体匹配度较高的、消费者流量较大的平台，并在平台定位的基础上开展节日活动营销内容的创作，以取得更好的效果。

② 活动

节日活动根据举办方式的不同，可以分为自有活动和联合活动两种类型。

◉ **自有活动**。自有活动是指活动的策划筹备、资源供给、执行落地等所有环节都由活动的主办方自行主导，主要依靠主办方自身的实力和资源。在开展节日活动时营销策划人员要根据企业自身实力来策划，以方便掌控活动进度及活动安排。

◉ **联合活动**。联合活动是指主办方联合第三方开展活动。活动主办方主要提供物质服务资源，活动合作方则主要负责提供流量资源。在开展节日活动时，营销策划人员可以将活动委托给有一定实力的第三方，减轻企业的负担。

自有活动注重老客户的促活和消费转化，联合活动则注重新客户的获取。营销策划人员在策划活动输出形式时，应综合考虑两者，或选择与当前营销目的更加匹配的方式。

7.2　公关活动策划

营销活动与公关活动是企业营销发展的必备活动，它们一般作用在企业的不同发展阶段或时期。营销活动的目的一般是促进产品销售、提高市场占有率和企业效率。营销活动策划属于市场营销策划范畴，其在市场中的突出作用主要是稳定市场份额，进而宣传企业品牌。公关活动是指具有公共关系性质的活动，如公益活动、新品发布会活动、路演活动等，它主要运用传播沟通方式来协调企业与社会的关系，进而影响企业的公众舆论，建立良好的企业形象和声誉。公关活动策划属于公共关系管理策划范畴，其主要目的是获得媒体、公众、政府等的舆论支持，构建良好的企业社会形象。前面对营销活动策划的相关知识进行了介绍，下面主要讲解公关活动策划的具体内容，主要包括公关活动的策划步骤、公关活动的策划要点，以及危机公关的策划。

7.2.1　公关活动策划的步骤

公共活动策划的步骤主要包括以下 5 步。

1. 分析企业形象的现状

公关活动侧重的是对企业的公众形象塑造与传播，因此公关活动策划的第一步就是分析企业形象的现状。企业形象的分析可以从企业内部和企业外部两个途径展开。企业内部形象分析主要包括企业的发展历史、重大事件、经营实绩和文化特征，企业决策者对企业经营实绩、企业形象实态、企业文化、企业发展前景、市场状况等的评价，企业经营管理者自身的素质、工作能力、工作作风等，企业员工的素质、思想状态、工作态度以及对企业的环境、生产计划、市场开发、产品性能等。企业外部形象分析主要包括市场、竞争者、广告接触度、企业知名度、企业美誉度、企业信誉度等。对这些内容进行分析，可以明确企业内外部形象之间的差距，为公关活动的活动目标提供依据。

2. 明确活动的目标

通过对企业形象现状的分析，找到企业需要解决的问题，如知名度不够、产品评价不好、消费者对企业的看法不一等，这些问题一般就是设立公关活动目标的依据。在此基础上，营销策划人员再根据市场需求和企业的经营情况进一步确定公关活动目标，如宣扬企业优质的产品原材料、企业先进的生产科技等。

3. 设计活动的主题

与营销活动的主题类似，公关活动的主题也是对公关活动的高度概况，它不仅能指引活动，还能贯彻连接活动的总体思路与流程，将活动的目标与公众结合在一起，突出表现活动的卖点。公关活动的主题常借用口号或活动标题的形式表现，且一般以陈述句、警句式或口号式的表述方式向公众传递活动信息，此外，公关活动的主题还要尽量精悍短小、新颖别致和亲切感人，以提高公众的参与积极性。

4. 分析活动对象

公关活动主要是通过活动对象的传播、沟通等进行企业形象的塑造，因此对对象的分析也是必不可少的。公关活动的对象不只有企业的目标消费者，普通大众、媒体、社会机构、政府等也是公关活动的目标对象，其中，媒体不仅是企业与外部沟通的渠道，还是传播企业形象的主要途径，特别是官方媒体的报道更容易增加企业形象的说服力，加强普通大众对企业形象的认知。

5. 选择活动的方式

公关活动的方式多种多样，常见的有公益慈善、社会赞助、新闻发布会、产品发布会等，具体的形式应根据活动的目标确定。一般来说，公益慈善、社会赞助注重对企业形象的正面塑造，以增强其知名度与口碑；新闻发布会注重对企业重大事件进行发布；产品发布会注重对产品性能、生产技术等进行说明，体现企业实力。例如，华晨宝马汽车有限公司针对我国传统文化保护与非物质文化遗产传承社会问题发起的公关活动——BMW中国文化之旅，该活动的目的是探访和保护我国传统文化，促进非物质文化遗产的传承与发展，从而宣扬企业的社会责任感，提高其品牌好感度、知名度与信誉度。

7.2.2 公关活动策划的要点

不管是什么类型的公关活动，在进行策划时企业都需要掌握一定的策略。下面介绍公关活动的策划要点，从而让公关活动的效果得到更好的发挥，实现活动的目标。

1. 选择最佳时机

企业开展公关活动的时间对公关活动的效果有重大的影响。一般来说，有市场需求且市场需求空白时，有新产品上市或周年庆典时，有重大事件发生时，有重要的节日来临时，或当市场竞争较弱时，都是开展公关活动的好时机，企业要抓住时机及时开展活动策划，以指引活动方向。

2. 借助重大事件

从公关活动效果的层面来说，借助重大事件开展活动可以更快地提升活动的关注度、讨论度和传播效果。这种方式是市场营销中较为常见的事件营销方式，它集新闻效应、广告效应、形象传播和公众关系于一体，能更好地吸引公众的注意力，快速提升企业的形象。

3. 借助名人效应

名人具有较高的关注度与曝光度，本身就具备较大的新闻价值。借助名人效应能够吸引其粉丝主动参与活动，且媒体也会主动报道与名人相关的信息，这大大增强了活动的传播力度与渗透力度，能让企业的公关活动获得较多的曝光，自然而然会使公关活动得到更好的营销效果。

4. 发动全民参与

公关活动的对象是所有公众，因此参与的公众对象自然越多越好，如果能够发动全民参与，则活动的规模与讨论度都会非同一般。例如，支付宝发起的扫五福活动就获得了广大群众的参与，活动讨论度和传播效果都非常惊人。

5. 紧跟时事潮流

经济发展、社会变革、技术革新等都会影响公关活动的内容与举办方式。企业在策划公关活动时应紧跟时事潮流，积极拉动流行趋势，让公众的求知欲望得到满足，进而吸引公众的参与热情与传播热情。

课堂案例——抖音短视频开展的公益活动

　　每年的 6 月 20 日是世界面肩肱型肌营养不良关爱日，为了呼吁全世界关注这一罕见疾病，增加对患病群体的关爱，抖音短视频借助互联网的力量，策划了一场"橙子微笑挑战"的接力公益活动。该活动的参与方式是：参与者使用抖音短视频或微头条拍摄一段用嘴含住半片橙子 5 秒钟，然后露出微笑的视频，并发布，然后 @ 其他亲朋好友共同参与，一起进行活动的传递。

　　为了加强该活动的公众参与度与实施效果，该活动一开始就邀请了奥运冠军、知名演员录制短视频参与挑战，借助知名人士的影响力激发社会大众的参与热情。此外，抖音短视频还联合"网络红人"制作优质内容进行活动的传播，以使活动热度持续发酵。

　　抖音短视频通过这次公益活动向社会公众科普了 FSHD 的相关知识，推动了罕见疾病的普及与增加了公众对其的认知，充分展现了社会责任感，为自己赢得了良好的声誉。

7.2.3　危机公关的策划

多变的社会、市场和竞争环境使企业随时处于各种危机中，企业经营发展的过程中也无可避免地会出现负面事件，造成企业品牌声誉、经营财产等的损失。危机管理作为公共关系的必备内容也越发受到重视，企业应建立应对危机的相关机制，尽量避免或减轻危机带来的损害或威胁。危机公关实质上是公共关系的处理，营销策划人员在进行危机公关的策划时，需要掌握危机公关的原则和危机公关的事前管理等知识。

扫一扫

危机公关的特点

1. 危机公关的原则

危机公关的原则主要有以下 4 个。

（1）未雨绸缪

危机公关并不是发生危机后才进行危机处理，企业在危机管理上要有远见，要有未雨绸缪的意识，要组建专门的危机管理小组适时对企业内外部可能发生的危机进行预测和分析，编制危机应对方案，并将对应方案传达给企业的各职能部门，方便企业员工充分了解企业可能发生的危机，以及掌握应对的方法，从而做到防治结合、处变不惊，为快速有效地解决危机提供有利条件。

（2）快速反应

危机具有突发性，一旦发生了危机，企业应迅速组织相关部门和负责人积极采取应对措施，在公众注意力还没有全部聚焦到危机事件上时，第一时间采取强有力的、有针对性的措施来控制事态的蔓延，以尽量降低企业的损失。一般来说，危机发生后的 24 小时是处理危机的"黄金时机"，企业在这个时期内应该在了解危机发生原委的基础上快速回应，并给出处理的办法。

（3）公开透明

企业在进行危机公关时一定要遵循公开透明的原则，将事实如实地告知企业内部人员、新闻媒体和社会公众，让所有人都能知晓事件的真实经过，客观理智地分析事件。切忌隐瞒真相，引发公众的反感情绪；或欺骗公众，导致公众发现事实真相而出现倒戈现象。

（4）信誉至上

危机公关的最终目的是减少企业的损失，因此，企业必须力求获得公众的谅解和信任。为此，企业应实事求是、勇于承担责任，然后积极主动地采取各种措施，把握社会舆论的主动权，尽快恢复企业的社会声誉。

2. 危机公关的事前管理

为了更好地做好危机公关的事前管理，企业还应该掌握以下 4 点。

（1）建立预防危机的信息监测系统

危机公关需要遵循未雨绸缪的原则，这一原则的具体体现就是预防危机的信息监测系统的建立。它是企业预测和分析危机的重要渠道，企业在具体实施的过程中需要进行以下工作。

◎ 随时收集公众对企业产品、服务等的反馈信息，若出现某一方面的问题应立即跟踪调查。

◎ 随时关注政府、专家、媒体和合作伙伴等对企业的看法，了解企业产品或服务在公众心中的形象，以及公众对企业的评价，及时发现公众对企业态度的变化趋势。

◎ 确保企业内部的信息交流畅通无阻，即企业员工能够正常有效地进行信息交流，企业员工能够通过合适的渠道向上传递信息给管理人员，企业管理人员能够及时得到员工对信息的反馈和回应等。

◎ 确保企业内部各部门的职权清晰、责任分明，避免发生互相推诿的情况，否则会导致危机隐患被忽视或危机得不到妥善处理。

◎ 对企业与竞争者的现状、实力、潜力和发展趋势等进行优劣对比，做到知己知彼。

（2）成立危机管理小组

危机管理小组是处理企业危机的权力机构和协调机构，一般由企业领导人担任负责人，由专业管理人员、公关宣传人员、财务负责人员、法律顾问、新闻发言人、后期人员等组成。

（3）制订危机管理计划

对于可能发生的危机，企业应制订完整的危机管理计划，以明确发生危机时做出的反应。危机管理计划的制订主要包括以下内容。

◎ 明确危机控制和检查专案小组的组成人员，以及各组成人员工作职责。

◎ 明确可能受到影响的机构和公众。

- 建立有效的传播和公关渠道。
- 将计划的内容整理成文字，编订成方案。
- 进行危机预演。

（4）制定危机传播方案

有效的传播是解决危机的重要条件，企业应针对危机的传播方案进行策划，其内容主要包括以下 7 点。

- 将公众利益和获取公众信任置于首位。
- 确定信息传播需要面对的所有公众。
- 取得对外传播信息的主动权。
- 确定传播信息所需的媒体，并与媒体保持良好的关系。
- 确定新闻部或公关部有足够的渠道获取最新的信息。
- 确保危机期间企业内、外部的信息交流没有障碍。
- 做好应急新闻稿的备案。

7.3　案例分析——淘宝网和天猫"双十一"活动

每逢"双十一"，淘宝网和天猫就会推出很多关于"双十一"的活动，"组队盖楼大挑战赢 20 亿元红包"就是其中一个活动。活动时间为当年的 10 月 21 日 00：00：00—11 月 11 日 12：59：59。简单来说，活动的玩法即通过集喵币（喵币是淘宝天猫平台的一种"虚拟货币"，用户可通过签到、逛店等获取）升级喵铺（喵铺即虚拟的店铺，其等级数 = 可以盖楼层数），接着组队盖楼，两支队伍进行挑战，赢的队伍获得奖金（放在队伍账户里，最后一天才能领走，一旦用户中途输掉一场比赛，喵币就会清零，从头再来）。在"盖楼"的挑战中，用户最多可以和其他 4 位用户组成一支队伍，并和系统分配的另一支队伍进行"比拼"，按照两队"建起的楼层"总等级的高低来衡量胜负，获胜队伍的队员可瓜分奖金池内的奖金。该活动的部分内容如图 7-10 所示。提升队伍的楼层总等级有两种方式：队员上线助力、拉非队友点击助力。为了拉到更多的助力者，参与"盖楼比拼"的淘宝网和天猫用户会在自己的社交圈不断传播盖楼信息，成功地引发一场"盖楼狂欢"。在用户寻找助力者时，淘宝网和天猫通过各种奖励激励老用户带来新用户，不断向新用户渗透可获得更多的精准用户；另外，在活动过程中用户可能还会产生消费，因此获得额外销售收入。

这场"盖楼"活动就像一场"有毒"的游戏，参赛的用户只有不断拉人助力，才能保持领先、获得红包。集喵币这一环节链接了各个商家的活动页面，以及支付宝中的蚂蚁森林、蚂蚁庄园、相互宝，这既能有效导流，又增加了用户黏性。值得一提的是，在"盖楼"活动中，若队员或助力者为 88VIP 会员，则除了为队伍贡献自己的喵铺等级外，还可额外贡献 5 级，借着这一规则，淘宝网和天猫收获了一大批 88VIP 会员。

请你根据以上材料，查阅"组队盖楼大挑战赢 20 亿元红包"活动的相关资料，回答以下问题。

（1）"组队盖楼大挑战赢 20 亿元红包"是什么样的活动？

（2）该活动有什么作用？

图 7-10　淘宝网"双十一"的"组队盖楼大挑战赢 20 亿元红包"活动

⭐ 课后思考

（1）简述你对营销策划活动的理解。

（2）如何进行促销活动的策划？

（3）如何进行节日活动的策划？

（4）发生危机时该如何进行公关？

第 **8** 章

新媒体营销策划

学习目标

/ 了解新媒体营销策划的相关知识。

/ 掌握内容营销策划。

/ 掌握社交媒体营销策划。

/ 掌握直播营销策略。

/ 掌握 H5 营销策略。

📋 引导案例

海尔诞生于 1984 年，是全球大型家电品牌，其产品涵盖冰箱冷柜、洗衣机、热水器、空调、电视、厨电、智慧家电和定制产品等多个品类。随着新媒体的迅猛发展，海尔看到新媒体市场的巨大机会，逐步加大了对新媒体的营销策划力度，主要表现在以下 3 个方面。

1. 构建新媒体传播渠道

在竞争激烈的新媒体环境下，海尔将微信、微博、抖音等平台作为主要传播渠道，通过发布一系列带有网络热门元素，符合新媒体平台传播条件的图片、软文、短视频等来吸引网民的注意力，从而让消费者对海尔的产品产生兴趣和购买欲。

在微信公众号中，海尔经常向消费者推送热点事件、节假日问候、产品信息等，图 8-1 所示即为微信公众号推送的某篇文章，文章开头对热门的综艺节目《主持人大赛》进行了介绍，对优秀的选手们在舞台上的表现进行了说明，点出了选手们如此"会说话"是因为深厚的积淀和对专业精益求精的追求，文章末尾引出了拥有 30 余年家电经验积淀的品牌——海尔，不着痕迹地将品牌植入文章。

在微博，海尔活跃在各条微博评论中，通过幽默、机智的回复不断吸引广大消费者的眼球。此外，海尔还经常在抖音等短视频平台发布短视频，如在儿童节这天，当其他企业将目光放在儿童身上时，海尔却不走寻常路，通过抖音发布 #我们嫩着呢！#挑战赛，号召成年人"扮嫩"，在短视频中巧妙地融入海尔兄弟的背景音乐（Background Music，BGM），成功勾起不少人对童年的回忆，挑战发起后，超过 200 万的消费者拍摄了短视频参与了该挑战赛，这既传递了海尔的品牌理念，又提高了消费者黏性。

图 8-1 海尔的微信公众号文章

2. 融合消费者需求做产品策划与开发

除了利用新媒体平台对品牌进行传播和推广，海尔还利用新媒体开展了产品策划与开发。2016 年，一名粉丝 @ 了海尔的官方微博，提出做一款外观是宫殿、打上冷宫宫牌的迷你冰箱，于是海尔官方微博在第一时间转发了该粉丝的这条微博。后来，海尔从消费者们七万多条私信、回复中提炼出来了将近五千多条非常有价值的产品改良意见，在联合了一些数据机构，整理出众多消费者的大数据后，经过与部门同事的讨论，海尔推出了一款市面上没有的，由粉丝参与研发、设计的冷宫冰箱。图 8-2 所示即为海尔冷宫冰箱的设计图。除此之外，海尔的"咕咚手持洗衣机"也是在看到消费者的反应，认真分析消费者数据后生产出来的产品。

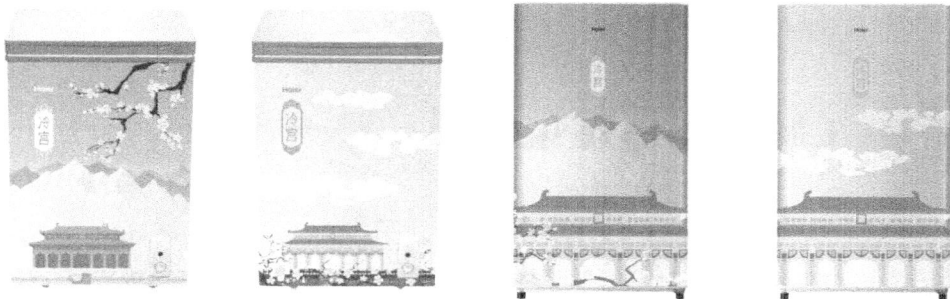

图 8-2　海尔冷宫冰箱的设计图

3. 借势热门事件推广品牌

为提高产品或品牌知名度、美誉度，树立品牌形象，促成产品或服务销售，海尔还常借助热门事件来进行营销。知名演员公布恋爱、婚讯，世界杯，奥运会，节日，热播剧等都是海尔借势营销的时机。图 8-3 所示即为某演员公布恋情时，海尔官方微博借势发布微博"啥时候成亲？需要冰箱空调洗衣机么"进行营销，并成功带领了一批企业官方微博收获了网民的关注。在没有热点时，海尔还自己创造热点，如 2017 年 5 月 20 日，海尔官方微博就联合了多家企业的官方微博，开展了一个转发抽奖活动，奖品就是 100 多家官方微博的关注和私信表白，在半个小时之内这条微博的转发量就已过万。

图 8-3　海尔在微博上的营销

在新媒体时代，海尔紧跟网络发展的脚步，在各大新媒体平台中及时推送企业近期重要新闻，与消费者进行互动，更新消费者对企业的认知；深入了解各个新媒体平台，根据其针对的消费群体、创办的理念，深度分析各大平台的消费群体特征，构建一个个符合平台特点的新媒体账号，顺应热门话题，造势博取关注，提高了曝光量，增加了新的用户流量，向人们展示其深层布局新媒体平台及新媒体营销策划的决心。

从营销的角度来说，新媒体时代总是会有新平台、新的玩法，这些平台的消费者数量巨大、消费力惊人。对于企业来说，只有努力探索新媒体发展的方向，掌握新媒体营销策划的知识，通过新媒体平台增强企业与消费者的联系，提高粉丝的转化率，才能达到树立企业品牌的良好形象、促进产品销售的目标。

本章要点

新媒体营销策划　　内容营销策划　　社交媒体营销策划　　直播营销策略　　H5 营销策略

8.1　了解新媒体营销策划

新媒体营销是企业利用新媒体平台进行的营销，其将新媒体平台作为传播和购买渠道，把相关产品的功能、价值等信息传递给目标消费者，从而实现品牌宣传、产品销售的目的。新媒体营销策划是针对新媒体营销开展的整体规划。换句话说，新媒体营销策划工作是在新媒体营销的基础上开展的，新媒体营销是包含在新媒体营销策划之中的，因此，对于营销策划人员而言，要想做好新媒体营销策划，就需要掌握新媒体营销和新媒体营销策划两个方面的知识，下面进行详细介绍。

8.1.1　什么是新媒体营销

随着互联网的快速发展和网民的日益增多，传统的报纸、电视等传播媒介受到了很大的冲击，逐渐催生出了一种依靠互联网环境的新型媒体方式——新媒体。新媒体是相对传统媒体而言的一种新兴媒体，从狭义上理解，可以将新媒体看作继报纸、广播、电台和楼宇广告等传统媒体之后，随着媒体的发展与变化而生成的一种媒体形态，如互联网媒体、数字电视、移动电视、手机媒体等。从广义上理解，新媒体可以看作在各种数字技术和网络技术支持下，以互联网、宽带局域网和无线通信网等为渠道，利用计算机、手机和数字电视等各种终端，向消费者提供信息和服务的传播形态，其具有媒体形态数字化的特点。

新媒体是相对于传统媒体的概念，新媒体营销实质上也是一个相对于传统媒体营销的概念，它是一种更适合当前环境的营销模式，具有多元性、普及性、互动性和灵活性等特点。新媒体营销结合了现代营销理论与互联网，主要通过在新媒体平台上发布具有影响力的内容来吸引消费者参与，为企业提升产品或品牌的知名度、增加忠实消费者数量提供了新方向。

课堂案例——完美日记的新媒体营销

完美日记在市场调查与消费者分析的基础上，确定了以内容为主导的新媒体营销策略，并分别通过不同的新媒体平台来进行品牌的营销和推广，其中最主要的就是在小红书这个生活分享平台进行营销。完美日记入驻小红书后从 4 个方面进行了其品牌和产品的推广：一是自产"笔记"（小红书中的内容分享形式），以其美观的店铺装修、专业的内容生产、趣味的美妆分享等吸引消费者的注意；二是邀请消费者发表他们的使用感受，通过生活化和真实的美妆照片来引起消费者的共鸣，增加消费者对品牌的信任；三是联合美妆 KOL 发表专业的产品测评和对比内容，以专业性来增强消费者的购买欲望，增加其忠实粉丝；四是邀请小红书中热爱分享的女演员推广其产品，通过演员的粉丝效应和广泛传播力来扩大其传播范围。其全方位的营销策略让完美日记的消费者数量和品牌知名度都得到了大大提高。此外，完美日记还充分结合了其他新媒体平台来进行营销，如在抖音、bilibili 等发布短视频，在微博中邀请 KOL 带话题发送图文、视频等，以专业内容营造其热度，然后邀请演员代言，以演员的力量扩大其知名度。全方位的营销使完美日记获得了很多的忠实消费者，其销量也逐年增加，2018 年天猫"双十一"，完美日记在开场 1 小时 28 分钟后就成为天猫美妆首个成交额破亿元的美妆品牌，2019 年 1 月，完美日记的月销售额排行甚至超过了资生堂、迪奥等国际品牌。

8.1.2　新媒体营销的特点

新媒体营销并不是简单地通过新媒体平台来进行传统营销理论的实践，它是对传统营销思维的升级和应用，也更符合当前的互联网环境。新媒体营销主要以产品特色为基础，通过对产品的准确定位，以更有体验性、沟通性、差异性、创造性和关联性的营销策略来快速获得大批流量和高曝光，以赢得消费者的认可。总的来说，新媒体营销的特点主要表现在传播迅速、覆盖广泛、方式灵活、营销目标精准和互动性强 5 个方面。

◎ **传播迅速**。新媒体营销的传播速度主要体现在两个方面，一是传播途径，二是表现手法。从传播途径来说，由于新媒体营销更注重内容信息的传播，这些内容信息更符合消费者的需求，因而消费者会主动成为信息的传播者，从而加快信息的传播速度。从表现手法来说，新媒体本身具有信息发布便捷、快速的优点，消费者可以随时随地接收新媒体营销信息并表达自己的观点，这也增大了企业开展新媒体营销时消费者主动传播的概率。

◎ **覆盖广泛**。新媒体营销需要互联网环境的支持，其传播方式和传播渠道多样化，不受时间和空间的限制，能够覆盖全国各地甚至全世界的目标消费群体，营销信息也能不受时间、空间因素影响，广泛地向周围扩散。

◎ **方式灵活**。与传统的电视广告、报刊广告相比，新媒体营销的方式更加灵活，并且还能充分利用免费的新媒体营销平台实时发布营销信息，建立自己的粉丝群体，更好地进行企业产品和品牌的宣传与推广。

◎ **营销目标精准**。新媒体营销基于大数据、云计算等技术，能够通过消费者在网络上形成的信息、行为、关系等数据绘制产品的目标人群画像，制定更加精准的营销策略并获得更好的投放效果。例如，将营销信息主动推送给感兴趣的目标消费群体，可大大提高营销信息的精准性，从而获得更加精准的潜在消费者。

◎ **互动性强**。新媒体信息的传播是双向的，消费者可以对营销信息进行传播、讨论和反馈，甚至还能参与营销的策划与改进。新媒体营销具有非常强的互动性，这也是新媒体营销如此火爆的原因之一。

8.1.3　新媒体营销的相关理论

4P 理论是市场营销的基础，而在新媒体环境下则涌现出了更富有时代特色的相关理论，如 4I 理论。4I 理论是新媒体营销的核心理论，4I 分别代表 Interesting（内容整合得有趣）、Interests（给消费者带来利益）、Interaction（和消费者互动）、Individuality（让消费者彰显个性）。基于该理论，新媒体营销需要遵循以下原则。

● **趣味原则**。趣味原则对应 4I 中的"Interesting"，即有趣。世界上每时每刻都在发生新鲜事，而新媒体平台作为消费者分享生活、发布营销信息的平台，也拥有许多内容供消费者浏览。其中，那些较为有趣的、能为消费者带来谈资的信息，更受消费者欢迎，因此，如果能够将营销信息巧妙地包含在趣味情节中，就能更好地吸引消费者的注意力，使消费者更愿意为产品买单。

● **利益原则**。利益原则对应 4I 中的"Interests"。除了能使消费者感到愉快外，企业还可以通过为消费者提供实际的利益，吸引消费者的注意力，激发消费者的购物欲。一般而言，这种利益可以是信息资讯类、功能服务类、心理需求类、物质利益类等不同类型的利益，具体需要根据企业将进行营销的产品和方式决定，如借助节日、以企业或品牌产品为奖品、发布营销活动等。

● **互动原则**。互动原则对应 4I 中的"Interaction"。在新媒体平台进行营销时，如果只是单纯地发布营销信息，容易使消费者逐渐失去对新媒体账号的兴趣。因此，企业可以通过转发、评论和点赞等方式与消费者互动，或通过举办活动、发布话题带动消费者亲身参与感，给消费者留下更深的品牌印象，为营销带来独特的竞争优势。

● **个性原则**。个性原则对应 4I 中的"Individuality"。随着经济的发展，消费者的消费需求逐渐发生转变，即开始追求个性化，为迎合消费者的个性化心理需求，企业和品牌应该分析消费者的心理需求，根据需求推出个性产品。

课堂练习

根据你的理解，回答下列问题。

（1）在搜索引擎中搜索"新媒体营销策划"相关资料，结合本节所讲知识，谈谈你对新媒体营销策划的看法。

（2）你是否认为新媒体营销能取代传统媒体营销，为什么。

8.1.4 新媒体营销策划的过程

新媒体营销策划不是一蹴而就的，而是一个比较漫长的过程，在整个策划过程中，营销策划人员不仅需要确立营销参与者、制定营销目标，还需要明确新媒体营销传播平台、策划新媒体营销内容。下面就从这 4 个方面对新媒体营销策划的过程进行详细介绍。

1. 确立营销参与者

对于企业而言，消费者不仅是营销的核心对象，还是企业的营销参与者。如果企业能够准确地定位消费者，并且针对他们进行传播策划、活动策划等，就可以很好地激发消费者的积极性和参与性，让其主动参与营销活动，帮助企业进行有效的品牌传播，进而达到营销目标。在定位目标消费者时，企业可以从消费者对新媒体平台的使用习惯和内容偏好两个方面出发，下面分别进行介绍。

（1）消费者的新媒体平台使用习惯

从消费者的新媒体平台使用习惯出发定位目标消费者时，企业应全面考虑以下因素。

● 消费者平均每天停留在新媒体平台上的时间。

● 消费者使用新媒体平台的偏好。

◈ 消费者停留在新媒体平台上的时间段。

◈ 不同年龄段的消费者使用新媒体平台的习惯。

◈ 男性和女性消费者使用新媒体平台的习惯。

（2）消费者的内容偏好

新媒体平台中的内容不计其数、丰富多彩，很多平台都成为消费者获取可靠、可信的高质量内容的主要来源。在信息层出不穷的情况下，消费者更喜欢什么样的内容就成了企业应当考虑的问题。从消费者的内容偏好出发定位目标消费者时，企业应全面考虑以下内容。

◈ 消费者偏好的内容是什么？

◈ 消费者偏好的内容是什么类型？

◈ 消费者如何分享、传播品牌的相关信息？

◈ 消费者会创作什么样的内容？

◈ 消费者对企业竞争者内容的态度怎么样？

◈ 消费者如何分享自己的消费经历和体验？

提示

确立营销参与者是新媒体营销策划非常关键的一步，企业在这个过程中还应当注意以下两点：消费者既是参与者，也是营销者，还是企业营销信息的传播者和内容的制造者；营销的参与者包括但不限于目标消费者，这是因为新媒体时代消费者的消费决策会受到很多因素的影响，如网络口碑等。

2. 制定营销目标

确立营销的参与者后，企业应当继续进行分析和调查，结合参与者的实际情况制定一个符合企业状况的、清晰的营销目标。在制定营销目标时，企业的目标可以是提高产品的销售量、获取新的目标消费者，也可以是建立消费者的忠诚度、改变潜在消费者的既有观念，还可以是建立详细、全面的消费者数据库等。

3. 明确新媒体营销传播平台

新媒体营销的平台众多，不同的平台有不同的消费群体，明确适合企业的新媒体营销传播平台是增强营销效果的重点。当前比较热门的新媒体营销传播平台主要包括微信、微博、短视频平台、直播平台，以及新媒体写作和问答平台等，下面进行简单介绍。

◈ **微信**。微信对大家而言并不陌生，它是基于智能移动设备而产生的主流即时通信软件，是一个可以及时与用户互动的平台，注重即时性，可以实现一对一的互动交流。

◈ **微博**。微博随国外媒体平台"推特（Twitter）"的发展而兴起，是一个通过关注机制分享简短实时信息的广播式社交网络平台。目前微博比较受欢迎、用户较多，其更加注重时效性和随意性，能够表达用户每时每刻的思想和最新动态。

◈ **短视频平台**。秒拍、抖音、美拍、快手、小咖秀等都是比较主流的短视频平台，其功能比较类似。与普通的视频相比，短视频具有操作流程简单、随拍随传等特点，并且其时长较短，一般在 60 秒以内，可以快速进行内容的查看与分享。

◈ **直播平台**。目前国内比较受欢迎的直播平台包括映客、虎牙、斗鱼和花椒等，与短视频相比，直播更加直观，可以更好地实现与用户之间的互动。

◉ **新媒体写作和问答平台。**新媒体写作和问答平台实质是在新媒体的形势下产生的优质信息生产平台，用户可以通过这些平台分享自己的观点、输出价值，从而积累影响力。常见的新媒体写作和问答平台主要包括简书、今日头条、大鱼号、企鹅媒体平台、豆瓣、知乎等。

在新媒体时代，新媒体平台的数量和类型在不断增加，企业的营销传播不应局限于某一个新媒体平台。因此，企业应当整体布局，合理利用每种新媒体平台的力量，充分发挥整合的作用。在明确新媒体营销传播平台的过程中，营销策划人员应当收集整理目标消费者的数据，定期分析其对产品或品牌信息的反应，了解哪些是消费者偏好的平台，最终根据他们的喜好选择和组合新媒体营销传播平台。

课堂案例——可口可乐的多平台营销

可口可乐在一次营销中发起了通过网络热门词汇定制新产品包装的活动，如"小清新""你的甜心""氧气美女""天然呆"等极具个性又符合特定消费人群定位的热门词汇，并将这些词汇印在可口可乐瓶身，打造专属昵称定制瓶可乐。该活动推出后，可口可乐首先与新浪微博微钱包合作推广昵称定制瓶可乐，让消费者定制属于自己的可口可乐昵称瓶，活动上线的第一天，300 瓶昵称定制瓶可乐在 1 小时内被抢光；第二天，500 瓶昵称定制瓶可乐则在 30 分钟内被抢光；第三天，500 瓶昵称定制瓶可乐甚至只用了 5 分钟就被抢光。在之后的活动期间，每天限量的定制瓶可乐基本都是在 1 分钟内被抢光。除此以外，可口可乐还通过微博、微信预告线下活动行程，通过邀请演员参与来提升活动热度，实现了多种营销策略与营销平台的联合营销，全面覆盖了线上、线下消费者，达到了较好的营销效果。

4. 策划新媒体营销内容

在确定了企业主要的新媒体营销传播平台后，营销策划人员还需要结合各个平台的特点对需要营销的产品或服务进行内容的策划。一般来说，在策划阶段，营销策划人员只需指明新媒体营销内容的大致方向，勾勒新媒体营销内容的大致轮廓；待到了执行阶段，营销策划人员就需要对内容进行策划和更新。新媒体营销策划以内容为主，内容的质量、表现形式、传播方式都影响营销的最终效果。为了保证内容的质量，营销策划人员在策划新媒体营销内容时需要遵循以下 4 个原则。

（1）增强内容与消费者的联系

内容与消费者之间的联系是营销信息得以推广的前提，富有乐趣且与消费者联系更紧密的内容信息往往更容易感染消费者，引发消费者共鸣，促使消费者与他人分享，甚至改变消费者的价值观，让消费者主动参与内容创作的过程中。

（2）为内容寻找人性化的素材

人性化是贴近消费者、拉近与消费者距离的一种非常有效的手段。人性化的素材常表现出 4 个方面的特点，分别是社交人格化、叙事社会化、内容"即食性"和科普娱乐性。

◉ **社交人格化。**社交人格化是指为品牌或产品赋予人的形象，通过互动的方式创造内容。

◉ **叙事社会化。**叙事社会化是指用故事来做内容，用好的故事引发消费者的感情投入，优质的故事甚至可以刺激消费者主动补充和创建故事内容。

　　◎ **内容"即食性"**。内容"即食性"是指内容可以引起消费者的兴趣，同时方便其阅读，如简单、精练、搞笑、竞争等性质的内容可以快速吸引消费者的目光，增加内容阅读量、传播深度和知名度。

　　◎ **科普娱乐性**。科普娱乐性是指内容应该通过大众熟悉和喜欢的方式进行推广，将复杂议题简单化，用娱乐、诙谐的手法向消费者普及，有效地进行产品和品牌价值的传播。

　　（3）策划更多的消费者共同参与

　　互动是策划新媒体营销内容的一个重要因素，要实现更多消费者的一起参与，就需要注重内容的发布、平台的选择和活动的策划。

　　（4）重视内容的创意

　　内容有鼓舞消费者、教育消费者和说服消费者的作用。营销策划人员应根据营销目标和想要达到的营销效果，做到有的放矢，用合适的方式与创意创作内容。

8.1.5　新媒体营销的常用营销策略

　　新媒体营销的方式多种多样，企业应该了解目前新媒体营销的常用营销策略，这样才能更好地根据实际情况选择适合企业的方式进行营销策划。目前新媒体营销的常用营销策略主要包括内容营销、社交媒体营销、直播营销和 H5 营销等，下面分别进行简单介绍。

　　◎ **内容营销**。内容营销是一种通过生产发布有价值的、与目标消费群体有关联的、持续性的内容来吸引目标消费群体，改变或强化目标消费群体的行为，以产生商业转化的营销方式。内容营销的本质是靠内容取胜，内容的质量、内容的趣味性、内容的创意、内容的表现方式等都对内容营销的效果有着重大的影响。从表现方式上来说，内容有文字、图片、音频、视频等多种表现方式，在新媒体环境下，它们主要应用在软文营销、图片营销和短视频营销等领域。

　　◎ **社交媒体营销**。社交媒体是指互联网上基于消费者关系的内容生产与交换平台，是人们用来分享意见、见解、经验和观点的工具和平台。新媒体环境下较为常用的营销平台主要包括微博、微信、社群等，这些平台的信息量非常大，拥有非常强的互动性，因此，社交媒体营销的重点是打造引发目标消费群体传播互动的内容。

　　◎ **直播营销**。直播营销是指以直播平台为载体，即时展示现场事件的发生、发展进程的营销方式。直播营销可以更直观、立体化地呈现运营信息，并及时获取消费者的反馈。直播营销的重点是直播形式的选择与直播内容的策划，以吸引目标消费群体的关注。

　　◎ **H5 营销**。H5 营销是指利用 H5 技术在页面上融入文字、动画、音频、视频、图片、图表、互动等媒体表现元素，使页面效果更便于目标消费群体阅读、互动等，以突出表现品牌核心观点，更好地进行信息的宣传推广。H5 营销较为简单，但效果却非常丰富多样，并且其精准的投放还能保证传播效果，便于随时进行跟踪反馈，是移动互联网时代不可多得的营销方式。

8.2　内容营销策划

　　所谓内容营销策划，就是通过科学的策划将企业相关的营销内容以文字、图片、短视频等形式传递给消费者，通过合理的内容创建、发布及传播，向消费者传递有价值的信息，从而实现营销目的。下面将对内容营销策划的知识进行详细介绍。

8.2.1　内容营销的优势

内容营销是伴随网络媒体的发展而产生的，一般来说，内容营销属于自发性的传播，与以往推送式的广告传播是不同的，下面就从 4 个方面介绍内容营销的优势。

　　● **营销成本低**。在进行内容营销时，企业需要先开通相应的新媒体账号，大部分的新媒体平台都可以免费注册账号，或只需交纳少量服务费用。另外，就传播成本来说，有创意的营销内容可以快速引起消费者的注意，使消费者产生兴趣，进行自发传播，当营销内容足够吸引人时，甚至可以实现用较少的成本，在较短的时间内，传播到更广的范围。

　　● **增强消费者的信任度**。就内容营销来说，只要企业能够提供优质、有价值的内容，消费者就可能对企业的产品或服务产生兴趣，为消费者提供的优质内容越多，与目标消费者建立信任就越容易。另外，如果内容能够被权威媒体报道，消费者在心理上也会产生一种信赖的感觉。

　　● **目标消费者精准**。在新媒体时代，企业可以利用大数据，通过消费者填写的社交资料、发布的社交内容、浏览记录等，推算出消费者的偏好，为其推荐感兴趣的内容，消费者可根据这些内容决定是否关注相应账号。因此，进行内容营销时，其直接接收者往往是对企业产品或品牌感兴趣的消费者。

　　● **互动性强**。企业借助内容营销，可以很好地与消费者互动，让消费者参与营销计划，成为营销活动的一部分。此外还可以收集消费者对产品或活动的创意及意见，让消费者参与创造内容，与消费者共享利润，这不仅能保障产品的创造性和多元性，还能提高消费者的忠诚度。

8.2.2　软文营销策划

软文营销策划是指企业的营销策划人员或第三方网络策划（公关）公司根据企业的产品或服务特征，结合企业经营管理过程中各个阶段的具体情况，以及当前及未来一段时间的市场需求变化趋势而制订的软文营销计划。软文营销策划也可以看作软广告营销策划，要想增加营销效果，营销策划人员需要掌握软文和软文营销的相关知识，下面对其进行介绍。

1. 软文与软文营销

新媒体环境下的软文是指企业在报纸、杂志或网络等宣传媒体上刊登的可以提升企业品牌形象和知名度，或促进企业销售的一些宣传性、阐释性文章，包括特定的新闻报道、深度文章、付费短文广告、案例分析等。从营销的角度来划分，软文可以分为品牌力软文和推广类软文两种类型。

　　● **品牌力软文**。品牌力软文就是用于建设并宣传品牌的软文，它可以由内部人员撰写，也可以由企业主导、找人代写，它可以是外部消费者对产品的使用感受，也可以是从外部收录的文章，其主要目的是提升品牌知名度、联想度、美誉度和忠诚度，有助于塑造品牌形象、建设并积累品牌资产。

　　● **推广类软文**。推广类软文经常会在文章中介绍产品或品牌，或加入推广链接，这类软文在营销推广中的作用非常突出，一旦被大量转载，得到的推广效果将非常明显。图 8-4 所示即为某街拍博主撰写的一篇街拍穿搭分享文章，其通过模特身上的饰品搭配来引入曼卡龙为肯德基会员定制的积分兑换首饰活动，不仅在文中植入肯德基二维码，方便消费者扫码操作，还在文末植入自己的微信公众号二维码，引导消费者关注该微信公众号，这类文章就是推广类软文。

图 8-4　推广类软文

软文营销是一种很有技巧的软广告营销，是在特定产品的概念诉求、问题分析的基础上，通过软文有针对性地引导消费者心理需求的一种营销。软文营销的本质是软性渗透的商业策略在广告形式上的实现，通过借助文章内容的表述与舆论传播来引导消费者产生认同、主动传播，最终达到企业品牌宣传、产品销售的目的。

2. 软文营销的策划

软文营销的策划影响着软文的营销效果，营销策划人员应从软文写作角度、软文内容主题、软文广告融入、软文版面效果和软文实施策略等方面进行规划。

（1）确定软文写作角度

软文营销策划的首要内容就是确定软文的撰写角度。在进行软文写作角度的构思时，营销策划人员可以从物、人和第三者 3 个方面进行考虑。

◈　**"物"的角度**。如果软文营销的目标对象是特定的产品，且该产品的特点突出，则可选择从"物"的角度进行写作，即围绕产品本身进行写作，将产品的原材料、价格、品质、品牌、特色等信息描写清楚，让目标消费群体清晰地看到该产品的优势，吸引对其感兴趣的消费者。

◈　**"人"的角度**。如果软文营销的目标对象是以提供服务为主，或是体验性较强的产品，则可选择从"人"的角度进行写作，着重体现人的使用感受，以引起消费者的情感共鸣，吸引消费者主动参与消费。

◈　**"第三者"的角度**。为了给目标消费群体更加公正、客观的体验，营销策划人员还可从"第三者"的角度进行写作，以客观地反映产品的优势和缺点，给消费者一种公正、权威的印象。

（2）明确软文内容的主题

一篇成功的软文，需要在考虑目标消费群体需求的基础上，选择一个能够吸引消费者的主题进行展开。一般软文的写作范围比较广泛，人、事、物皆可，开放性强、限制少，因此营销策划人员在进行主题规划时，要注意"化大为小"，从"小"处切入，即细化主题，缩小主题的范围和角度，从自己感受最深的一个方面出发，发表独到的见解，从而避免思路狭窄以及在材料、立意等方面与其他软文雷同等问题。

（3）找准软文广告融入的时机

软文就是软广告，软文营销的难点就是如何把广告自然地融入文章，而又不引起目标消费群体的反感。一篇成功的软文要让读者在读过之后，不但不反感广告，还能够受益匪浅，认为软文为他提供了不少帮助。故事引导、舆论热点、段子等都是常用的植入广告的方法。这些方法可以提高消费者对广告的接受度，从而起到很好的宣传推广作用。此外，融入广告并不是软文写作的最后步骤，相反，要在写软文之前就要想好在什么位置、以何种方式融入广告，且最好把广告内容放在文章的第二段，让消费者被第一段内容吸引之后就能直接被带入广告所宣传的环境。

（4）规划软文的版面效果

一篇优秀的软文还应该有便于目标群体阅读的版面效果，这主要表现在版面风格、文字排版和图文搭配等方面。

　版面风格。不同的版面风格给目标消费群体的观看感受不同，如轻松的、严肃的、活泼的等。软文的版面风格主要由颜色、图片和文字表述风格决定，若要轻松的风格，就应该做到文字简洁、颜色淡雅、图片规整。

　文字排版。文字占据着软文的大部分空间，其字体、字号、行间距等影响着版面的最终效果。一般来说，文字尽量采用灰黑色、正文字号一般采用 14 ～ 16 磅、行间距 1.5 ～ 2 倍即可。当然，若要突出显示某个信息，可对对应文字加粗、加大字号或设置鲜艳的颜色等。

　图文搭配。为软文中的文字配图是提升软文可读性的重要技巧，图片在软文中主要起辅助作用，因此使用图片时要注意两个问题。一是图片要统一，即软文中的所有图片样式要统一，若有一张为圆角矩形，则都统一为圆角矩形，若设计了其他风格，也要统一为相同风格的样式。二是图片与文字的间距要适当，要方便读者观看，且保证多图片连续展示时，图片与图片之间的距离合适，不会产生多张变一张的错觉。

（5）明确软文的实施策略

最后，营销策划人员还需要拟定软文的具体实施策略，主要包括发布时间、发布数量、投放渠道、费用预算等。通常，人们查看信息的时间一般在 7:00—9:00 的上班途中，11:00—13:00 的午休时间，17:00—19:00 的下班途中，以及 21:00—23:00 的休息、睡前等碎片化时间。营销策划人员可结合该规律，并在考虑软文内容、目标消费群体偏好等基础上，选择一个主流渠道进行投放，同时在其他渠道中进行重复投放，以增加软文的曝光。

3. 软文的写作

软文的写作是软文营销策划的关键。一篇内容精彩、文笔优秀的软文，既能够简单明了地表达核心思想，又能够给消费者提供良好的体验，将企业的品牌、理念等烙印在消费者心中，从而达到营销的目的。软文写作主要包括写作标题和写作正文两部分，下面分别进行介绍。

（1）软文标题的写作

一则好的标题可以快速吸引消费者阅读软文的内容，如果软文没有一个吸引人的标题，则可能错失很多消费者。取一个有吸引力的标题需要通过一定的标题写作技巧来提升标题的可读性和对消费者的吸引力，如在标题中加入名人、热点、流行词语，或设置悬念等。例如，"十年里发生了什么？""19 年的等待，一份让她泪流满面的礼物"等。

（2）软文正文的写作

正文是软文的核心和灵魂，只有保证正文的质量才能吸引消费者阅读软文，产生后续的裂变效果。要想软文吸引消费者阅读甚至产生转化效果，就要从消费者的切身利益出发写作正文，营销策划人员可从提供有实用价值的内容、内容有趣味性和内容有震撼力 3 个方面入手。

◎ **提供有实用价值的内容**。提供有实用价值的内容即内容要让消费者有所收获、能够带给消费者优惠、能够解决消费者某一方面的难题或为消费者带来知识的累积等。

◎ **内容有趣味性**。消费者都喜欢阅读具有趣味性的内容，因此，除了专业性很强的内容外，可以适当将内容娱乐化，提升内容的阅读趣味和消费者的阅读兴趣。趣味性内容主要是以内容特色来将消费者转变为自己的忠实消费者，通过消费者的累积来进行宣传信息的传播，最终实现企业品牌和口碑的良好宣传。

◎ **内容有震撼力**。有震撼力的内容能够给消费者留下深刻的印象，越是稀缺性和意外性的内容，其震撼力度越大，越能够引起消费者的阅读兴趣，引发消费者的自主传播。

除了保证软文正文的价值性，营销策划人员也可以通过借助热点、巧用故事、注入情感等方式来写作软文。需要注意的是，写作软文是为了给企业的产品或服务打广告，扩大企业的知名度，如果在软文中写入太多的企业产品或服务信息，反而会让消费者产生反感情绪。因此营销策划人员还要保证不着痕迹地将广告信息植入软文，如故事引导、舆论热点、段子等都是常用的植入方法。

提示

互联网的高速发展使网络成为营销推广的主流媒介，网络具有传播速度快、范围广、形式多样等特点，因此在写作软文时还应当尽量保证短小精悍、重点突出，方便网络消费者随时查阅、传播。

8.2.3　图片营销策划

与文字相比，图片具有更强的视觉冲击力，可以在展示内容的同时给消费者一定的想象空间。图片营销是指将企业的产品、服务等信息制作成静态或动态的图片，通过多种新媒体平台将营销信息传递到消费者手中，使消费者对企业或品牌产生深刻印象，让其产生需求。图片营销策划与软文营销策划类似，只是软文营销策划采取的是软文形式，图片营销策划采取的是图片形式。

1. 图片的选择与设计

在图片营销策划的过程中，图片的选择和设计是关键，下面分别进行介绍。

（1）图片的选择

新媒体营销所用到的图片类型较多，如封面图、icon（图标）、信息长图、九宫图、GIF 动图等。无论是哪种形式的图片，在选择时都应当遵守以下原则。

◎ **有关联**。有关联即图片与所营销的内容应当具有关联性，这是选择图片的基本原则。如果图片脱离了需要营销的内容，那么图片就不再具有意义。

◎ **有趣**。一般来说，能够给消费者带来乐趣的图片往往会受到消费者的欢迎。有趣的图片不仅能够提升消费者的阅读兴趣，还更加容易带动消费者自发传播，实现营销内容的推广，最终实现企业品牌和口碑的良好宣传。

❀ **有震撼力**。有震撼力的图片能够给消费者留下深刻的印象，特别是稀缺性和意外性的图片，其震撼力度更大，更能够引起消费者的阅读兴趣，引发消费者的自主传播。

❀ **有热度**。热门事件、热门新闻等与热点有关的图片也可以快速吸引消费者的关注。

（2）图片的设计

图片营销的效果取决于图片的美观度、吸引力，因此对图片进行设计是图片营销策划的重要工作。宣传海报、封面图片、文章配图等更要做好图片设计。在进行图片设计时，营销策划人员应遵循整体排版有序、颜色使用恰当、尺寸设定正确、与营销主题相符等原则，然后结合各种工具软件（如Photoshop、美图秀秀等）、在线编辑器（如Fotor、创客贴等）进行设计。图8-5所示为洽洽的2019节气海报，其颜色、构图、文案等搭配合适，非常美观，受到广大消费者的喜爱。

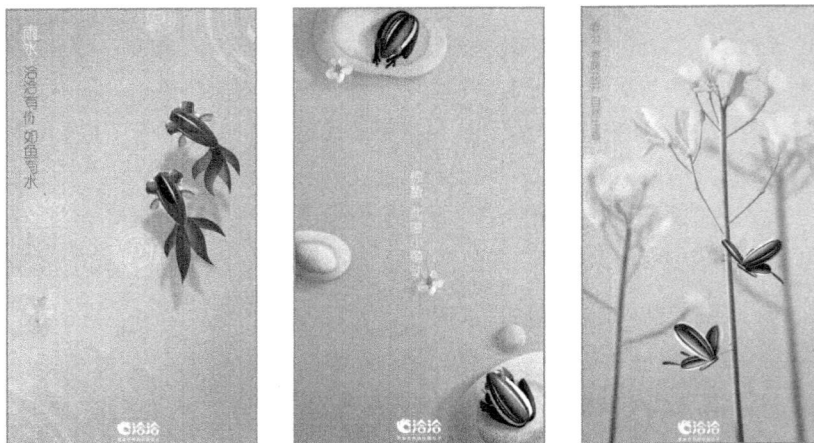

图 8-5　洽洽的 2019 节气海报

2. 图片中文案的写作

一般情况下，企业在进行营销时，会在图片上添加一些文案，以获得更好的营销效果。不同主题的营销，图片搭配的文案也不同，下面分别对不同主题的图片中的文案写法进行介绍。

❀ **产品宣传图片文案写作**。产品宣传图片的目的是吸引消费者的注意，引起消费者对产品的兴趣。因此可以以产品卖点作为文案写作要点，在深入挖掘消费者需求的前提下，从产品的功能、材质、外观、价格等角度入手，进行简单描述。

❀ **主题活动图片文案写作**。主题活动图片中的文案不在乎字数和形式，其重点是传达活动信息，如活动主题、活动时间、活动地点、活动参与方式等。其中，活动时间是这类图片的重要要素，但对于某些时间限制性不强的活动来说，可以不予表现，如唯品会的周年庆活动宣传图片。若活动的时间有严格规定，就需在其中表示出来。

❀ **品牌塑造图片文案写作**。品牌塑造图片文案的写作要先找准企业自身的定位，然后结合企业的品牌故事、文化理念等内容来展示品牌价值，以吸引消费者的注意，达到品牌塑造与推广的目的。

3. 图片营销策略的选择

在新媒体时代，图片营销面对的是广大的网络消费群体，因此明确营销策略才能更好地定位消费者。可将营销信息以图片的形式告知消费者，让消费者对企业产品和品牌产生深度认知，以激发消费者兴趣并促使其决策，进而在消费者消费后形成自主传播和分享。图片营销的策略主要包括4个方面，分别是自身定位策略、图片营销平台选择策略、策划和包装策略，以及转化入口策略。

◈ **自身定位策略**。要做好图片营销，企业首先要有明确的自我定位。企业在进行自身定位时，需要考虑自身想要给消费者提供什么信息、目标消费群体是谁。通常情况下，一个企业的产品、资源等都是有其自身优势的，但就图片营销而言，还需要思考究竟哪方面的优势才能通过图片的形式进行分享转化。

◈ **图片营销平台选择策略**。选择一个合适的营销平台能够获得事半功倍的营销效果。好平台可以为营销提供更大的价值，对于图片营销而言，平台的流量、规则和曝光度都非常重要。其中，流量是选择图片营销平台时的首要考虑因素，流量大的平台通常具有更大的影响力，也能为营销内容提供更多的展示机会。

◈ **策划和包装策略**。好的图片需要好好宣传，营销策划人员可以适当地在不同时间段反复使用、包装图片，有效增加图片传播的宽度和广度，同时保持图片在核心目标消费者中的曝光度。策划的目的是打造图片亮点，以吸引消费者注意，创造更多的品牌或产品价值，一般可围绕关键词、价值、品牌和消费者 4 个因素打造图片亮点。

◈ **转化入口策略**。对于图片营销而言，任何优质的图片在推出时都需要一个方便消费者行动的入口，如快速关注、直接购买、了解更多、收藏转发等，以让消费者可以及时通过简单、便捷的入口对所接收的信息进行关注、购买、收藏等。一般来说，消费者刚接收信息的时候是转化的最佳时刻，时间间隔越久、入口操作越复杂，消费者的转化行为就越少。对于图片营销而言，营销策划人员可以选择合适的渠道进行营销和信息发布，也可以自己制作方便消费者转化的二维码或导向链接。

8.2.4　短视频营销策划

短视频包括在各种新媒体平台上播放的、适合在碎片时间观看的、高频推送的视频内容，时长从几秒到几分钟不等。短视频营销是指企业或品牌利用短视频平台，推广产品或品牌，树立品牌形象的一种营销方式。短视频营销策划就是对短视频营销的具体规划，下面就从短视频形式的选择、短视频内容的设计、短视频内容的制作和短视频内容的发布 4 个方面对短视频营销策划的内容进行介绍。

1. 短视频形式的选择

短视频具有直观、软性植入、互动性强与多元化的特点。短视频营销策划成本低且效率高，是个人和企业都可以选择的营销方式。一般情况下，不同形式的短视频营销效果是不一样的，因此在进行短视频营销策划前，营销策划人员需先掌握短视频的具体表现形式，下面进行简单介绍。

◈ **街头采访**。街头采访就是通过提出消费者较为关注的问题，采访路人的看法，以路人的反应和回答吸引消费者观看的短视频类型。这类视频往往集合了多个路人的采访片段，而不同路人对采访的态度、反应、回答等都不尽相同，在真实情境下，更容易发生有趣的事情，在经过剪辑、配上字幕后，能够达到更好的视频效果，因此受到许多消费者的喜爱。

◈ **搞笑"吐槽"**。搞笑"吐槽"类短视频一般是对日常生活中一些具有争议性的话题及社会现象进行"吐槽"。这类短视频需要营销策划人员有较强的语言组织能力，能够用幽默的语言及表达形式，对某些社会现象犀利地"吐槽"，从而吸引消费者的注意，积累粉丝，打造个人品牌。在搞笑"吐槽"类短视频中，较为成功的网络"达人"有 papi 酱，papi 酱曾以一人分饰几角的形式对社会现象进行"吐槽"，收获了巨大的播放量。

◈ **生活记录**。生活记录类短视频可以将生活中的琐碎事件记录下来，在剪辑、配乐、添加字幕后发布，通过生活中的点滴吸引消费者；也可以分享一些小技巧，用于解决生活中可能遇到的问题、尴尬情况等，以实用的角度吸引消费者。

● **影视解说**。影视解说类短视频一般是对电影、电视剧、动漫，甚至是游戏片段等内容进行解说，要求先找好需要解说的视频素材，厘清解说思路，剪辑视频，再配上字幕和解说。这类视频可以以幽默、风趣的风格，为消费者呈现不同视角的影视作品；也可以以优雅、缓慢的语调，将电影故事缓缓展现给消费者；还可以结合不同风格，对不同类型的影视剧进行解说，形成自己的风格。

● **才能展示**。才能展示类短视频需要企业内部人员具有一定的才艺，如舞蹈、乐器等，只有才艺足够出色，才能在众多短视频账号中脱颖而出，如某用户就是在抖音通过发布画画教程而吸引消费者关注的。

2. 短视频内容的设计

相比于软文营销策划和图片营销策划，短视频策划的过程较为复杂，其不仅需要根据营销目标构思短视频内容，还需要根据内容设计剧本等。下面就对短视频内容的设计过程进行介绍。

（1）确定目的

明确短视频营销的目的是短视频营销策划的基础。短视频营销的目的在一定程度上决定了短视频内容的具体表现形式、短视频内容的类型等。如以宣传产品为营销目的，那么短视频营销内容就应该以展示产品为主；如以树立品牌形象为营销目的，那么发布的短视频内容就应以展示品牌文化、分享企业日常工作为主。

（2）构思内容

短视频营销的关键点是内容，内容的质量直接决定了短视频的传播度和影响力。由于短视频的时长较短，所以构思短视频内容时，要确保在短时间内完成故事主题、情节或创意的叙述，保持短视频的完整性，将产品和品牌信息完美地嵌入短视频，且不影响消费者对短视频的观看和理解。一般来说，个性化的内容与热点内容对消费者的吸引力更强，下面进行简单介绍。

① 个性化内容

在短视频数量激增的当下，消费者越来越偏向拥有个性化内容的短视频，这些个性化的内容不仅能够给消费者留下深刻的印象，还可以将企业营销的内容以特色的方式展示给消费者。营销策划人员可通过短视频风格、标志性表达和标签3个方面来策划个性化的短视频内容。

● **短视频风格**。营销策划人员可借助漫画、动画，以及有趣、独特的背景音乐、旁白等，打造独特的短视频风格，吸引消费者注意。例如，某短视频账号就是借助动画形式、播音腔的旁白打造独特的短视频风格，从而向消费者展示需要营销的内容。

● **标志性表达**。标志性表达即在短视频开头或结尾，统一表情、动作、语言或背景音乐等，以形成个性化的短视频风格。

● **标签**。营销策划人员可通过在短视频封面或短视频中，设计一些独特的标签，形成个性化的短视频内容。例如，某短视频账号以嗷大喵表情、"××玩具"标题作为短视频封面标签，打造了个性化的短视频内容。

② 热点内容

借用热点可以提高短视频的热度，快速吸引消费者的关注。借助热点前，营销策划人员需要根据企业具体的营销产品或服务，选择有价值、有传播度的热点，再将其融入短视频内容，提高短视频影响力。此外，营销策划人员还可以借助现有热点与旧热点相结合的形式策划短视频内容，如每年跨年都会引起消费者关于"再见××"的讨论，以展望更好的下一年。在借用这个热点时，营销策划人员就可以结合去年发布的短视频或动态，与今年进行对比，或通过回顾今年的热点，引发消费者的讨论。

在借用热点时，营销策划人员应注意使用热点的频率。热点虽然能帮助短视频扩大传播范围，但频繁使用热点，会给消费者造成一种短视频内容空洞的感觉。一般来说，热点应该作为短视频内容中的调剂品，而不是主体短视频内容。

（3）设计剧本

不管是哪种短视频，都应提前设计一个完整的剧本。有情节、有逻辑、有观看价值的短视频才能够给消费者留下更深刻的印象。营销策划人员应该对人物、对白、动作、情节、背景、音乐等元素进行设计，准确地向消费者传达短视频的视觉效果和情感效果，引起消费者的好感和共鸣。

课堂案例——支付宝的"打气"短视频

2019 年"12·12"支付宝生活节，支付宝在线上发布了一支"打气"短视频。该短视频以非常具有设计感的"打气糖"礼盒作为主要的陈述对象，在开头就向消费者传递了"生活的问题，都不是问题"的核心理念，然后以各类人群对生活提出的一些质疑作为主要内容，如"为什么每次刚发工资就没钱了？！""分手一年，还是放不下怎么办？""热爱工作却遇到奇葩领导，要不要辞职？"等，点出"遇到生活的问题，才能找到生活的答案，你经历过的，都会变成生命里的糖"的理念。为什么支付宝要选择以这样的形式来给大家打气呢？答案就是短视频中的礼盒。这个礼盒由 31 颗主题不同的糖以及一个发声装置组成，31 颗糖分别代表了 31 种问题和情绪，正如短片中所讲，消费者将任何一颗糖放到礼盒的凹槽里，礼盒就会自动播放一句"打气"语音，为消费者带来正能量。

作为一个与大众日常生活紧密联系的支付平台，支付宝通过这支短视频用具有温度的方式传达了其"想要给生活多点甜、让消费者不轻言妥协"的主张，深化了支付宝"有温度"的品牌形象，达到了强化品牌口碑的营销目的。

3. 短视频内容的制作

确定好短视频内容的设计方向后，即可进行短视频内容的制作，主要包括拍摄和剪辑制作两个方面。

（1）拍摄短视频

短视频的内容和剧本确定以后，就可以进行短视频的拍摄。在拍摄前，营销策划人员需要确定拍摄的思路（拍摄的顺序、地点、方式等），选择合适的拍摄工具（专业的拍摄工具或直接使用手机等移动设备）进行拍摄。在拍摄时，还要注意拍摄的主体、陪体和环境等的搭配。拍摄主体即摄影师要表现的主要对象，陪体即辅助拍摄主体表现的对象，环境即围绕主体和陪体的环境。

- 主体应当清楚、明确，主体和陪体之间应主次分明。
- 人与物的连续线应有高低起伏、层次分明，人与物之间的距离不应均等，应有疏有密。
- 短视频的结构应当均衡。均衡的画面可分为 4 等份，且每份中具有相应的元素，元素搭配要使画面平衡。

（2）剪辑制作短视频

剪辑是指将所拍摄的视频整理成一个完整的故事，剪除多余影像，进行声音、特效等后期制作。在剪辑过程中，还需要考虑将产品和品牌的推广信息添加到短视频之中，制作出符合企业要求的营销视频。图8-6所示为对短视频内容添加特效和贴纸的过程。

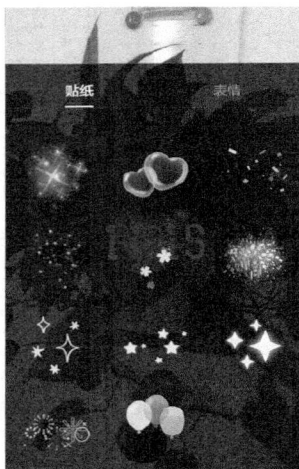

4. 短视频内容的发布

完成短视频内容的制作后，还要选择相应的短视频平台进行发布。秒拍、抖音、美拍、快手、小咖秀等都是主流的短视频平台，其功能类似，企业可根据输出内容与目标消费者的定位来选择适合的短视频平台。图8-7所示为发布在抖音中的短视频。

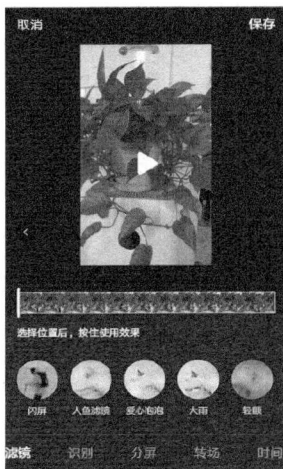

图8-6 对短视频内容添加特效和贴纸

图8-7 抖音中的短视频

8.2.5 直播营销策划

直播营销以直播平台为载体，通过现场展示的方式来传递企业品牌或产品信息，其形式主要有两种，一是直接在计算机端上进行直播，二是通过手机摄像头对各种信息进行实时呈现，以方便其他消费者观看并进行互动。

1. 直播形式的选择

直播营销的表现形式在很大程度上决定了直播的效果，对企业来说，直播营销的表现形式主要有6种，下面分别进行介绍。

◉ **直播＋电商**。"直播＋电商"是常见的直播营销表现形式，在电商商家中应用广泛。这种表现形式主要通过直播来介绍网店中的产品材质、产品功能、产品卖点等，或通过直播来传授知识、分享经验等。淘宝直播、京东直播等边观看直播边购买产品的模式，就是典型的"直播＋电商"表现形式。

◉ **直播＋发布会**。"直播＋发布会"的直播地点不局限于会场，互动方式也很多样、有趣。这种直播方式不仅可以对产品进行直观的展示和充分的说明，还可以结合电商等销售平台实现流量的直接变现。

◉ **直播＋企业日常**。如同普通消费者分享自己日常生活的点滴，营销策划人员也可以分享一些企业中的日常趣事，与消费者建立密切关系。与精致包装的企业宣传相比，企业日常趣事的呈现更加真实，更能够引发消费者的共鸣，增强消费者对企业的信任。例如，为了宣传新一代Mini

Clubman，宝马 Mini 联手《时尚先生 Esquire》杂志在映客上连续 3 天直播了时尚大片的拍摄现场。直播的主角是几位演员，通过日常直播与演员效应吸引了众多年轻消费者。最终，该场直播达到了 530 多万人次的在线观看量。

◎ **直播 + 广告植入**。直播中的广告植入一般都是经过精心策划的"软广"，内容真实、有趣，能够获得消费者的好感。例如，很多主播通过直播分享化妆秘籍，然后在分享的过程中植入面膜、保湿水、洁面乳等护肤产品的广告，这样自然而然地进行产品或品牌的推荐更容易被消费者接受。在植入广告的过程中，还可以导入购买链接，促进产品成交转化。

◎ **直播 + 活动**。直播活动的种类很多，如街头采访、互动游戏、消费者体验等。在活动的过程中可以通过与消费者的互动来进行产品或品牌的宣传，如弹幕互动、问题解答、粉丝打赏、独家情报分享等。由于直播不能剪辑，而活动又充满一系列不确定因素，因此对主播的应变能力要求比较高。

◎ **直播 + 访谈**。"直播 + 访谈"是从第三方的角度来阐述观点和看法，如采访行业意见领袖、特邀嘉宾、专家、路人等。以第三方的观点来增加营销内容的可信度，对传递企业文化、提升品牌知名度、塑造企业良好的市场形象有着积极的促进作用。这种直播方式切忌作假，在没有专家和嘉宾的情况下可选择采访路人，以拉近与消费者的距离。

2. 直播平台的选择

不同的直播需要选择不同的平台，目前常见的直播平台主要有两种类型：一种是电商直播平台，将直播嵌入电商平台中，使用户在不离开直播界面的同时直接购物，如淘宝直播、京东直播；另一种是专注于直播的专业直播平台，如映客、美拍、一直播等，这些平台可以随时随地、立体化地展示企业的文化、产品等，实现品牌和产品的推广。

（1）电商直播平台

大多数电商平台都提供了直播入口，企业可以通过电商直播平台推广和销售产品，用户可以直接在电商直播平台中观看感兴趣的直播，并实现边看边买的操作。淘宝直播、京东直播、小红书直播、蘑菇街直播等是较为常见的电商直播平台。

在电商平台中进行直播有两种模式：一是企业自己直播，即企业自己开通直播权限进行产品的推广直播；二是找"达人"（自媒体"红人"、淘宝"红人"、领域专家等）或机构直播，以合作的形式销售产品或传达营销信息。

（2）专用直播平台

专用直播平台有很多，目前主流的有一直播、美拍直播、映客直播、花椒直播、虎牙直播等，下面进行简单介绍。

◎ **一直播**。2016 年 5 月 13 日，新浪微博与秒拍宣布共同推出移动直播应用"一直播"，一直播承担微博直播业务的支持职能。微博用户可以通过一直播在微博内直接发起直播，也可以通过微博直接观看、互动和送礼。

◎ **美拍直播**。美拍直播是美图公司 2016 年推出的移动直播类平台，主要以生活类直播为主，直播时长限制在 30 分钟以内。

◎ **映客直播**。映客直播于 2015 年 5 月上线，是定位于全民生活的移动直播平台。

◎ **花椒直播**。花椒直播于 2015 年 6 月 4 日正式上线，定位为手机直播社交平台。主要直播娱乐新闻、发布会、生活趣闻等内容。

◎ **虎牙直播**。虎牙直播是我国领先的互动直播平台，可使 1 000 万人同时在线观看高清直播，其直播内容主要包括游戏、美食、秀场、电视、演唱会、发布会、体育等。

专用直播平台的直播界面、开播入口基本相似，其入驻流程简单——注册账号后进行信息认证即可。

3. 直播内容的策划

直播营销不等于简单地对着手机屏幕聊天，营销策划人员在进行直播营销前需要在营销目的、目标消费者的基础上进行设计，策划专门的营销执行方案，并根据方案执行。一般来说，直播营销的完整过程包括直播开场、直播过程和直播结尾 3 个部分。

◎ **直播开场**。直播的开场方式比较多，如直接介绍、数据引入、道具开场、借助热点等。无论采用哪种开场方式，在直播开始前，营销策划人员都应当策划好直播相关的信息。

◎ **直播过程**。直播过程主要是对直播内容的详细展示，除了全方位、详细地展示产品信息外，还可以开展一些互动活动，如弹幕互动、参与剧情、直播红包、发起任务等，在增加消费者兴趣的同时将活动推向高潮。

◎ **直播结尾**。从直播开始到结束，消费者的数量一直在发生变化，到结尾时还留下的消费者，在一定程度上都是本次营销活动的潜在目标消费群体。因此，一定要注重直播活动的结尾，以最大限度地引导直播结束时的剩余流量，实现企业产品与品牌的宣传与销售转化。

8.3 社交媒体营销策划

社交媒体是目前的主流媒体，营销策划人员在对其进行营销策划时，需要先了解社交媒体营销的优势，再分别掌握微博、微信和社群等常用社交媒体的营销策划方法。

8.3.1 社交媒体营销的优势

企业借助社交媒体进行营销，可以展现自身的产品特点、服务特色等，也可以推广产品或品牌，其优势主要如下。

◎ **消费者的自主选择性强**。社交媒体平台上的消费者可以根据自身需求以及喜好，浏览相关内容，并将感兴趣的内容通过转发、@ 等形式，传播给其他消费者；也可以根据接收到的不同平台、不同消费者的使用体验，选择并购买适合自己的产品，并根据自身使用体验，决定是否对产品进行评价、如何评价、选择发表评价的平台等。

◎ **与消费者的互动性强**。新媒体时代，营销信息的传播是双向的，企业可以借助社交媒体平台开展活动，与消费者互动（回复、点赞、评论等）。这不仅可以让消费者参与到企业的营销之中，也可以让消费者对营销信息进行传播、讨论和反馈。此外，企业还可以在社交媒体中收集消费者对产品或活动的建议及意见，让消费者参与营销的策划与改进。这不仅能保障产品的创造性和多元性，还能提高消费者的参与度与满意度。

◎ **传播到达率高**。很多网络广告和媒体侧重于营销信息的分享和传播，消费者更多地是被动接收营销信息。而社交媒体营销更多地则是吸引目标消费者主动参与，通过产品、服务、场景体验，更多地介绍产品和品牌信息。因此，社交媒体营销的传播到达率和转化率更高，效果更好，更利于企业将产品信息和品牌信息传递给目标消费者，并最终达到促进销售的目的。

　　◎　**可预测评估营销效果**。企业在社交媒体平台的营销效果，通常可以根据一些数据进行分析和预测，如消费者点击数量、收藏数量、消费者停留时长、转发量和评论数量等。通过这些数据不仅可以预测营销效果，还可以为下一次的营销计划提供决策依据。

8.3.2　微博的营销策划

　　微博是一个即时信息传播平台，也是典型的社交媒体平台之一，传播力和影响力都很大。在微博这个平台上，消费者既可以浏览自己感兴趣的信息，也可以发布内容供其他消费者浏览。蛛网式的传播方式为市场营销提供了丰富的平台和渠道，让企业拥有更多的营销选择。下面将对微博营销策划的相关知识进行介绍。

　　1. 微博的基础设置

　　很多企业都创建了自己的官方微博，一般都是通过积累产品或品牌的粉丝进行宣传推广。要想通过微博进行营销，基础设置是第一步，需注意微博名称设置、微博装修等。每一项的设置都应基于企业的营销策略，以实现品牌建设价值的最大化。

　　（1）微博的名称设置

　　微博名称是指微博的昵称，一般要求遵循简洁个性、拼写方便、避免重复的原则。对于企业来说，微博的名称通常应与企业名称保持一致，根据微博性质、特色、功能和服务等也可以添加一些修饰，如"海尔好空气""宝洁中国""宝洁招聘"等。此外，在设置名称时应尽量避免与其他微博名称高度重合，这就要求企业必须有意识地进行名称保护。

　　（2）微博的装修

　　微博的装修主要是指对其简介、头像、个性标签、背景等内容进行设置。对于企业而言，其简介应该简明扼要，让消费者快速了解企业；其微博的头像可以使用代表公司形象的对象，如企业Logo、企业名字、企业拟人形象等；其企业微博背景应当以宣传企业品牌或形象为主要目的，可以使用与企业经营内容、经营理念相匹配的图片和文案等。另外，为企业微博添加企业认证是企业微博营销的必要步骤，只有添加了微博认证的企业微博才可以赢得消费者的信任。

　　2. 微博内容的设计

　　大多数情况下，企业的微博内容都是指定内容，即与品牌或产品相关的内容。在内容大纲既定的情况下，要想吸引消费者参与、分享、传播，扩大营销信息的传播范围，提高产品或品牌的影响力，营销策划人员就必须对其进行设计，使其新颖、有趣、有吸引力。

　　◎　**贴近消费者**。微博可以拉近企业与消费者之间的距离，使企业变得生活化、富有亲和力，这样更容易获得消费者的亲近和好感。因此企业微博的内容风格应尽量与消费者的日常表述风格靠拢，避免使用过于严肃的语言风格。

　　◎　**形式丰富**。企业微博内容很少使用纯文字的形式，多配有图片、音乐或视频，以引起消费者的注意。最好是有创意、有趣的图片、音乐或视频，因为隐藏在图片、音乐或视频中的创意可以引导消费者寻找和探索，增加互动性。

　　◎　**内容独特**。在微博上，简单、有个性、新颖的内容很容易形成病毒式传播，对提升品牌知名度具有很大的作用，而要做到这一点，发掘内容是关键。发掘内容主要包括两个方面：一方面是自己创作有价值的内容，营销策划人员通过在相关网站、垂直网站搜索有价值的素材，将创意与网络素材相结合，设计出内容独特的原创微博，引起消费者的关注和转发；另一方面是要学会利用其他人的微博，当有影响力的博主发布了可以与产品产生联系的内容时，营销策划人员可以通过转发他们的微博并添加品牌信息的方式进行宣传，转发的内容最好风趣、活泼，从而吸引消费者和粉丝参与讨论。

提示

> 素材就是微博内容的原始材料，只有拥有充足的素材积累，营销策划人员才能保证持续、有效的微博内容更新，发布与微博定位相符的微博内容。一般来说，企业的素材库主要包括专业领域素材、热点话题素材、名言名句素材和故事素材。

3. 微博营销的策略

利用微博进行营销时，营销策划人员可发布文字、图片、视频、音频等多种形式的微博内容。但是要想依靠微博内容吸引消费者目光，提升营销效果，还需要懂得一些营销策略，下面一一介绍。

◎ **借势**。借势是指及时抓住广受欢迎的社会新闻、事件以及人物等展开相关活动，达到提高企业或产品知名度、美誉度，树立良好品牌形象，促成产品或服务销售的目的。在微博中，热度越高的微博内容，越容易引起其他消费者的注意，形成病毒式传播。因此，营销策划人员可借助网络流行、娱乐新闻、社会事件等热点编辑微博内容，也可以借助文化、节日等编辑微博内容。

◎ **利用@功能**。微博中用于@其他微博账号进行互动的功能即为@功能。在编辑微博内容时，可输入@符号，以选择最近@的人或直接输入的方式，与"大V"、知名演员、媒体等具有影响力的微博账号进行互动，增加微博内容的名气。当"大V"、知名演员、媒体转发消息后，还能带来他们的粉丝与流量，起到快速宣传的作用。

◎ **创建微博矩阵**。很多将微博营销纳入整体营销计划的企业，通常不会只有一个微博账号，这些企业会根据不同的需求，建立一个完整的微博营销矩阵进行联动运营。例如，小米的微博营销体系包括了公司首席执行官（Chief Executive Officer，CEO）、高层管理人员、职能部门员工、公司品牌、产品品牌等在内的多个微博，同时对公司品牌和公司领导人品牌进行营销打造，每个微博账号交叉关注，形成一个多维度的矩阵结构，从而实现推广范围和营销效果的最大化。

◎ **结合话题**。结合话题是指营销策划人员结合微博话题功能，根据产品、品牌和营销活动等发布的话题，如"OPPO手机"等。话题的选择是非常关键的，一般来说，当下实时热点和微博热搜榜、微博话题榜中的内容都比较适合作为话题的切入点，如果没有比较合适的话题，还可以围绕企业主推关键词、活动或品牌来创建话题。例如，"#江小白小酒馆#"等就是直接以品牌名称或与品牌相关的热点来创建话题的。

提示

> 话题发布完成后，营销策划人员需要通过调动话题粉丝的活跃度、吸引消费者积极参与话题讨论、提高话题的热度来对话题进行维护。如果有条件，营销策划人员还可以联合知名博主，通过开展活动、进行互动等方式，借助博主的热度增加话题热度。

4. 微博活动的策划

开展活动是企业提高知名度、增加产品销量的有效方法。在微博开展线上活动，可以有效增强消费者的黏性、提高产品或品牌的影响力。下面就从活动形式和活动手段两个方面对微博活动的策划进行介绍。

（1）活动形式

企业官方微博的活动形式比较多，营销策划人员可以自己策划全新活动，也可以借助体育事件、文化事件、节日和娱乐新闻等策划活动。借助体育事件开展活动是指针对近期热门的体育事件、体育人物设计一个主题营销活动；借助文化事件、节日开展活动是指借助有名的公益事件、文化事件、历史事件，甚至各种节日等设计一个主题营销活动；借助娱乐新闻开展活动是指借助歌手、演员、电视剧、电影、综艺节目等设计一个主题营销活动，此类活动现在被很多知名企业采用，通过邀请演员、提供赞助等方式开展活动，以吸引对演员、电视、电影、综艺节目等感兴趣的目标消费者。

（2）活动手段

在微博开展活动的手段一般包括有奖转发、有奖征集、有奖竞猜、有奖调查等。其中，有奖转发是微博最常用的一种活动手段，大多采用"转发＋关注＋@好友"的形式，即用户关注微博账号，并转发微博抽奖，@1～3名好友，即有机会获得丰厚礼品。

不管采用哪种活动手段，在策划活动时，营销策划人员还需要明确活动不同阶段的具体事项。例如，在正式开始活动前，营销策划人员需要先预热活动，通过微博发布活动预告，让消费者知晓该活动的开始时间、参与方式、结束时间等。活动正式开始后，营销策划人员要控制活动的氛围和时间节奏，保证消费者参与活动的积极性，以及在合适的时间启动、推进以及结束活动，以最大限度地引发消费者的购买行为。活动结束后，营销策划人员还要对活动进行总结、复盘，审视活动执行过程中的各个环节，找出导致目标未完成的原因和活动中的亮点，为下次开展活动提供更好的依据。

✏ **课堂练习**

通过网络搜索相关资料，回答小米是如何通过微博开展营销策划的。

8.3.3　微信的营销策划

随着营销活动逐步向移动端转移，微信以其巨大的用户数量优势在社交媒体营销中独占鳌头，其用户黏性高、使用频率高等特点，也为开拓微信营销市场提供了很大的空间和可能性。例如，星巴克为了推广其新品"冰摇沁爽"系列饮品，就通过其微信公众号策划了一个名为"自然醒"的营销活动，粉丝只要发送一个表情符号（兴奋、沮丧或忧伤皆可）给星巴克微信公众号，就能立刻获得星巴克按其心情特别制作的音乐曲目，和星巴克展开一番内容丰富的对话。

从营销的角度来看，微信公众号在品牌塑造、宣传推广等方面都具有非常重要的作用。对于企业而言，大多是在微信公众号上引导消费者了解品牌、参与互动，从而在降低成本的基础上，实现更优质的营销。下面就对微信公众号的营销策划相关知识进行介绍。

1. 微信公众号的基础设置

微信公众号有服务号、订阅号、小程序和企业微信4种类型，对于用于营销的微信公众号来说，目前服务号和订阅号的使用率较高。订阅号具有信息发布和传播的能力，可以展示企业自己的个性、特色和理念，树立自己的品牌文化；服务号具有消费者管理和提供业务服务的能力，服务效率比较高，主要偏于服务交互。与微博营销一样，微信公众号营销也需要进行微信公众号设置，设置内容主要包括名称、头像、二维码和功能介绍等。微信公众号的基础设置与微博的基础设置相似，只要保证公众号名称统一、简洁、便于搜索，功能介绍突出重点、便于理解即可。

2. 微信公众号推文的写作

在微信公众号中进行营销，大多是通过微信公众号推文开展的，因此，要想吸引消费者的关注，使消费者主动在社交圈内分享和传播内容，为公众号吸引更多属性相同的高质量消费者，就要掌握微信公众号推文的写作。总的来说，微信公众号推文的写作方法与软文类似，这里不赘述。下面介绍微信公众号推文标题和正文写作的技巧，帮助营销策划人员提高公众号推文的质量，以吸引更多消费者点击阅读，增加粉丝数量并提高推文转化率。

（1）微信公众号推文标题的写作

标题是影响推文点击率的首要因素，采用不同的写法可能产生完全不同的效果，营销策划人员可以写作直言式、提问式、警告式、指导式、命令式、证明式、导向式和推新式等类型的标题。为保证标题具有足够吸引力，营销策划人员还可以多使用符号、数字、亮点词汇等，如"手握 15 亿流量的美图，怎么突破美妆电商市场？""2020 年新款合集，不看吃亏！"

扫一扫
不同类型的标题

（2）微信公众号推文正文的写作

对于推文正文，要根据企业所处的行业、营销的内容、订阅平台的定位等来选择合适的风格，给消费者留下良好的阅读体验，增加粉丝数量。另外，文章的正文应当有扩展性和延续性。扩展性是指能够通过内容衍生出其他更丰富的物质或精神方面的需求，如品牌理念、价值观内涵、产品的直接购买或带动消费者产生二次购买的行为；延续性是指在推文开头引起消费者的阅读兴趣，使其对接下来的内容产生期待，牢牢抓住消费者想要继续阅读的心理，将消费者转化为内容的忠实粉丝（一般通过专题故事的形式来呈现）。例如，某产品推文《"顺"着记忆"发"现爱》就巧妙地在内容中植入自己的产品特点"顺发"，将内容故事化，以故事激发消费者对美好事物的向往，从而产生内心的共鸣，增加内容对消费者的吸引力，获得更强的消费者黏性。

3. 微信公众号的营销策略

写作优秀的微信公众号推文是营销的前提，要想使微信公众号获得较好的营销效果，还应当掌握一些营销的策略，下面进行简单介绍。

引导转发。转发是宣传和推广的有效形式之一，可以使推文达到病毒式传播的效果，提高推文的点击量和阅读量，吸引更多消费者关注微信公众号。因此，营销策划人员在编辑微信公众号推文时，需要引导消费者进行转发，提高推文的曝光率。例如，通过在推文结尾主动提醒消费者将推文分享到朋友圈；或选取有争议性的话题，在结尾处提出不同角度的观点，以询问消费者观点的方式引导转发。

设置跳转链接。微信公众号的跳转链接可分为超链接和原文链接。超链接能够链接微信公众号推文，营销策划人员可通过输入链接标题和链接地址或直接查找微信公众号推文的方法，将来源于其他微信公众号或本公众号已发布的推文以超链接的形式展示在公众号推文中，为被链接推文引入流量，增加阅读量；原文链接可用于营销产品、展示活动页面和提供资料等。

策划活动。策划活动的目的是让粉丝参与互动，并将活动信息传播到粉丝的朋友圈，扩大活动影响力。活动的形式一般通过转发、点赞、试用、互动等来体现，多表现为转发营销信息至朋友圈并集赞，以有机会获得奖品、优惠券、现金福利等，如"转发图片至朋友圈参与活动，即有机会

免费获得价值 ×× 元的丰厚礼品。""转发并集齐 ×× 个赞，即可获得 ×× 元现金红包，截图有效哦！"等。

8.3.4　社群的营销策划

社群是指拥有同一种需求和爱好的人，聚集在一起形成的社交群体，大多以 QQ 群、微信群等便于联系的形式存在，如罗辑思维、Better Me 等。社群营销主要依靠社群关系，通过社群成员之间的多向互动交流，以信息和数据平等互换的方式进行营销。随着新媒体的发展，微信、微博等平台的竞争愈显激烈，企业吸引消费者加入社群，通过社群打造产品或品牌的口碑、提高影响力等也变得非常必要。为了让营销策划人员更好地通过社群进行营销，下面即对社群营销策划的相关知识进行介绍。

1. 社群的打造

创建一个完整的社群，需要对社群名称、口号、结构、规则等进行设置，使社群成员认可社群的价值观，产生认同感，从而在社群中创造价值，达到社群营销的目的。

⊚　**社群名称**。社群名称是消费者对社群的第一印象，是消费者了解社群的首要途径。在设置社群名称时，营销策划人员可以以构建社群的核心点命名，也可以以目标消费者的需求来命名，如小米手机的"米粉"、秋叶 PPT 等。

⊚　**社群口号**。社群口号是指社群用于宣传的广告口号或标语，可以是一句话或一个短语，最好能令人印象深刻，具有特殊意义。一般而言，在社群建立的初期常以功能特点、利益获得作为社群口号的出发点，以快速吸引消费者加入社群，占据市场领先地位；而发展到一定阶段的社群或具有一定成熟度的社群，则会根据社群已经具有的知名度，往情感价值的方向确定社群口号，以占据市场中的优势地位，增强自己的核心竞争力。

⊚　**社群结构**。不同社群成员拥有的特质各不相同，因此，社群存在着多样性和趣味性。社群成员在一个结构良好的社群中也被分为社群创建者、社群管理者、社群参与者、社群开拓者、社群分化者、社群合作者和社群付费者 7 种角色。

⊚　**社群规则**。要想保证社群的长期发展，就需要制定与社群定位相符的规则，约束社群成员行为，并在实际运行中对规则进行验证与完善。根据社群的不同阶段，社群规则包括引入规则、日常规则、激励规则和淘汰规则等。

2. 社群活动的开展

社群活动是社群营销的关键，具有多样化的表现形式，常见的有社群分享、社群交流、社群福利、社群打卡和社群线下活动，下面一一介绍。

⊚　**社群分享**。社群分享是指向社群成员输出知识、心得、体会、感悟等有价值的内容，或社群成员围绕某一话题进行讨论的行为，一般包括灵魂人物分享、嘉宾分享、内容成员分享和总结分享等。

⊚　**社群交流**。社群交流是指挑选一个有价值的话题，发动社群成员参与讨论，输出高质量的内容。营销策划人员需要在进行社群交流的前、中、后进行组织和准备。

⊚　**社群福利**。社群福利是提升社群活跃度的一个有效工具，可将其加入社群激励规则中，鼓励社群成员积极参与社群活动。社群福利包括物质福利、优惠福利、荣誉福利和虚拟福利等。一般来说，不同社群的福利制度不同，一些规模较小的社群大多使用单种福利制度，而规模较大的社群则是多种福利制度共同使用。

⊚　**社群打卡**。社群打卡是指为了培养社群成员良好的习惯、行为而采取的方式，是监督和激励社群成员完成任务的手段之一，可激励成员不断进步。

　　◉　**社群线下活动**。社群线下活动包括核心成员聚会、核心成员和外围成员聚会、核心成员地区性聚会等。其中，核心成员地区性聚会方便组织，比较容易成功。社群聚会可以通过消息、视频、图片等方式将实况发布到社群或社交平台，增加社群影响力，加强社群成员黏性，持续激发和保持社群的活跃度，刺激更多成员积极参与线下活动。

　　社群营销与其他营销方式不同，它是一个通过社群成员的信息分享进行自我创造，进而实现社群自我运营的营销方式。换句话说，要想社群营销取得成功，社群成员是关键。若想保证社群中的每一个成员都成为信息的主动传播者，就必须在社群中做好各种信息的分享与交流，通过互动的方式来创建生态环境更加健康的社群，使社群朝着稳定的方向发展，以吸引更多具有相同兴趣、价值、主张和爱好的人员，扩大社群规模并最终提升社群营销效果。

　　3. 社群营销的策略

　　要进行社群营销，营销策划人员首先需要确定社群的主体，如秋叶 PPT 的主体是输出知识价值，社群的主体不同，其营销策略也不同。下面就从灵魂人物营销、价值营销和社群文化营销 3 个方面对社群营销的策略进行介绍。

　　（1）灵魂人物营销

　　灵魂人物是指社群中占据主导地位的人，是整个社群的核心，一般为具有人格魅力、专业技能、出众能力的人。他们能够吸引消费者加入社群，对社群的定位、发展、成长等拥有长远的考虑。以灵魂人物为主体进行的社群营销，就是通过灵魂人物在某一领域的影响力，吸引感兴趣的消费者加入社群。这种营销方式对灵魂人物的要求较高，需要其具有独特的人格魅力和影响力，这样才能支撑社群的发展。

　　（2）价值营销

　　价值是指社群中，能够给社群成员提供知识、经验，帮助社群成员学习、解决相关问题的内容。利用价值进行社群营销，就是通过向消费者展示其在社群中能够获得的知识等，吸引消费者加入社群，不过对价值的输出频率、质量等有所要求，只有高价值的内容输出，才能源源不断地吸引消费者的注意。在进行内容输出时，一般有讨论输出（社群成员在社群中对相关知识进行讨论输出）、活动输出（通过社群线上分享、交流活动对有价值的内容进行输出）、公众号输出（通过推广社群拥有的公众号或与社群定位相符的公众号进行内容输出）、直播课输出（通过开设直播课堂的形式，将知识、经验等分享给社群成员）等方式。

　　（3）社群文化营销

　　社群文化就是包括目标、规则、福利、口号以及 Logo 等在内的一种社群精神。在社群营销中，依靠社群文化进行营销，就是通过社群文化营造出来的氛围，使消费者对社群产生好奇心理，吸引消费者自发了解社群，加入社群。建立社群文化，可以从加强社群成员信任、明确社群标签、树立社群价值观和提高社群成员归属感等方面进行思考。

8.4 案例分析——老干妈的新媒体营销

　　老干妈是陶华碧女士创造的品牌。1984 年，陶华碧女士凭借自己独特的炒制工艺，推出了别具风味的佐餐调料，令广大消费者大饱口福，津津乐道；1996 年批量生产后，该佐餐调料在全国迅速成为销售热点。老干妈是国内生产及销售量最大的辣椒制品生产企业，主要生产风味豆豉、风味鸡油辣椒、香辣菜、风味腐乳等多个系列产品。

在新媒体时代，老品牌老干妈也逐渐跟上新媒体发展的步伐，多次尝试新媒体营销。2019 年，老干妈凭借一则魔性十足的"拧开干妈"短视频走红网络。短视频中的老干妈由一年轻女子饰演，与过往的老干妈形象形成强烈的反差，在"拧开干妈"的 BGM 下，展开了一段段离奇的故事。大壮毕业两年都没能找到工作，而小翠加班到两点觉得饿得慌，只因为吃了一勺老干妈，大壮和小翠就开启"开挂"人生：一个开了公司，一个年年升职。在短视频中，不仅馒头可以蘸着老干妈吃，榴梿也可以蘸着老干妈吃，其用恶搞的方式，说明老干妈可以拯救一切失败的饭菜，将老干妈塑造成一种黑暗料理美食。短视频中夸张的舞蹈和音乐，配上"魔性"的台词，引起了消费者的广泛关注。短视频在网上发布后，微博上"# 老干妈拧瓶舞 #"的话题瞬间变得火爆，除此之外，老干妈还联合聚划算推出了"# 南北饭圈 #"话题。在 # 南北饭圈 # 话题中，老干妈代表南方队发声，与另一品牌进行比拼，仅"# 南北饭圈 #"这一话题，阅读量就已达 1.6 亿次。对此，老干妈还打造了一组"土味潮"的海报，顺势推出老干妈礼盒和土摇包，从侧面再次推出老干妈的聚划算活动，为线上电商活动引流。

结合本案例并查阅相关资料，回答以下问题。

（1）老干妈进行新媒体营销有哪些优势？

（2）老干妈是如何通过短视频进行营销的？

（3）老干妈如何通过微博进行营销？

（4）假如你是老干妈的新媒体营销人员，说说你还可以如何进行新媒体营销策划？

★ 课后思考

（1）结合相关案例，想想新媒体营销存在哪些优势与劣势。

（2）内容营销策划与社交媒体营销策划存在哪些共通点？

（3）搜索传统媒体营销策划的内容，想想传统媒体的营销策划和新媒体营销策划有什么不同？

第9章

营销策划书写作

学习目标

/ 了解营销策划书的相关知识。

/ 掌握营销策划书的写作。

/ 掌握完善营销策划书的方法。

/ 掌握营销策划书的模式，并参考范例自行撰写营销策划书。

引导案例

作为我国领先的体育用品品牌之一，安踏一直在不断努力着，除其精湛的制鞋技术以外，安踏为做好营销策划，请从事不同运动的世界运动员作为其品牌代言人，使其在同行业中获得了一定的竞争优势。目前，安踏几乎已经成为家喻户晓、人人喜爱的运动品牌，但安踏仍在不断探索，不断出新，力争成为世界知晓的品牌。

在营销策划上，安踏首先对自身当前所处的营销情况进行了分析，包括市场分析、消费者分析、产品分析、竞争对手分析、竞争对手营销策划分析等。就消费者而言，安踏了解到目前购买体育用品和体育服装的主要是 15 ～ 25 岁的喜欢青春和时尚、运动的青少年和青年。一般情况下，质量好、款型好、价格适中的体育服饰和鞋类更受消费者的喜欢和认同。在感觉良好的情况下，这些消费者会自发形成习惯性的支持购买行为，并且带动周围潜在的其他目标消费者共同参与，从而认同企业的产品质量及其所宣扬的企业文化精髓。就产品而言，安踏认识到自身的体育用品主打服装和鞋类，这些产品在广大热爱运动的青少年和青年中会有很大的市场，且消耗周期也比其他体育用品长得多，但是对于类似于运动包的运动附件类产品开发却没有完全符合和跟上市场的需求。在分析了目前的环境后，安踏紧接着对企业的优势、劣势、机会和威胁进行了分析，找到了一个个市场机会点：①就产品而言，企业可以根据服饰和鞋类的搭配原则，开发与之相匹配的运动包、球类、帽类等运动附件，使产品多元化，扩大消费者消费范围，同时带动其他运动产品的消费，巩固品牌的力量；②相对于在国际上很有影响力的耐克、阿迪达斯和匡威等品牌，安踏在立足我国的基础上走出国门、走向全球，打破了国际运动品牌垄断国内高端赛事的局面，有很强的民族自我认同感。安踏所蕴含的一步步走向成功的不放弃、不卑微的奋斗精神、新时期蕴含的深刻文化精髓，以及以"越磨砺，越光芒"为主题的企业文化，能够使其在巩固国内市场的同时，让更多的外国消费者接受和支持安踏文化和安踏产品，真正做到民族的即是世界的。

安踏在发现了市场机会以后，紧跟着制定了相关营销战略。安踏根据消费群体的特点，结合新一代安踏的国际品牌战略与定位，针对产品设计、代言人选择和宣传语设计等进行策划，并通过营销、宣传和推广，让我国乃至世界更多的年轻人了解安踏，最终达到与年轻人这一消费群体在精神理念的表达和个人追求等方面形成共鸣的目的。就推广而言，安踏秉承专业品牌需要专业赛事塑造、专业赛事需要专业产品支撑、专业产品需要借助专业媒体推广的原则，在推行体育营销的策略上，注重 CCTV 1、CCTV 5 等专业电视媒体，结合新媒体平台进行营销。在营销策划上，安踏始终坚持将自己的现代体育精神与产品策划、企业形象策划、品牌策划、广告策划、活动策划等相融合，很好地满足了消费者对个性、奋斗、文化、健康的诉求，因此在销售市场上也收到了立竿见影的效果。

对于营销策划人员而言，营销策划的内容不是凭空想象的，其需要通过文字说明的方式，将营销策划的成本、目标效果、营销手段等撰写成书面文档，以呈报给决策者。因此，在学习了前面章节有关营销策划的相关理论、营销方法、营销渠道等知识后，营销策划人员还需要掌握营销策划书的具体写作方法。

本章要点

策划书　营销策划书的写作　营销策划书的完善　营销策划书的模式及范例

9.1 了解营销策划书

策划书也叫策划案，是指对未来的某个活动或事件进行营销策划，并展现给阅读者的文本。策划书可以将营销策划人员的创意思想和创意概念等具体化和有形化，不仅是营销策划人员策划工作的升华，还是营销策划人员实现企业策划目标的指南。下面就对策划和策划书的基础知识进行介绍。

9.1.1 策划与营销策划书

策划通常是指为达到目的，根据相关数据、资料并依靠经验或客观规律对目标的整体性、长期性、基本性问题的规划及达成规划需要的具体执行步骤的计划过程，其特点主要如下。

- **策划是营销策划人员思维智慧的结晶**。策划的形成过程实质是营销策划人员思考和创新的过程，因时、因势、因人的思想而不同。
- **策划具有目的性**。对于营销策划人员而言，无论是产品策划、价格策划，还是渠道策划、促销策划等，都具备一定的目的，不然策划就毫无意义。
- **策划具有预测性**。一般情况下，策划都是营销策划人员在调查了相关资料、慎重思考的基础上进行的科学的预测，因此都具备一定的前瞻性和预测性。
- **策划带有一定的风险性**。策划既然是一种预测或者筹划，就注定其带有一定的不确定性和风险性。另外，一般来说，策划方案需要具备一定的创新性，但是营销策划人员无法确定客观环境未来的变化和发展趋势，因此创新可能成功也可能失败，这就使得策划带有一定的风险性。

策划书与策划不同，策划书是营销策划人员策划过程的进一步深化，它的形成是将策划由思想变成文字的过程。图 9-1 所示为某品牌策划书的部分内容。

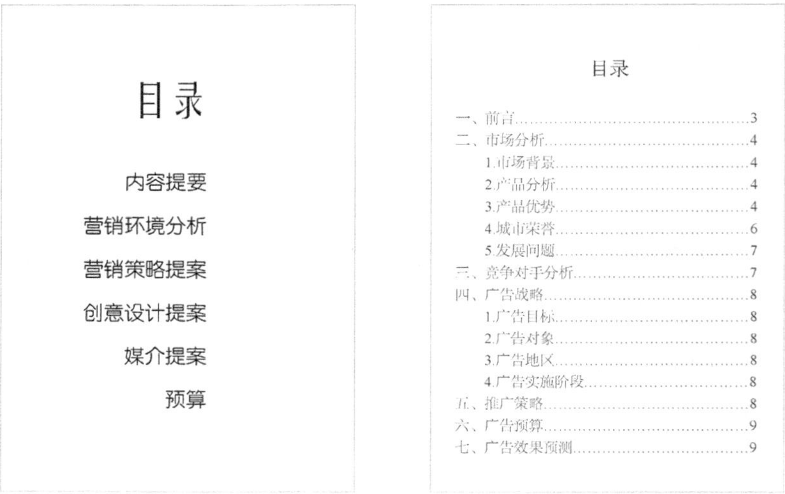
目录

内容提要
营销环境分析
营销策略提案
创意设计提案
媒介提案
预算

目录

一、前言……3
二、市场分析……4
1.市场背景……4
2.产品分析……4
3.产品优势……4
4.城市荣誉……6
5.发展问题……7
三、竞争对手分析……7
四、广告战略……8
1.广告目标……8
2.广告对象……8
3.广告地区……8
4.广告实施阶段……8
五、推广策略……8
六、广告预算……9
七、广告效果预测……9

图 9-1　某品牌策划书的部分内容

策划书是一份涵盖内容非常丰富的项目计划书，涉及人、财、物、制度等多种因素，具有全方位、多视角等特点。策划书涉及的内容、要求和目标都非常广泛，不仅需要在技术、产业化模式、项目管理因素等方面进行详细的阐述，还应当对营销过程的总费用、阶段费用、项目费用等进行估计，对营销过程中可能出现的问题进行管理并提出解决措施。在实际工作过程中，有的人可能会将计划书和策划书混淆，实质上，计划书是企业短期内的工作安排，工作的目标属于周期内，而策划书是为达成一个目标而做的阶段性的整体规划，所容纳的内容不仅仅是工作计划。

9.1.2　营销策划书的作用

对于营销策划人员而言，营销策划书不仅是策划工作的书面表现形式，还是企业实施营销工作的"指南针"。下面对营销策划书的作用进行归纳总结。

◎ **完整呈现营销策划的内容**。营销策划书能够完整反映营销策划的目标、环境分析、企业的优劣势分析、企业的营销战略、营销策划的成本预算、效果预测等内容，让企业的营销策划具体化、有形化、书面化。

◎ **充分、有效地说服决策者或投资者**。将营销策划书呈现给决策者或投资者后，通过营销策划书详细、准确的文字表述，决策者或投资者可以从中看出营销策划人员的观点和意见。与空口无凭的营销策划意见相比，有理有据的营销策划书能够更加充分、有效地说服决策者或投资者。

◎ **帮助企业执行和管理**。营销策划书是企业实施营销策划工作的重要依据，所有员工的工作都会围绕营销策划书的具体内容开展。营销策划书可以促使各个职能部门在操作过程中增强行动的准确性和可控性。

9.1.3　营销策划书的种类

营销策划书的种类多种多样，按照呈现对象的不同，包括内部营销策划书和外部营销策划书两大类；按照企业所属行业的不同，营销策划书包括房地产行业营销策划书、旅游行业营销策划书、汽车行业营销策划书、餐饮行业营销策划书、服装行业营销策划书等。下面按照这两种分类标准对营销策划书的种类进行详细介绍。

1. 按照呈现对象分类

按照呈现对象的不同，营销策划书可以分为内部营销策划书和外部营销策划书两大类。

◎ **内部营销策划书**。内部营销策划书是呈现给企业的各级领导，供其决策的策划书。一般来说，内部营销策划书是对外严格保密的，其中的内容应当涵盖以下方面：营销策划的人际关系措施、营销策划的相关资金措施、营销策划的传播媒介措施、营销策划的障碍及其解决措施、与营销策划有关的政府机构措施、营销策划有关的法律问题等。

◎ **外部营销策划书**。外部营销策划书是呈现给企业的客户或者合作伙伴等的策划书，与内部营销策划书不同，外部营销策划书是非绝密性的。对于外部营销策划书而言，营销策划人员应当从文案、思路、创意等各个方面强调其可以给对方带来的利益，形式上应当做到规范、鲜明和具体，文案的语言应当做到简约、流畅、生动，结构上应当严谨、完善、层层递进。

2. 按照企业所属行业分类

按照企业所属行业的不同，营销策划书可以分为房地产行业营销策划书、旅游行业营销策划书、汽车行业营销策划书、餐饮行业营销策划书、服装行业营销策划书等。一般情况下，不同行业的营销策划书有不同的行业特点，如对于房地产行业营销策划书，由于房地产的流动性差、地域性明显、资金需求量巨大，因此营销策划书多将产品作为营销主线，将推广重点放在产品品质上，以体验营销或情景展示为主。图9-2所示为某家具行业营销策划书的部分内容。

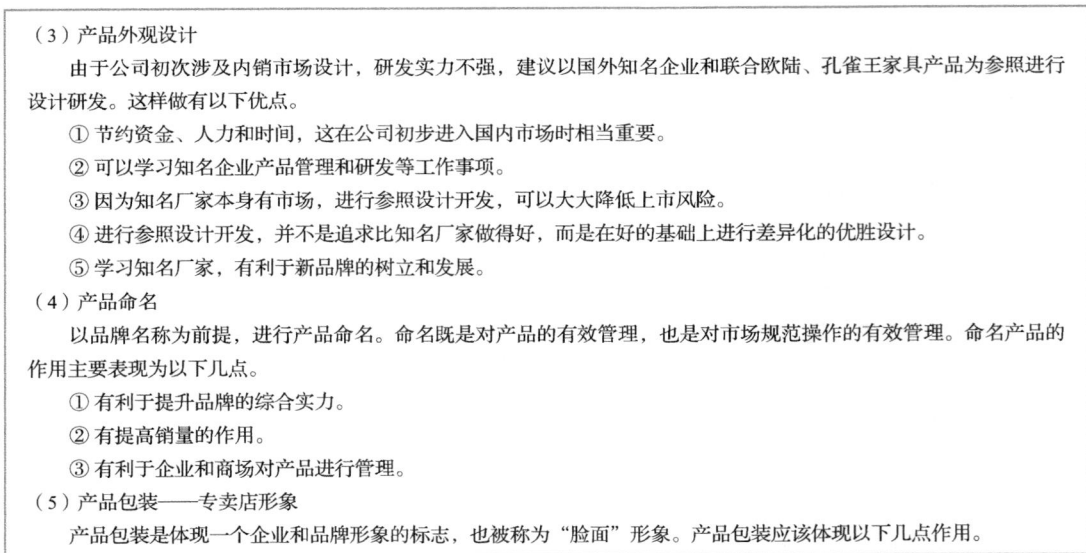

（3）产品外观设计

由于公司初次涉及内销市场设计，研发实力不强，建议以国外知名企业和联合欧陆、孔雀王家具产品为参照进行设计研发。这样做有以下优点。

① 节约资金、人力和时间，这在公司初步进入国内市场时相当重要。

② 可以学习知名企业产品管理和研发等工作事项。

③ 因为知名厂家本身有市场，进行参照设计开发，可以大大降低上市风险。

④ 进行参照设计开发，并不是追求比知名厂家做得好，而是在好的基础上进行差异化的优胜设计。

⑤ 学习知名厂家，有利于新品牌的树立和发展。

（4）产品命名

以品牌名称为前提，进行产品命名。命名既是对产品的有效管理，也是对市场规范操作的有效管理。命名产品的作用主要表现为以下几点。

① 有利于提升品牌的综合实力。

② 有提高销量的作用。

③ 有利于企业和商场对产品进行管理。

（5）产品包装——专卖店形象

产品包装是体现一个企业和品牌形象的标志，也被称为"脸面"形象。产品包装应该体现以下几点作用。

图9-2　某家具行业营销策划书的部分内容

9.2　营销策划书的写作

一般来说，企业的营销策划书没有统一的格式和形式，行业、主题不同，营销策划书的内容、结构等也会有所区别。下面从基本要素、结构框架、写作原则和写作技巧等方面介绍营销策划书的写作。

9.2.1　营销策划书的基本要素

营销策划书是对营销策划人员的概要方案加以充实、丰富，用文字或图表等形式表达出来的系统性、科学性的书面策划文件。一般来说，一份合格的营销策划书应当具备下列基本要素，也可以概括为"5W3H"。

- **何事（What）**：表示营销策划的目标、内容等。
- **何人（Who）**：表示营销策划的策划团队和相关人员等。
- **何处（Where）**：表示营销策划的环境场所。
- **何时（When）**：表示营销策划的起止时间。
- **何因（Why）**：表示营销策划的缘由、背景等。
- **如何（How）**：表示营销策划的方法、措施。
- **多少（How much）**：表示营销策划的总体预算。
- **怎样（How）**：表示营销策划的结果和效益等。

9.2.2 营销策划书的结构框架

总的来说，营销策划书的结构有一定的规范，主要包括封面、前言、目录、摘要、正文、结束语和附录 7 个部分。下面分别进行介绍。

1. 封面

封面决定了阅读者对营销策划书的第一印象，良好的封面视觉效果可以给阅读者留下深刻的印象，可以使阅读者建立对营销策划书的整体形象。一般情况下，在设计封面时，只要做到整洁、醒目即可，字体、字号的选择应当考虑具体情况。封面的内容主要包括策划书的名称、策划者、策划日期和参与单位等。如果是内部营销策划书，还应当包含保密级别及编号。图 9-3 所示即为营销策划书的封面示例。

图 9-3 营销策划书的封面示例

◉ **策划书的名称**。名称是对营销策划书主题的简要说明，应该遵循简洁、准确的原则。此外，为了更好地突出策划的主题和目的，还可以添加副标题或小标题。

◉ **策划者**。封面上要明确写出该策划书的策划者，其位置一般位于封面的底部。策划者有多名时，应并列写出多名策划者；若为企业，则应直接写出企业全称。

◉ **策划日期**。对于营销策划，时间段的不同可能导致市场情况、营销执行效果等的不同，因此营销策划书上要写明日期，一般以正式提交日期为准。

◉ **参与单位**。参与单位主要包括主办单位和承办单位。主办单位（可省略）是指项目或事件的发起单位；承办单位是指项目或事件的具体实施单位。

2. 前言

前言是对营销策划书内容的高度概括与总结，起到引起阅读者阅读兴趣的作用，其内容不宜过多，字数建议不超过 1 000 字。总的来说，前言的具体内容主要包括营销策划的背景、营销策划的原因、营销策划的目的及意义、营销策划的宗旨等。图 9-4 所示即为不同营销策划书的前言示例。

一、前言

随着经济和文化的发展，人们的消费水平显著提高，越来越多的人，尤其是女性更注重自身魅力的提升，珠宝首饰已经变成她们的生活必需品。她们对珠宝的需求日趋明显，珠宝市场竞争出现白热化。调查显示，女性在选购珠宝时更注重追求艺术素养、文化品位、个性主张和时代风格。

珠宝首饰历来都是作为一种高档的情感和文化艺术消费品走进消费品行列的。目前珠宝市场上珠宝品牌虽多，但却未能做到精确传播到目标消费者中。调查显示，现代女性渴望有一种外在语言能够表达出她们的内心情感。珠宝作为一种传达情感、显示个人独特魅力的道具，成了女性的首选饰品。然而，许多女性表示找不到一种合适的珠宝来表达她们的个性和情感。因此，宏艺珠宝针对市场需要推出黄金、铂金、钻石等系列珠宝首饰产品，满足年轻女性的审美情趣、价值观和情感需要。产品设计加强了珠宝的美感和灵气，使女性在佩戴时能够增添自身个性魅力，向人们展示出她们的生活情趣和个性品味。同时，宏艺珠宝还推出了系列广告，通过对产品和企业的宣传，树立企业形象，以提升宏艺的知名度和美誉度。

一、前言

纳爱斯集团成立于 1968 年，前身是国营丽水五七化工厂，总部位于浙江省丽水市，在湖南益阳、四川成都、河北正定、吉林四平、新疆乌鲁木齐设有五大生产基地。1993 年底改制为股份公司，2001 年组建集团，在改革开放中成长发展。

从 1994 年至今，纳爱斯集团完成了各项经济指标，拥有四大生产基地，在全国形成了“五足鼎立之势”，是我国洗涤用品行业的龙头企业。2005 年，纳爱斯集团进入世界洗涤行业前八强。纳爱斯集团是专业的洗涤用品生产企业，年产洗衣粉 100 万吨，洗涤剂 30 万吨，肥皂 28 万吨，工业与药品甘油 2 万吨，牙膏 2 亿支，拥有纳爱斯、雕牌两大名牌三大系列 100 多种产品。

纳爱斯为中国香皂标志性品牌，雕牌为我国洗衣粉行业的标志性品牌。纳爱斯集团旗下拥有超能、西丽、100 年润发、You R You 我的样子、李宇等受到消费者喜爱的多个品牌。纳爱斯集团市场网络健全，在全国设有 50 多家销售分公司和三家海外子公司，多种产品已进入欧洲、非洲、大洋洲、东南亚、美国等地区和国家。

图 9-4　不同营销策划书的前言示例

3. 目录

目录用于展示策划书的结构，主要由策划书内容的各级标题和对应页码构成，以使阅读者快速了解整篇策划书的内容，并能快速查找对应的信息。图 9-5 所示为某营销策划书的目录示例。

目录

一、前言……3
二、营销环境分析……3
三、消费者分析……4
四、产品分析……6
五、竞争对手分析……8
六、广告定位……9
七、广告计划……10
八、广告预算（略）……14
九、广告效果预测……14
十、附录……14

图 9-5　某营销策划书的目录示例

提示

如果营销策划书的内容较少，目录和前言可以放置在同一页中，目录中标注的各个标题的页码应当和其在正文中的页码一致，否则就不利于阅读。一般来说，目录都是在策划书编写完毕后再根据具体内容完成的。

4. 摘要

摘要是对营销策划书内容的简单概括，可以让阅读者清晰认识到营销策划人员的思路、意图和观点。通过摘要，阅读者可以大致理解整个营销策划书的关键点。与前言类似，摘要同样要求简明扼要，篇幅不能过长，300—400 字即可。图 9-6 所示即为营销策划书的摘要示例。

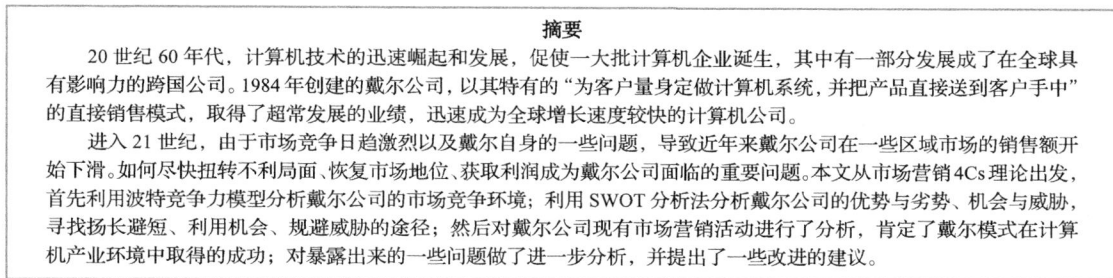

摘要

20 世纪 60 年代，计算机技术的迅速崛起和发展，促使一大批计算机企业诞生，其中有一部分发展成了在全球具有影响力的跨国公司。1984 年创建的戴尔公司，以其特有的"为客户量身定做计算机系统，并把产品直接送到客户手中"的直接销售模式，取得了超常发展的业绩，迅速成为全球增长速度较快的计算机公司。

进入 21 世纪，由于市场竞争日趋激烈以及戴尔自身的一些问题，导致近年来戴尔公司在一些区域市场的销售额开始下滑。如何尽快扭转不利局面、恢复市场地位、获取利润成为戴尔公司面临的重要问题。本文从市场营销4Cs理论出发，首先利用波特竞争力模型分析戴尔公司的市场竞争环境；利用SWOT分析法分析戴尔公司的优势与劣势、机会与威胁，寻找扬长避短、利用机会、规避威胁的途径；然后对戴尔公司现有市场营销活动进行了分析，肯定了戴尔模式在计算机产业环境中取得的成功；对暴露出来的一些问题做了进一步分析，并提出了一些改进的建议。

图 9-6　营销策划书的摘要示例

一般来说，营销策划书的摘要主要用于说明以下内容。

- 为什么要做该项策划。
- 要解决什么问题。
- 有什么样的结论。

营销策划人员撰写摘要既可以在写作营销策划书之前，也可以在营销策划书内容写作结束后。前者可以促使营销策划的内容在大体框架内井然有序地进行，后者只需要对营销策划书的内容进行提炼，比较简单。

提示

摘要并不是营销策划书内容的简单列举，其浓缩了营销策划书的精华，因此，营销策划人员同样需要仔细斟酌摘要的内容，且单独形成一个完整、严谨的系统。

5. 正文

正文是对营销策划书的具体描述，也是营销策划书的主要部分。正文主要包括营销策划目标、环境分析、SWOT 分析、营销战略、营销组合策略、具体行动方案、费用预算和实施方案控制 8 项内容。下面一一介绍。

（1）营销策划目标

营销策划目标是对营销策划书所要达到的目标的总述，以统一企业战略目标、协调企业员工行动。营销策划目标包括短期、中期和长期目标。对于营销策划人员而言，营销策划书中的营销策划目标应当是可衡量的清晰目标，要符合SMART 原则，不能回避或模糊。图 9-7所示即为营销策划目标的示例。

一、营销目标

1. 空调自控产品应以长远发展为目的，力求扎根湖南。2019 年建立完善的销售网络和样板工程，销售目标为6000 万元。
2. 跻身一流的空调自控产品供应商，成为快速成长的成功品牌。
3. 以空调自控产品带动整个空调产品的销售和发展。
4. 市场销售近期目标：在短时间内快速成长，提高营销业绩，到年底成为行业内知名品牌，拥有省内同水平企业的一部分市场。
5. 致力于发展分销市场，到2019 年底要有 50 家分销业务合作伙伴。

图 9-7　营销策划目标的示例

（2）环境分析

环境分析主要包括当前市场状况及市场前景分析、竞争对手分析、产品市场的影响因素分析等内容，为营销策略、营销手段等提供正确的依据。图 9-8 所示即为营销策划书的环境分析示例。

二、市场分析

洗衣粉总体市场分析

洗衣粉在我国算是比较有历史的产品了，不仅因为它诞生时间长，也因为它经历的风风雨雨，它的发展历程可以分为五个阶段。

（一）洗衣粉中国品牌发展历程

洗衣粉是我国本土较早面对国际品牌竞争的行业之一，也是竞争较激烈的行业之一。到目前为止，其品牌格局的演变经历了五个阶段。

第一阶段：平静的原始状态

计划经济体制下，厂家只负责生产，销售则由国家统一配给，消费者没有什么选择的余地，国家分什么就用什么。"白猫"洗衣粉则成为这一阶段国家在洗衣粉分配中的主要产品，从而奠定了它在消费者心中的主要地位。

这一阶段的洗衣粉行业可以用4个字来形容——波澜不惊。

第二阶段：第一次日化浪潮

"活力28"超浓缩无泡洗衣粉的问世，开创了我国洗衣粉历史的新纪元，不仅打破"白猫"统一天下的格局，更主要的是改变了一种消费观念，由多泡洗衣粉转变为无泡洗衣粉。

四、竞争对手分析

奥妙洗衣粉

1999年，经过多年摸索后的联合利华向宝洁发起总攻。当年11月，联合利华将推出的两款奥妙洗衣粉——奥妙全效洗衣粉和奥妙全自动洗衣粉全面降价，降幅分别达40%和30%，400克奥妙洗衣粉的价格从近6元一下落到3.5元，这个价格相当于宝洁产品价格的一半左右。由于奥妙精心营造的高档形象已深入人心，这次降价给了消费者很大的冲击，市场由此打开，奥妙一举超越宝洁的汰渍，并将这种局面持续到了今天。

汰渍洗衣粉

作为宝洁旗下的主打品牌，在进入市场之初，汰渍凭借丰富的财力以及自己准确的产品诉求，在短期内成为市场的领导品牌。虽然这几年由于营销力度减弱而出现市场份额下降的情况，但它在消费者心中还是有较高地位的。

立白洗衣粉

1994年进入洗衣粉行业的立白，在一开始就选择了"农村包围城市"的策略，在每个县找经销商，并和每个经销商商讨立白的销售与经营，在双方的共同努力下，立白站稳了脚跟。

图 9-8 环境分析示例

环境分析是营销策划书写作的出发点，营销策划人员应当从内部环境和外部环境两个方面入手，描述环境的整个变化轨迹，最终形成有理有据的依据资料。一般情况下，营销策划书的环境分析主要包括以下内容。

- 产品或品牌在当前市场的规模。
- 产品或品牌的销售量与销售额的比较分析。
- 产品或品牌市场占有率的比较分析。
- 消费群体的年龄、性别、职业、学历、收入、家庭结构等基础信息的分析。
- 各竞争品牌产品优缺点的比较分析。
- 各竞争品牌市场区域与产品定位的比较分析。
- 各竞争品牌广告费用与广告表现的比较分析。
- 各竞争品牌促销活动的比较分析。
- 各竞争品牌公关活动的比较分析。
- 竞争品牌定价策略的比较分析。
- 竞争品牌销售渠道的比较分析。
- 公司近年产品的财务损益分析。
- 公司产品的优劣与竞争品牌之间的优劣对比分析。

课堂案例——营销策划书中的环境分析

强生婴儿是强生公司全球知名的婴儿护理品牌，在我国市场得到了众多消费者以及专业医护人员的认可和信赖，取得了卓越的成效。图9-9所示即为强生婴儿润肤露营销策划书中的环境分析部分内容，其从宏观和微观两个方面对强生婴儿润肤产品所面临的环境进行了分析。其中，宏观环境包括社会文化环境、人口环境、政治环境、经济环境和自然环境；微观环境包括企业内部、竞争者、目标顾客等方面。除此之外，其还以图表的形式对目前消费者对婴儿产品的要求进行了分析说明，做到了有理有据，使得内容更加有针对性和可信度。

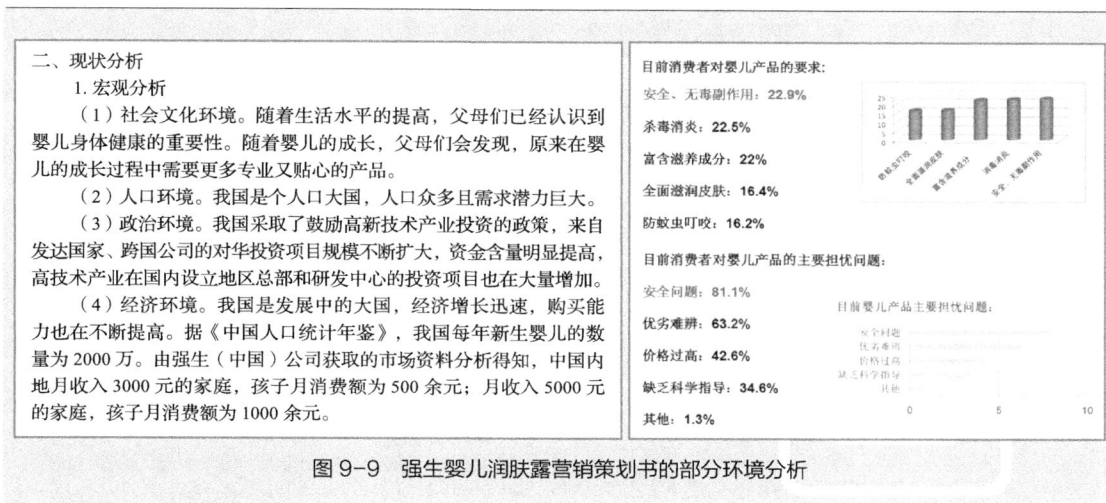

二、现状分析

1. 宏观分析

（1）社会文化环境。随着生活水平的提高，父母们已经认识到婴儿身体健康的重要性。随着婴儿的成长，父母们会发现，原来在婴儿的成长过程中需要更多专业又贴心的产品。

（2）人口环境。我国是个人口大国，人口众多且需求潜力巨大。

（3）政治环境。我国采取了鼓励高新技术产业投资的政策，来自发达国家、跨国公司的对华投资项目规模不断扩大，资金含量明显提高，高技术产业在国内设立地区总部和研发中心的投资项目也在大量增加。

（4）经济环境。我国是发展中的大国，经济增长迅速，购买能力也在不断提高。据《中国人口统计年鉴》，我国每年新生婴儿的数量为 2000 万。由强生（中国）公司获取的市场资料分析得知，中国内地月收入 3000 元的家庭，孩子月消费额为 500 余元；月收入 5000 元的家庭，孩子月消费额为 1000 余元。

目前消费者对婴儿产品的要求：

安全、无毒副作用：22.9%

杀毒消炎：22.5%

富含滋养成分：22%

全面滋润皮肤：16.4%

防蚊虫叮咬：16.2%

目前消费者对婴儿产品的主要担忧问题：

安全问题：81.1%

优劣难辨：63.2%

价格过高：42.6%

缺乏科学指导：34.6%

其他：1.3%

图 9-9　强生婴儿润肤露营销策划书的部分环境分析

（3）SWOT 分析

SWOT 分析即对企业的优势、劣势、机会和威胁进行分析，以发现市场机会和企业存在的问题。SWOT 分析与环境分析密不可分，营销策划人员需要从环境分析中总结出企业的优势、劣势、机会和威胁，为营销战略的制定做铺垫。以下即为 SWOT 分析应当遵循的规则。

- 进行 SWOT 分析时，必须对企业的优势与劣势有客观的认识。
- 进行 SWOT 分析时，必须区分企业的现状与前景。
- 进行 SWOT 分析时，必须考虑全面。
- 进行 SWOT 分析时，必须与竞争对手进行比较，如是优于还是劣于竞争对手。
- 保持 SWOT 分析简洁化，避免复杂化与过度分析。

一般情况下，企业的优势、劣势通过内部环境来进行分析。由于企业是一个整体，并且竞争优势来源的广泛性，所以在做优、劣势分析时，营销策划人员必须从企业整个价值链的每个部分出发，将企业与竞争对手做详细的对比，如产品是否新颖、制造工艺是否复杂、销售渠道是否畅通、价格是否具有竞争性等。企业的机会和威胁一般通过外部环境来进行分析，如新产品、新市场、新需求、竞争对手失误、新的竞争对手、替代产品增多、市场紧缩、行业政策变化、经济衰退等。图 9-10 所示即为营销策划书的 SWOT 分析示例。

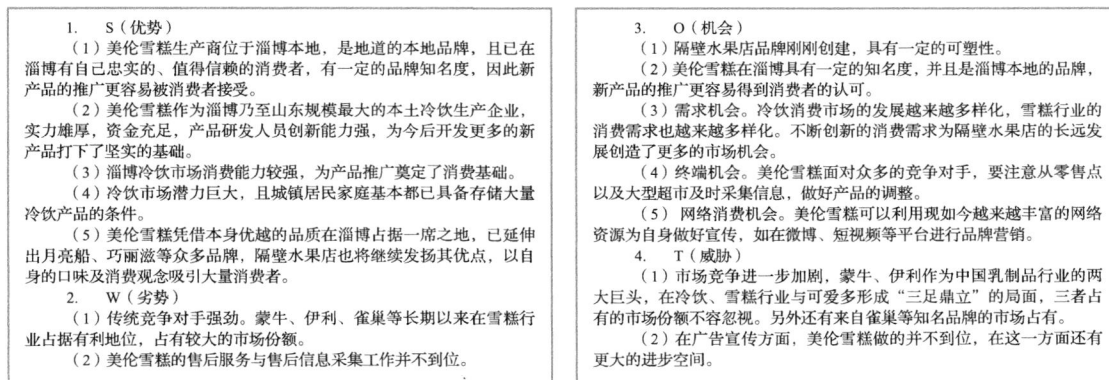

1.　S（优势）

（1）美伦雪糕生产商位于淄博本地，是地道的本地品牌，且已在淄博有自己忠实的、值得信赖的消费者，有一定的品牌知名度，因此新产品的推广更容易被消费者接受。

（2）美伦雪糕为淄博乃至山东规模最大的本土冷饮生产企业，实力雄厚，资金充足，产品研发人员创新能力强，为今后开发更多的新产品打下了坚实的基础。

（3）淄博冷饮市场消费能力较强，为产品推广奠定了消费基础。

（4）冷饮市场潜力巨大，且城镇居民家庭基本都已具备存储大量冷饮产品的条件。

（5）美伦雪糕凭借本身优越的品质在淄博占据一席之地，已延伸出月亮船、巧麻滋等众多品牌，隔壁水果店也将继续发扬其优点，以自身的口味及消费观念吸引大量消费者。

2.　W（劣势）

（1）传统竞争对手强劲。蒙牛、伊利、雀巢等长期以来在雪糕行业占据有利地位，有着较大的市场份额。

（2）美伦雪糕的售后服务与售后信息采集工作并不到位。

3.　O（机会）

（1）隔壁水果店品牌刚刚创建，具有一定的可塑性。

（2）美伦雪糕在淄博具有一定的知名度，并且是淄博本地的品牌，新产品的推广更容易得到消费者的认可。

（3）需求机会。冷饮消费市场的发展越来越多样化，雪糕行业的消费需求也越来越多样化。不断创新的消费需求为隔壁水果店的长远发展创造了更多的市场机会。

（4）终端机会。美伦雪糕面对众多的竞争对手，要注意从零售点以及大型超市及时采集信息，做好产品的调整。

（5）网络消费机会。美伦雪糕可以利用现如今越来越丰富的网络资源为自身做好宣传，如在微博、短视频等平台进行品牌营销。

4.　T（威胁）

（1）市场竞争进一步加剧，蒙牛、伊利作为中国乳制品行业的两大巨头，在冷饮、雪糕行业与可爱多形成"三足鼎立"的局面，三者占有的市场份额不容忽视。另外还有来自雀巢等知名品牌的市场占有。

（2）在广告宣传方面，美伦雪糕做的并不到位，在这一方面还有更大的进步空间。

图 9-10　SWOT 分析示例

（4）营销战略

营销战略主要包括市场细分、目标市场选择和市场定位等内容，以明确企业的营销目标和营销任务等。前面章节已经对营销战略的相关知识进行了介绍，营销策划人员可以在其基础上将其展现在营销策划书中，此处则不赘述。图 9-11 所示即为营销策划书中的营销战略示例。

（5）营销组合策略

营销组合策略是指在环境分析与 SWOT 分析的基础上，对涉及的营销策略进行组合，形成有效的营销差异化组合策略，以顺利开拓市场，达到最佳的营销效果。在针对市场确定营销组合时，可能会有多种不同的方案，营销策划人员在编写营销策划书时应择优遴选。

4.1 STP 策略

一个在某一大市场上开展业务的公司会意识到，在通常情况下，它不可能为这一市场的全体顾客服务，顾客人数太多，而他们的购买要求又各不相同。为了能与无处不在的竞争者竞争，公司需要确定它能为之有效服务的细分市场。为了挑选市场并为之有效服务，公司可以采取 STP 三步曲。第一，市场细分（Segmenting）。按不同的细分变量将顾客划分为不同的顾客群。第二，选择目标市场（Targeting）。制定衡量不同细分市场吸引力的标准，选择一个或几个要进入的市场。第三，产品定位（Positioning）。[4]确定企业的竞争地位和向每个目标市场提供的产品。进行有效的市场细分和目标市场选择有利于发掘和开拓新市场；有利于企业提高适应市场变化的能力；有利于扬长避短，制定和调整市场营销策略。准确的定位有利于企业向它的目标顾客传播其产品差异（如利益、特色）。

4.1.1 戴尔计算机公司的市场细分与定位

市场细分是根据同一类产品总的市场中不同消费者需求特点、购买行为习惯等特征，把市场分为若干相类似的消费群的市场分类过程。其中每一个消费群就是一个细分市场。分属不同细分市场的顾客对同一产品有不同的要求和欲望，同一细分市场的顾客对经营者的某个营销策略具有大致相同的反应。[17]

面对一个庞大的市场，戴尔公司采取的方法是：先把市场分散，然后各个击破。

图 9-11　营销战略示例

课堂案例——营销策划书中的营销组合策略

营销组合策略是营销策划人员根据公司总体战略与业务单位战略规划，在综合考虑外部市场机会及内部资源状况等因素的基础上选择和确定的。图 9-12 所示即为某家具品牌营销策划书中的营销组合策略内容，包括产品战略、渠道战略、价格战略和促销战略 4 个方面的内容。

扫一扫

营销组合策略示例

产品战略（Product）

产品是每一个企业发展的根本，那么吉美乐将以什么样的产品上市内销市场呢？产品战略应该符合企业目标和市场定位战略两个基本点，根据企业目标和市场定位战略两块内容做如下产品战略规划。

（1）企业现有产品的分析

①产品外观设计款式和组合方式、尺寸体量不符合内销市场。

②产品陈列杂而乱，主线元素不强，没有突出重点产品，容易给人留下专业性不强的感觉。

③外观风格不一，缺乏内涵和文化的延续。

……

渠道战略（Place）

市场的建立来源于对各种销售渠道的联系，由于吉美乐家具初涉内销市场，又是以新品牌进入，所以渠道的选择和发展至关重要。建立什么样的渠道有利于吉美家具的发展呢？结合"国内市场概况分析"和"企业目标"及企业所在地域，作以下渠道战略部署。

（1）渠道分析

家具市场营销主要渠道为：直营专卖店、专卖店代理、省区代理和零售商。在吉美乐家具新品牌初入市场时，应该以什么样渠道模式来开拓市场呢？主要有以下 4 种方式。

……

价格战略（Price）

价格战略是销售战略的核心内容，关系到产品市场所有项目。也是代理商选择品牌的重要依据之一，直接关系到企业发展根本。出色的价格战略不仅能保证高的利润空间，还能保障市场的快速发展。定价原则是：以竞争对手为参照，在保证企业定额利润空间的基础上，制定出优胜于竞争对手的价格体系。

（1）吉美乐家具价格战略模式（具体价格将会体现在《产品报价单》里）

……

促销战略（Promotion）

根据本企业目标、市场定位特点，2009 年到 2012 年，我企业将针对上市国内市场，在营销推广方面做出针对性的方案和政策，有效保障国内上市的成功。促销战略主要体现在以下 3 个方面。

（1）专卖店代理商

在当前企业发展初阶段，所有的市场推广只有充分考虑了代理商的利益，才能真正得到快速高效、良性的发展。考虑到企业初期进入内销市场，要想在市场上获得快速拓展的效果，需要针对专卖店代理商采取以下方针政策。

……

图 9-12　营销策划书中的营销组合策略

营销策划书中，营销策划人员策划产品战略时，通过对产品的功能、目标群体、卖点和价值等进行挖掘，对产品的包装、外观等进行设计，使得产品与消费者需求相匹配，从而吸引消费者产生购买产品的欲望；在策划渠道战略时，结合了"国内市场概况分析"和"企业目标"及企业所在地，确定以直营店为主，有目标地辐射周边区域市场，从而更好地维护并拓展消费者市场，进行精准营销；在策划价格战略时，以竞争对手为参照，结合企业目标和成本，从而制定出了优胜于竞争对手的价格体系；在策划促销战略时，根据企业目标、市场定位特点，制定了针对性的方案和政策，如对专卖店代理商给予专卖店形象装修支持、销售业绩返点支持、开业广告促销支持等。

（6）具体行动方案

具体行动方案是指针对营销策划的各个时间段推出具体的行动方案。方案要在合理控制成本的基础上进行细致、周密的策划，同时制定执行时间表作为补充，以增加行动方案的可操作性。在编写具体行动方案时，营销策划人员可以用图、表等形式将其描述出来，注明营销日期、营销费用和主要负责人等，从而使得方案具有可执行性和可控性。

（7）费用预算

费用预算是企业为费用支出成本而做的成本预算，主要包括营销过程的总费用、阶段费用、项目费用等。

（8）实施方案控制

实施方案控制是营销策划书的补充部分，主要用于对营销过程中可能出现的问题进行管理并提出解决措施。其内容主要包括人员配备、设施添置、资金调度、实施时机、任务分配、责任明确、操作要求、实施进度等。

提示

在编写实施方案控制时，有的营销策划人员还会在营销策划书中把营销目标和预算等按月、季度分开，以在方案实施时，可以让管理者及时了解各个阶段的营销实际情况，管理没有完成项目的部门和人员，从而分析原因，并在一定期限内加以改进。

6. 结束语

结束语用于对整个营销策划书进行归纳总结，以突出策划要点并与前文相呼应。在写作结束语时，营销策划人员应考虑整个营销策划书内容的可行性，以及解决营销策划过程中出现的各种问题，并以此判断整体的策划逻辑是否可行。

7. 附录

附录也叫附件，是对营销策划书内容的补充说明，以方便决策者了解策划书中有关内容的来龙去脉。总的来说，附录主要有以下两个作用。

- 补充说明策划书中的调查与分析技术。
- 为策划书中的必要内容提供客观性的证明。

技术性内容、分析模型、分析过程、图片资料、图表数据等都可作为附录提供给决策者，但需注意，为了便于查找，营销策划人员应为附录标注顺序。

✎ **课堂练习** ——

　　　在网上查找不同主题的营销策划书，从以上 7 项内容出发分析优质营销策划书和较差的营销策划书的区别，总结一下优质营销策划书都具有哪些特征。

9.2.3　营销策划书的写作原则

　　为了提高营销策划书的科学性与准确性，营销策划人员在写作营销策划书前还需要掌握其写作原则。下面分别进行介绍。

　　◎ **符合逻辑**。营销策划书是企业根据市场变化和企业自身实力，对企业的产品、资源及产品所指向的市场进行整体规划的计划性书面材料，具有很强的逻辑思维特性。营销策划人员在写作时，应按照情况设定、策划背景阐述、产品市场现状分析、策划中心目的、策划内容阐述、问题解决策略的顺序进行写作，以使营销策划书条理清晰、结构完整。

　　◎ **可操作性**。营销策划书是用于指导营销活动的书面材料，其可操作性的强弱直接影响着营销活动能否正常开展。特别是营销活动中所涉及的人、财、物等的管理，一定要确保其各个环节的关系与处理方式。

　　◎ **重点突出**。营销策划书应当明确策划所需解决的核心问题，并提出相对应的解决策略。

　　◎ **创意新颖**。在当前的营销环境下，消费者普遍缺乏专注力，因此营销策划书的创意在很大程度上决定了最终的营销效果。创意是营销策划书的核心内容，主要体现在内容、表现手法等方面。

9.2.4　营销策划书的写作技巧

　　营销策划书是一种综合性较强的策划方案，营销策划人员只有掌握一定的技巧才能更好地进行写作，下面分别进行介绍。

1. 思路清晰，结构合理

　　营销策划书的作用是帮助企业开展营销决策，因此，其内容要完整、丰富，要能全面概括并展示企业的能力，以得到决策者的肯定。此外，营销策划书还是一份书面文档，涵盖了环境分析、战略制定、策略组合等诸多内容。营销策划人员一定要保证这些内容结构合理、逻辑清晰，确保营销策划书的可行性。

2. 中心明确，重点突出

　　写作文章时我们通常会围绕文章中心来展开思路，以更好地对文章进行布局。写作营销策划书也一样，营销策划人员应该先明确该营销策划书的中心（即策划目的），围绕中心来进行分析，统领全文结构。例如，某企业要开拓新品市场，营销策划书就应该以提升产品知名度为中心，并结合多种营销手段来达到该目的，如投放广告、增加新品的曝光量，开展促销活动、增加新品的销量，加大推广力度、进行新品信息的传递等。

3. 应用图表，深入分析

　　图表与文字相比更加直观、精练，具有更加强烈的视觉呈现效果，能够给人留下更加深刻的印象。图表在营销策划书中主要起辅助文字进行说明的作用，常以比较分析、概况归纳、辅助说明等形式出现，以帮助决策者理解营销策划书的内容。同时营销策划人员还要注意对图表进行必要的分析说明，以增加内容的可信度。图 9-13 所示为某营销策划书通过图表的形式对营销策划的内容进行分析说明，使得内容更加有针对性和可信度。

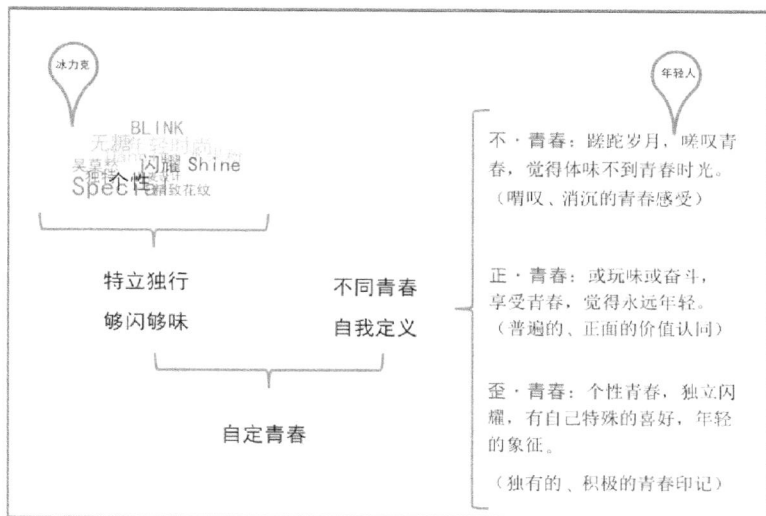

图 9-13　应用图表

4. 论据充分，令人信服

营销策划书的可行性是打动决策者的有力工具，因此营销策划人员在写作营销策划书的过程中，要提供能够证明其观点的理论依据，列举相关的成功案例来进行证明或以反面案例来反向证明等。这些证明内容不仅可以使营销策划书的内容更加丰富，还能增强营销策划书说服力，帮助决策者更加快速地做出决策。

5. 注意细节，提升质量

营销策划书的质量直接影响决策者对其的整体印象，因此营销策划人员一定要注意细节。首先，文中不能出现错别字、漏字、语句不通顺、逻辑不连贯等问题。其次，企业名称、专业术语等也要注意不能出错。营销策划人员在写作营销策划书时要注意检查，如果营销策划书纰漏太多，就容易给决策者留下知识水平不高的负面印象。

6. 合理布置版面

营销策划书版面安排的合理性和视觉效果的优劣会在一定程度上影响策划效果。营销策划人员在写作营销策划书时应对其字体、字号、字距、图片等进行合理安排，保证营销策划书的风格一致，层次分明。

课堂练习

　　任选一个活动主题，对活动目标、宣传、预算等内容进行策划，并形成活动营销策划书。在写作营销策划书时，应当保证符合营销策划书的结构和写作原则，并适当运用写作的相关技巧，以更好地掌握营销策划书的写作。

9.3 营销策划书的完善

掌握了营销策划书的写作并不意味着结束，写作完成后还应当对其通篇复查，检查并完善营销策划书。下面从营销策划书的校正和装订两个方面对营销策划书的完善进行介绍。

9.3.1 营销策划书的校正

所谓校正，就是在营销策划书完成后，对其内容、结构、逻辑等进行检查和修改。企业的营销策划书是营销策划人员思想信息的载体，其作用在于将负载的信息传递给阅读者，并作为工作依据。因此，首先需要保证营销策划书准确无误、完整无缺，失真的、残缺的信息都是没有价值的。

1. 校正的基本方法

校正的基本方法有两种：一种是营销策划人员在营销策划书写作完毕后，将其从头读到尾，确认策划内容及其表达手法等是否合适，文字内容是否错误；另一种方法就是利用一些校对软件对营销策划书的内容进行校正，校对软件对常见错别字及成语、专有名词中的错别字辨识率高、速度快，是营销策划人员校正工作的得力工具。但是，计算机校对的本质决定了它只能处理形式化的问题，而营销策划书的语言不可能彻底形式化，所以校对软件校正的能力是有限的。

2. 校正的重点内容

营销策划书的校正主要通过对内容内在矛盾的是非进行判断，发现并改正营销策划书可能存在的错漏，其功能是弥补营销策划人员工作中的疏漏，使策划书趋于完善。总的来说，营销策划人员在校正营销策划书时，应当重点关注以下 5 个方面。

- 发现并改正常见错别字。
- 发现并改正语言文字、标点符号、数字、量和单位等的错误。
- 发现并改正违反语法规则和逻辑规律的错误。
- 发现并改正事实性、知识性和政治性错误。
- 做好版面格式规范统一的工作。

3. 校正的后续内容

营销策划人员做校正工作时必须十分认真、一丝不苟，在校正完毕后，还应当对营销策划书进行全面整理，后续整理的内容主要有以下 9 项。

- 核对封面和策划书的标题，使标题名、营销策划人员姓名、企业名称、策划日期等一致、无误。
- 根据正文标题，核对目录的标题和书眉上的篇名、章名，检查文字是否一致，页码是否相同。
- 检查正文各级标题的字体、字号、占行和位置是否符合设计要求，同级标题字体、字号、占行和位置是否一致，书眉双页、单页上的标题是否符合规范。
- 检查插图与文字说明是否相符。
- 检查图表、公式与正文是否衔接，图表、公式的编序形式是否正确，序码（应连续）有无缺失或重复。
- 检查表格、公式等的格式是否规范，表格转页、跨页和公式转行等是否符合规范，公式的变形是否正确等。
- 检查正文注码与注文注码是否相符，参见、互见页码是否准确。

◈　检查前言、附录、摘要等指示性文字，与正文内容是否相符。

◈　解决相互关联的其他问题。

9.3.2　营销策划书的装订

写作、校正营销策划书后，营销策划人员还应当对营销策划书进行装订。一份优质、合格的营销策划书应当是装订整齐得体的。下面对营销策划书的装订进行介绍。

1. 营销策划书的装订方法

装订营销策划书的方法较多，营销策划人员既可以使用订书机装订，也可以直接用夹子装订。下面对营销策划书常用的装订方法进行罗列。

◈　订书机装订。

◈　文件夹装订。

◈　胶水、胶带装订。

◈　回形针装订。

◈　"两孔一线"装订。

◈　活页装订。

◈　正式装订。

提示

一般情况下，营销策划人员在装订营销策划书时多采用订书机装订和文件夹装订，对于一些内部营销策划书，部分企业会采用正式装订的方法，将营销策划书装订成书。装订完毕后，营销策划人员还应当对其进行备份、保管等。

2. 营销策划书装订注意事项

将营销策划书装订整齐也是保证营销策划工作顺利进行的重要内容之一，要想完美地装订营销策划书，营销策划人员还应当注意和思考以下事项。

◈　营销策划书是否要分成若干册。

◈　营销策划书各部分内容是否应当插分隔页。

◈　若营销策划书中含有彩色的插图，应当使用彩色复印。

◈　确认营销策划书的复印或印刷册数。

◈　确认打印出的营销策划书是否是最终版本。

◈　附录中内容是否排序，查看是否有空白页。

◈　检查有无错放或者漏放的策划书内容。

◈　若是内部营销策划书，还应当注意装订的密封性。

提示

通常情况下，企业的营销策划书并不是由一个营销策划人员独立完成的，可能以小组或团队的形式进行营销策划书的编写，此时应注意团队成员的配合与协作。

9.4 营销策划书的模式及范例

前面已经讲解了营销策划书相关的基础知识，下面从营销策划书的模式及范例赏析两个方面对营销策划书进行展示，帮助营销策划人员更好地掌握营销策划书的写作。

9.4.1 营销策划书的模式

营销策划书的模式主要包括按部就班模式、问题解决模式和内容策划模式。下面对这 3 种模式的营销策划书进行展示。

1. 按部就班模式

按部就班模式的营销策划书大多严格按照规范的营销策划流程来呈现，比较中规中矩，也是最为常见的一种模式。图 9-14 所示即为某企业的营销策划流程，营销策划人员在写作营销策划书时，大多会按照该图的营销策划流程来写作。

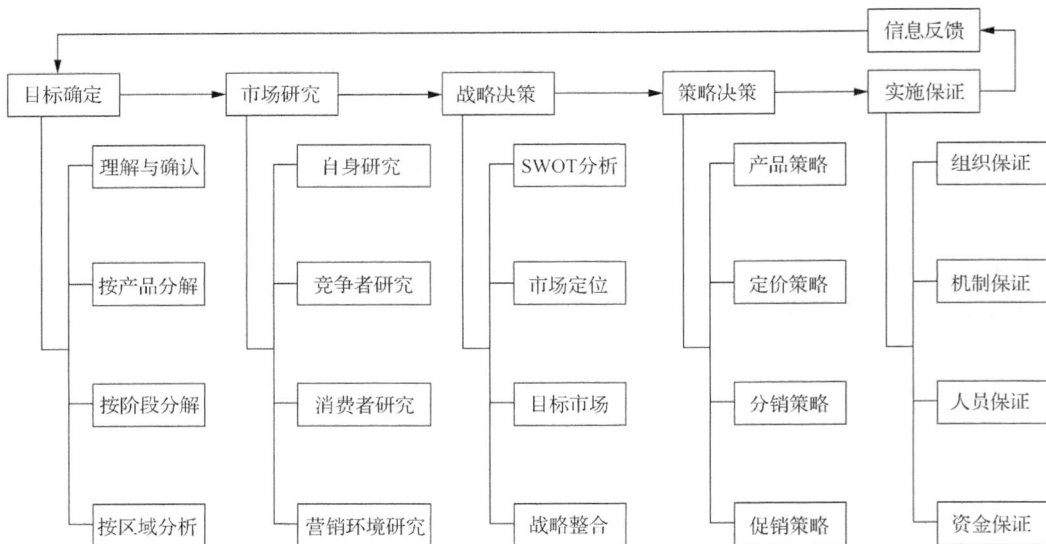

图 9-14　某企业的营销策划流程

2. 问题解决模式

问题解决模式下，营销策划人员会按照提出问题、分析问题、解决问题的逻辑思路撰写营销策划书。一般来说，采用问题解决模式撰写的营销策划书更具有针对性，容易让阅读者产生身临其境的感觉。

3. 内容策划模式

内容策划模式的营销策划书会重点分析某个营销专题的策划，如推广活动策划、广告策划、新产品上市策划等。一般情况下，这种模式下的营销策划书会按照某个专题营销活动来展开，因此没有固定的逻辑写作模式，营销策划人员会根据策划的专题调整营销策划书的内容。图 9-15 所示即为某企业的广告策划书的目录，从中可以看出，首先对营销环境、消费者等进行了分析，然后分别对广告策略和广告计划两个部分进行了详细的策划。

图 9-15　某企业的广告策划书的目录

9.4.2 营销策划书的范例赏析

晨光文具是一家整合创意价值与服务优势的综合文具供应商，致力于让学习和工作更快乐、更高效，是全球最大的文具制造商之一，产品涵盖书写工具、学生文具、办公文具及其他相关产品。下面以晨光无针订书机广告策划书为例对营销策划书的内容进行展示。

1. 封面（见图 9-16）

图 9-16　封面

2. 前言

晨光无针订书机广告策划书的前言（见图 9-17）主要通过简短的语言对订书机进行了说明，引出了晨光的产品——无针订书机。

前　言

订书机如今已成为每个办公室的必备品，它是把许多页纸装订在一起加以保存的理想工具，是一种将书页或纸张装订成册的机械或工具，可以提高书籍装订的自动化。订书机的结构简单，一般只用于装订厚度不大的书页纸张，或纸袋、包装袋的封口。订书机可运用于多方面，在工作中，订书机已成为一种必备的办公文具；在学习中，订书机为资料整理提供了极大的便利；在生活中，订书机也时常为我们服务着……传统的订书机需要配合订书钉使用，这就使订书机的使用受到了限制，使消费者无法随时随地地使用它。同时，消费者对产品的要求越来越高、越来越详细，传统的订书机已无法满足消费者便利的要求。因此，无针订书机应运而生。能够随时随地满足人们需要的特点，使得无针订书机成为人们的便利首选。

图 9-17　前言

3. 目录（见图 9-18）

目　录

图 9-18　目录

4. 正文

晨光无针订书机广告策划书的正文包括内容提要、市场分析、产品分析、消费者分析、企业和竞争对手分析、市场和广告策略、广告表现策略、广告媒介策略以及广告预算 9 个方面，如图 9-19 所示。其中，市场分析包括营销环境分析、市场概况、营销环境分析总结；产品分析包括产品特征分析、产品的品牌形象分析、产品的诉求点分析、产品分析总结；消费者分析包括消费者的总体消费趋势、现有消费者分析、潜在消费者分析、新产品的定位策略、提出品牌价值主张、消费者分析总结；企业和竞争对手分析包括竞争对手分析、与竞争对手的比较分析；市场和广告策略包括市场的策略、广告的策略；广告表现策略包括广告诉求策略、广告表现策略；广告媒体策略包括媒介的地域、媒介类型、媒介组织策略；广告预算包括广告制作预算、媒体投放预算。

扫一扫

策划书正文内容

二、内容提要

晨光无针订书机是上海晨光股份有限公司专门为广大消费者生产的一款即为便利的订书机。上海晨光文具股份有限公司（以下简称晨光文具）是一家整合创意价值与服务优势，专注于文具事业的综合文具公司。晨光文具致力于提供舒适、有趣、环保、高性价比的文具用品，让消费者享受文具使用过程并激发消费者的创意。晨光文具不是一个传统的制造企业，而是属于"创意型企业"，其品牌口号为"自由我创意"。作为企业的核心竞争力，该口号已融入了晨光文具的各个领域，包括产品研发、营销创新、品牌推广、管理运营、制造技术……晨光文具凭此建立了行业里独一无二的竞争优势，成为我国文具行业的知名品牌。

三、市场分析

（一）营销环境分析

随着经济的发展、市场经济的活跃、市场体系的不断健全和人民生活水平的不断提高，人们对产品的要求也越来越高、越来越具体，总体呈现出一种希望产品物美价廉、方便使用的趋势。要想在产品市场占得更大的比例，企业就必须要充分为消费者考虑。作为办公用品的订书机，就更要考虑到消费者的需求。

消费者使用订书机时主要用于装订纸张、书籍。传统的订书机通过人手按压订书机端盖产生的压力使订书钉穿透纸张，达到装订的目的。在实际的使用过程中可能出现在需要装订纸张时，发现没有订书钉的情况，这时如果使用的是无针订书机，就完全不用担心这个问题。

四、产品分析

（一）产品特征分析

1．产品性能：装订纸张。

2．产品质量：产品质量能够得到保证。

3．产品价格：目前晨光无针订书机的市场价大约为 30 元，价格与质量比较吻合，性价比较高，基本做到质优价优。

4．与同类产品比较：与得力、齐心等产品比较，晨光无针订书机质量性能不相上下，同时具有自己的独特之处。

五、消费者分析

（一）消费者的总体消费趋势

目前消费者主要选择的订书机品牌有得力、齐心、晨光等，消费品牌比较不集中。现在的消费者有比较强的品牌观念，这就引起了品牌间的竞争。因此，要想占有更多的市场份额，就首先要提高品牌知名度，始终保持积极向上的品牌或企业形象。

（二）现有消费者分析

目前订书机的主要消费者为办公者，主要用于纸质资料的装订。此外，打印店往往会提供装订服务，也是订书机的市场。

六、企业和竞争对手分析

（一）竞争对手分析

订书机品牌	得力	齐心	三木	晨光	爱好	其他
市场份额	22%	20%	17%	16%	12%	13%

目前市场上晨光订书机的竞争对手主要有得力（Deli）、齐心（Comix）、三木（Sunwood）、爱好。其中，得力（Deli）、齐心（Comix）占据着办公文具市场的前两位，给晨光造成了一定的压力。

七、市场和广告策略

（一）市场的策略

1．对象：主要为办公者、学生等。

2．地域：主要为国内市场，并逐渐向海外发展。

3．竞争对手：主要为得力、齐心和三木。

4．定位。

（1）市场定位。办公者市场和学生市场。

（2）产品定位。方便、实用、有趣、独特的办公用品。

（3）广告定位。a．电视广告，以创意性与趣味性相结合的硬性广告为主；b．报纸广告，报纸阅读者与产品的消费者有多数相同。

八、广告表现策略

（一）广告诉求策略

1．广告的诉求对象：办公者以及学生。

2．广告的诉求重点。

（1）品牌。晨光文具，"自由我创意！"

（2）功能。文件装订。

（3）诉求方法策略。感性为主，理性为辅，进行情感营销。塑造"自由我创意！"的品牌形象。通过观念诉求的方法，在消费者中树立"自由我创意"的产品形象和观念，提高消费者转化概率。

九、广告媒介策略

（一）媒介的地域

1．网络。

2．户外。

（二）媒介类型

1．网络广告。

利用横幅式广告、按钮式广告、邮件列表广告、墙纸广告、电子邮件式广告、插页式广告、文字广告、漂浮广告等网络广告进行宣传。

十、广告预算

（一）广告制作预算

电视广告——"晨光无针订书机之'自由我创意！'篇"；约 300 000 元。

平面广告——"晨光-自由我主张篇"约 50 000 元。

事物广告——主要用于印刷制作晨光无针订书机及其他产品的宣传扑克牌，约为 600 000 元。

（二）媒体投放预算

1．电视媒体：2 085 000 元/月。

2．户外媒体。

（1）候车亭广告。灯箱的标准统一尺寸为 350cm×150cm。以 30 天为一期，约 135 000 元。

（2）公车车体广告。公交车车身广告以 50 辆车为一组，每辆车需花费 1.2 万元。以 30 天为期，约 120 000 元。

（3）杂志。根据所选择杂志的报价统计，约为 170 000 元。

（4）网络广告。根据网络媒体报价，网络广告的费用约为 170 000 元。

总计：约 3 630 000 元。

图 9-19 正文

5. 结束语

晨光无针订书机广告策划书的结束语是通过总结的形式展现的，如图 9-20 所示，其对整个营销策划书进行了归纳总结，突出了策划要点并与前文相呼应。

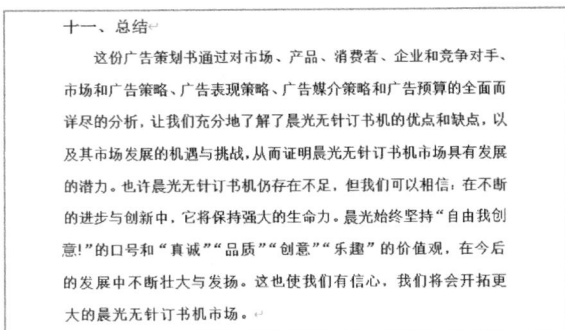

> **十一、总结**
>
> 　　这份广告策划书通过对市场、产品、消费者、企业和竞争对手、市场和广告策略、广告表现策略、广告媒介策略和广告预算的全面而详尽的分析，让我们充分地了解了晨光无针订书机的优点和缺点，以及其市场发展的机遇与挑战，从而证明晨光无针订书机市场具有发展的潜力。也许晨光无针订书机仍存在不足，但我们可以相信，在不断的进步与创新中，它将保持强大的生命力。晨光始终坚持"自由我创意!"的口号和"真诚""品质""创意""乐趣"的价值观，在今后的发展中不断壮大与发扬。这也使我们有信心，我们将会开拓更大的晨光无针订书机市场。

图 9-20　结束语

9.5 案例分析——农夫山泉广告策划书分析

以下为农夫山泉广告策划书的目录及部分内容，可扫描右侧二维码查看完整策划书。

扫一扫
农夫山泉广告策划书

目录

一、前言

农夫山泉自进入市场以来，一直以塑造品牌形象为核心展开广告宣传。"农夫山泉有点甜"早已成为现下的时尚语。"农夫"二字给人淳朴、敦厚、实在的印象，"山泉"给人以回归和拥抱大自然的美好联想。它从名称上吻合了人们向往回归自然的心理需求，引起消费者的心理共鸣。因此，它的品牌名称带有强大的亲和力。为配合农夫山泉推出新包装，特进行本次策划，本次策划目的在于维护农夫山泉固有的品牌形象，提升农夫山泉在消费者心中的地位，并以崭新的面貌推向市场。

……

二、市场分析

1. 营销环境分析

饮料（无酒精饮料与啤酒）是食品工业中最具经济规模的大宗产品，目前饮料行业已初步形成集中化、规模化的格局，国际竞争十分活跃，行业竞争主要依靠企业的硬实力、规模和技术。根据近10年来世界饮料消费统计，充气饮料、茶、瓶装饮用水和果汁饮料的消费呈增长趋势，牛奶、咖啡、啤酒和葡萄酒的消费呈下降趋势。

……

2. 消费者分析

……

3. 产品分析

……

4. 企业和竞争对手分析

……

5. 企业与竞争对手的广告分析

……

三、广告策略

1. 目标策略

通过广告，巩固其在天然水类别中的品牌地位；在更换新包装的同时，维护、提升消费者对农夫山泉品牌的认知度。

2. 定位策略

农夫山泉定位于大众品牌，以中青年为诉求对象。力求在消费者中树立"最天然水"品牌形象。

3. 媒体选择

电视、网络、生活圈媒体。

4. 诉求策略

农夫山泉通过广告诉求一种品质，塑造一个深入人心的健康的天然水品牌形象。

四、广告战略规划

1. 战略思路

① 旗帜鲜明地与纯净水划清界限，不打价格战。

② 大打功能牌，凸显农夫山泉天然水资源价值，明晰消费者可获得的利益。

③ 向全社会倡导绿色健康的生活方式，传播科学正确的消费观念，从而树立农夫山泉高品位的品牌形象，并塑造一个对社会负责、为人类造福而工作的企业形象。

2. 战略步骤

……

五、营销策略分析

1. 品牌理念

出售水，同时出售健康，给您好身体。

2. 品牌基础

不仅满足基本生理需求，同时提供其他品牌无法提供的价值；以上利益能在方便、愉快的情况下得到满足。

3. 营销理念

以现代最新整合营销传播理论为基础，结合策划理念与经验，传统与创新相结合，调动一切可以调动的手段，如广告、公关、事件行销、促销、新闻宣传、企业形象规范体系（Corporate Identity，CI）等，协调一致地为产品打开市场，树立品牌形象。

六、广告计划

……

阅读该案例，回答下列问题。

（1）该营销策划书的结构框架正确吗？

（2）该营销策划书在写作上有什么不足？

（3）你会如何对该营销策划书进行改进？

⭐ **课后思考**   • • • •

（1）营销策划书有什么用？

（2）营销策划书的结构框架是怎样的？

（3）营销策划书有什么写作要求？

（4）列举一份比较典型的品牌宣传策划书，并指出其优缺点。

第 **10** 章

营销策划的实施、控制与评估修正

学习目标

/ 了解影响营销策划实施的因素。
/ 熟悉营销策划的实施步骤。
/ 熟悉营销策划的控制步骤。
/ 了解营销策划的控制方法。
/ 了解营销策划的评估修正方法。

引导案例

　　历史上，敦煌成就了东西方的贸易、文化交流和输出。如今，敦煌是世界文化遗产地，并且，在国家"一带一路"倡议的号召下，以莫高窟为代表的敦煌文化更是被赋予了全新的使命与意义。为进一步响应国家号召，助力国家"精准脱贫"、交流与传播传统文化，2019 年 6 月 29 日，梅赛德斯—奔驰星愿基金（梅赛德斯—奔驰与中国青少年发展基金会携手设立的一项综合性公益事业基金）正式宣布携手敦煌研究院、中国敦煌石窟保护研究基金会，开启敦煌莫高窟文化遗产保护和文化教育扶贫项目。

　　6 月 13 日是文化和自然遗产日。2020 年 6 月，梅赛德斯—奔驰星愿基金携手敦煌研究院开展了一次直播活动。为此，梅赛德斯—奔驰进行了该活动的详细策划，其主要内容包括：活动主题"一眼千年，云游莫高"，活动时间"2020 年 6 月 13 日 10:30—11:30"，活动方式"直播"。为了让人们知晓该活动，梅赛德斯—奔驰与官方媒体合作，在网络上发布活动通稿，同时，在自己的微信公众号中发布预告，说明活动的参与方式（见图 10-1）。此外，还通过有奖问答的形式提高人们的参与兴趣。6 月 13 日直播活动准时开始，观众扫描梅赛德斯—奔驰提供的二维码即可进入直播活动，跟随莫高窟讲解员云游洞窟，了解莫高窟的相关知识，提升自己的文化素养。活动结束后，梅赛德斯—奔驰通过网络和微信公众号对此次活动进行了总结（见图 10-2），分享了此次直播活动的内容，进一步挖掘了更多有潜在兴趣的人，传播传统文化。

　　此次活动不仅是对传统文化的传播，也是梅赛德斯—奔驰展示自身品牌形象，建立品牌口碑与信誉的良好途径。此次活动的圆满落幕离不开梅赛德斯—奔驰井然有序的策划，以及有条不紊地实施控制。本章将重点介绍这方面的知识，让营销策划人员掌握营销策划最后的收尾方法。

图 10-1　活动预告与参与方式

图 10-2　公众号中的活动总结

本章要点

营销策划的实施　　　　营销策划的控制　　　　营销策划的评估修正

10.1 营销策划的实施

营销策划案通过后，企业就需要按照营销策划案中规划的内容实施营销策划，以将书面工作落实到实际行动。在实际行动前，企业还需要了解营销策划实施的影响因素和步骤。下面分别进行介绍。

10.1.1 营销策划实施的影响因素

营销策划的实施必须首先考虑可能的影响因素，避免策划方案实施失败。营销策划实施的影响因素主要有以下 3 点。

1. 执行人员

营销策划的实施必须依靠相关执行人员，因此执行人员的组织、落实直接影响着营销策划的实施效果。

企业在进行执行人员的组织和落实的过程中，首先要根据营销策划案中的计划内容明确实施该策划案的机构或人员，并根据个人能力调配、划分工作职责。然后制定相应的规章、制度和注意事项，让执行人员能够明确分工和承担责任，各司其职、各负其责，保证营销策划活动的顺利实施。其次，执行人员的能力也影响着策划案的实施。企业在进行执行人员的组织、落实时，需要全面考察其综合素质、行动能力、理解能力，保证执行人员具备完成所分配工作的能力。

> **提示**
>
> 企业还可对执行人员进行培训，培训内容主要包括策划的意图、目标、实施内容、实施步骤、实施要领和注意事项等，以让执行人员熟悉其工作内容，提升工作效率。

2. 资源筹备

营销策划的实施离不开各项资源的筹备与有机整合。首先，企业要保证拥有充足的资源条件。其次，资源的整合与利用要合理。企业应该组建专门的资源筹备小组来进行资源的筹措，以满足营销活动实施过程中需要的各项资料、设备和资金等，并且对筹措到的资源按照策划案中的预算进行合理的分配、调拨，避免造成资源的损失与浪费。

3. 协调与沟通

营销策划的实施离不开企业各部门的相互配合，因此，企业要对相关部门进行协调，提出具体的要求或指定相关事宜，避免营销策划实施的过程中部门配合不到位而造成损失。此外，还要注重信息的沟通与传达，特别是营销策划人员与执行人员之间的沟通、执行人员之间的信息交流，一定要保证向上、向下和横向传达信息都畅通无阻且能互相理解。

10.1.2 营销策划实施的步骤

营销策划实施的步骤包括实施模拟、正式实施和中间考核。

1. 实施模拟

实施模拟是对营销策划实施的预演，其原理与电视/活动节目的"彩排"类似。实施模拟既可以是思维意识的预演，也可以是小范围的实际尝试，以尽可能地发现营销策划在实际实施过程中可能会遇到的问题，从而早做预防。

在实施模拟阶段，企业要熟悉营销策划的整个过程和步骤，并注意找到其中的关键环节，从而为营销策划的正式实施提供帮助。

2. 正式实施

正式实施是对营销策划的全面落实与具体操作的过程，它是检验营销策划成效、决定营销策划效果的核心环节。在正式实施阶段，企业要明确营销策划实施的各执行人员的责任和分工，将营销策划所规划的各项内容落到实处，并严格按规定执行，同时，还要对各项工作进行监督、控制，做好问题的反馈与调整。

3. 中间考核

中间考核是对营销策划实施过程中的各项内容进行考核，从而帮助管理者及时掌握营销策划的实施情况，实现对实施进度和实施效果的控制。中间考核的内容主要包括实施费用与支出情况、实施进度、实施效果和实施者的态度等。中间考核的时间可以是随机的，也可以是固定的，考核时可灵活选择。

10.2 营销策划的控制

营销策划是一项系统且复杂的工作，其涉及的环节众多、内容广泛，不仅容易导致实施出现不确定因素，也容易导致出现失误或偏差。因此营销策划的控制是非常有必要的，营销策划的控制可以简单地理解为是对营销策划活动现状的把握，它与营销活动的开展、实施同步运作，能够及时发现、解决和纠正营销策划的问题，使营销策划沿着正确的方向顺利进行。下面对营销策划控制的相关知识进行介绍，包括营销策划的控制步骤和控制方法等。

10.2.1 营销策划的控制步骤

营销策划的控制步骤如下。

1. 建立控制标准

控制标准是衡量营销策划效果的依据，是辅助营销策划控制的前提。一般来说，营销策划的控制标准主要有定量标准和定性标准两种。定量标准主要以实物（产品数量等）、财务（产品直接费用、间接费用，投资回收率，流动资产，销售利润等）、时间（工期、生产周期、工时定额等）、数据（阅读量、转载量、关注量等）为主要标准。定性标准是指工作态度、完成情况等不容易定量的项目。企业应根据实际情况建立稳定的、明确的控制标准。

2. 分析营销策划

在营销策划的控制过程中，需要对营销策划的实际执行情况与标准进行比较，查看两者之间是否存在偏差，了解偏差的大小及容忍度是多少，并分析形成偏差的原因。

3. 纠正偏差

分析后即可对偏差进行纠正，一般来说产生偏差的原因主要有3种：一是组织结构不完善，二是营销策划有缺陷或失误，三是营销环境发生了变化。一般来说，针对以上偏差，企业可分别采取组织结构和人事变革、修订营销策划案、修改营销计划等方式，并根据具体原因进行偏差的纠正。

10.2.2　营销策划的控制方法

营销策划的控制方法因控制者、出发点和方法的差异可分为年度计划控制、盈利能力控制、效率控制和营销战略控制 4 种。

1.　年度计划控制

年度计划控制是指企业在本年度内采取控制步骤，检查实际绩效与计划之间是否有偏差，并采取必要措施，以确保营销计划的实现与完成。年度计划控制可以通过 5 种绩效工具进行核对，分别是销售分析、市场占有率分析、市场营销费用与销售额比率分析、财务分析和顾客态度追踪。

◈　**销售分析**。销售分析用于衡量并评估实际销售额与预期的销售额之间的差距，包括销售差距分析和地区销售量分析两种方法。销售差距分析用于衡量不同的因素对销售差距的影响。地区销售量分析用于衡量并确认导致销售差距的具体产品和地区。

◈　**市场占有率分析**。市场占有率分析主要用于分析企业与竞争者在市场竞争中的相互关系，可通过全部市场占有率、服务市场占有率、相对市场占有率等进行分析。如果分析结果是企业的市场占有率上升，则说明企业占据更大优势。

◈　**市场营销费用与销售额比率分析**。市场营销费用与销售额比率分析主要用于确定企业在达到销售目标时的费用支出，确保其不超出年度计划的指标。

◈　**财务分析**。财务分析主要用于对影响企业的净值投资收益率的各项主要因素进行分析，如总资产报酬率、负债利息率、企业资本结构和所得税税率等，以决定企业如何开展营销策划才能获得盈利。

◈　**顾客态度追踪**。顾客态度追踪主要用于对顾客的态度进行调查和分析，获得顾客的反馈，从而对营销策划的效果有一个侧面的评估。

2.　盈利能力控制

盈利能力控制通过对不同产品、不同顾客群体、不同渠道和不同订货规模等进行衡量，以帮助企业管理者对产品或营销活动进行决策，如扩大、收缩或取消等。盈利能力控制主要包括以下两项内容。

◈　**市场营销成本**。市场营销成本直接影响企业的经济效益，主要包括推销费用、促销费用、仓储费用、运输费用、办公费用、工资费用、折旧费用、维护费用等。

◈　**财务指标**。财务指标是总结和评价企业财务状况和经营成果的相对指标，能直接反应营销策划的效果，主要包括流动性比率、资产效率比率、获利能力比率和杠杆比率等指标。

3.　效率控制

效率控制通过对销售人员、广告、促销和分销等进行衡量，以提高销售人员、广告、促销和分销等营销活动的效率。

◈　**销售人员效率**。销售人员效率主要由销售人员每天平均的销售访问次数、每次会晤的平均访问时间、每次销售访问的平均收益、每次销售访问的平均成本、每次销售访问的平均招待成本、每百次销售访问而订购的百分比、每期间获得的新顾客数、每期间流失的顾客数，以及销售成本与总销售额的百分比等指标衡量。

◈　**广告效率**。广告效率主要由不同媒体类型，媒体工具接触购买者所花费的广告成本，顾客对媒体的注意、联想和阅读的百分比，顾客对广告的意见，顾客受广告的吸引而产生的询问次数等指标衡量。

　　　　促销效率。促销效率主要由每一销售额的陈列成本、由优惠而销售的百分比、由示范而引起的询问次数、赠券回收的百分比等指标衡量。

　　　　分销效率。分销效率主要由商品流通时间、商品流通速度、商品流通费用等指标衡量。

4. 营销战略控制

　　营销战略控制是在企业经营战略的实施过程中，对企业为达到目标所进行的各项活动的进展情况进行检查，对实施企业战略后的企业绩效进行评价，并与既定的战略目标与绩效标准相比较，以发现问题并进行改进，确保企业战略更好地与企业当前所处的内外环境、企业目标协调一致，使企业战略目标得以顺利实现。营销战略控制常通过营销审计来进行，所谓营销审计，是对企业的营销环境、战略、组织、系统、职能等进行综合的、系统的、独立的、定期的检查，从而发现问题和机会，提升营销策划的效果。下面对营销审计的主要内容进行介绍。

　　　　营销环境审计。营销环境审计主要是对市场规模，市场增长率，市场占有率，供应商的推销方式，经销商的贸易渠道，顾客与潜在顾客对企业的评价，竞争者的目标、战略、优劣势和规模等内容进行审计。

　　　　营销战略审计。营销战略审计主要是对企业的任务、目标、企业形象、市场细分、目标市场、资源配置、营销组合、公共关系等内容进行审计。

　　　　营销组织审计。营销组织审计主要是对组织的保证程度和对营销环境的应变能力等内容进行审计。

　　　　营销系统审计。营销系统审计主要是对营销信息系统、营销计划系统、营销控制系统和新产品开发系统等内容进行审计。

　　　　营销职能审计。营销职能审计主要是对产品、价格、渠道、促销等营销策略的效率进行的审计，如产品质量、特色、样式等，价格的高低是否合适等，分销商、经销商、代理商、供应商等的效率，广告预算、媒体选择、广告效果、销售规模等。

10.3　营销策划的评估与修正

　　最后，还需要对营销策划进行评估与修正，从而及时发现营销策划可能出现的问题，防止营销策划实施过程中出现偏差。

10.3.1　营销策划的评估

　　营销策划的评估是对营销策划的正确性和营销策划人员的工作成效的检验，其目的是为后续营销策划提供决策和优化依据。营销策划人员应当在策划的各个阶段根据运行状况和效果进行全面的综合评估，其主要步骤如下。

　　（1）确定评估指标

　　根据营销策划效果的评价对象和评价内容确定影响营销策划效果的因素，定义相应的评价指标，如经济指标、技术评价指标、综合效果评价指标等。

　　（2）确定评估指标的重要程度

　　不同的评估指标，其重要性和评价效果不同，营销策划人员应按照其重要程度来构建指标体系。

营销策划人员可基于营销目的，利用专家评判及对比分析等方法，从数量上确定各指标的重要程度。如某营销活动的目的是提升新品知名度，其评价指标的重要程度从高到低排序应该是品牌价值提升、产品销量、产品浏览量。

（3）确定各指标的量化评估标准

根据指标的含义和评估内容，制定评判该指标优劣的标准。例如，单日产品销量小于 5 000 件为不合格；单日产品销量在 5 000 ～ 10 000 件为合格；单日产品销量大于 10 000 件为优秀。然后结合百分制进行指标优劣程度的量化，如确定产品销量在指标评估体系中所占的比重，然后分别为不合格、合格、优秀制定相应的评价分数，两者相乘即可得到该评价指标的最终得分。

（4）收集评价所需信息资料

可以通过 3 个途径获取评价所需信息资料：一是通过企业各部门（财务、管理、销售等部门）的统计信息和数据；二是评估实施者通过咨询、访问、经验推断得到的数据；三是通过专项调研、专家评判、网络调查等取得的数据。不管从哪种途径获得数据，营销策划人员都要在确保数据的正确性和合理性后才可使用，否则评价将没有意义。

（5）综合评估

根据收集到的评价信息资料对各项指标进行评分，再根据评估指标的重要程度，对整个营销策划进行综合评估。

10.3.2　营销策划的修正

营销策划人员在评估营销策划的过程中，如果发现营销策划实施时偏离了原本的预期效果，就需要修正营销策划，包括营销策划的目的、营销手段、实施过程和各阶段的具体内容，从而发现偏离的方向，采取对应的措施保证营销策划回到正轨。例如，某促销营销策划的目的是实现新产品的销售，但在具体实施过程中，消费者对该产品的评价并不理想，此时营销策划人员就需要根据消费者反馈的意见，尽快进行营销策划的修正，从而改进产品质量，给予消费者一定的优惠或补偿，扭转负面口碑，从而使营销策划能够按原本的目的继续执行。

10.4　案例分析——游园会活动执行

某公司为了增加品牌曝光度，并维系公众号粉丝，在儿童节策划开展了一次线下游园会活动。该活动的具体信息如下。

（1）活动的内容

整个活动区由游戏区、拍照区以及粉丝互动区 3 个展区构成。游戏区由不同的合作方承包设计游戏，每一块区域对应任务卡上的一个关卡。用户参与游戏的流程为：到入口处购买任务卡，凭借任务卡参与游戏，完成游戏得到一个贴纸，收集 5 个以上贴纸可返回入口进行抽奖活动。拍照区则设置了趣味人形拍照板，用户不用购买任务卡也可拍照，粉丝互动区设置在场地的集装箱舞台上，活动邀请了一个乐队进行表演，另外，现场观众也可直接上台表演。

（2）活动的安排

活动的场地、人员、形式、宣传渠道和备用方案如下。

① 活动场地。安置在室内（地下二层）以及室外（地面广场），室内没有直达电梯，用户需要下两次手扶电梯。

② 人员安排。工作人员共有15个，分别负责场地布置、场控、环节把控以及微博实时直播、摄影、录像等。另外还有若干志愿者前来帮忙，共计人数30人。

③ 活动形式。只需要6元即可购买任务卡（采取线上预售＋线下购买的方式），且这笔钱将以用户的名义用于公益捐赠。用户每通过一关游戏均有礼品，通过5关及以上还有抽奖机会。游戏环节均为经典童年游戏（抢凳子、套圈、游戏机等）。

④ 宣传渠道。微信公众号推文、微博话题、粉丝号预热宣传、社群宣传和朋友圈广告。

⑤ 备用方案。针对人流不足，设置了两个玩偶引流，并设置了足够的引导指标和人工提示。针对人流过多、物料不足，通过实时汇报任务卡购买情况大致估算人流，提醒合作方及时补充物资。

（3）活动的开展

5月31日22:00对场地进行布置装修；6月1日8:00所有工作人员到岗，调试设备；9:00活动开始，开放任务卡兑换处，用户凭卡自主选择游戏区域进行游玩；12:00—14:00工作人员轮流用餐；16:00—16:30第一次乐队表演；18:00—18:30开始第二次乐队表演，活动气氛达到高潮；20:30人流减少，活动渐入尾声；21:00活动结束，撤离物资，收拾场地。

请你根据以上材料，回答以下问题。

（1）这个游园会活动的执行过程中可能会遇到哪些问题，应当如何改进。

（2）这个游园会活动的执行有哪些可以学习和改进的地方。

★ 课后思考

（1）简述你对营销策划实施的影响因素的理解。

（2）营销策划实施的模式有哪些，每种模式适合什么企业？

（3）若某文具品牌要在"五一节"开展产品销售，该如何设计促销活动并执行呢？